秀吉を支えた武将 田中吉政

―近畿・東海と九州をつなぐ戦国史―

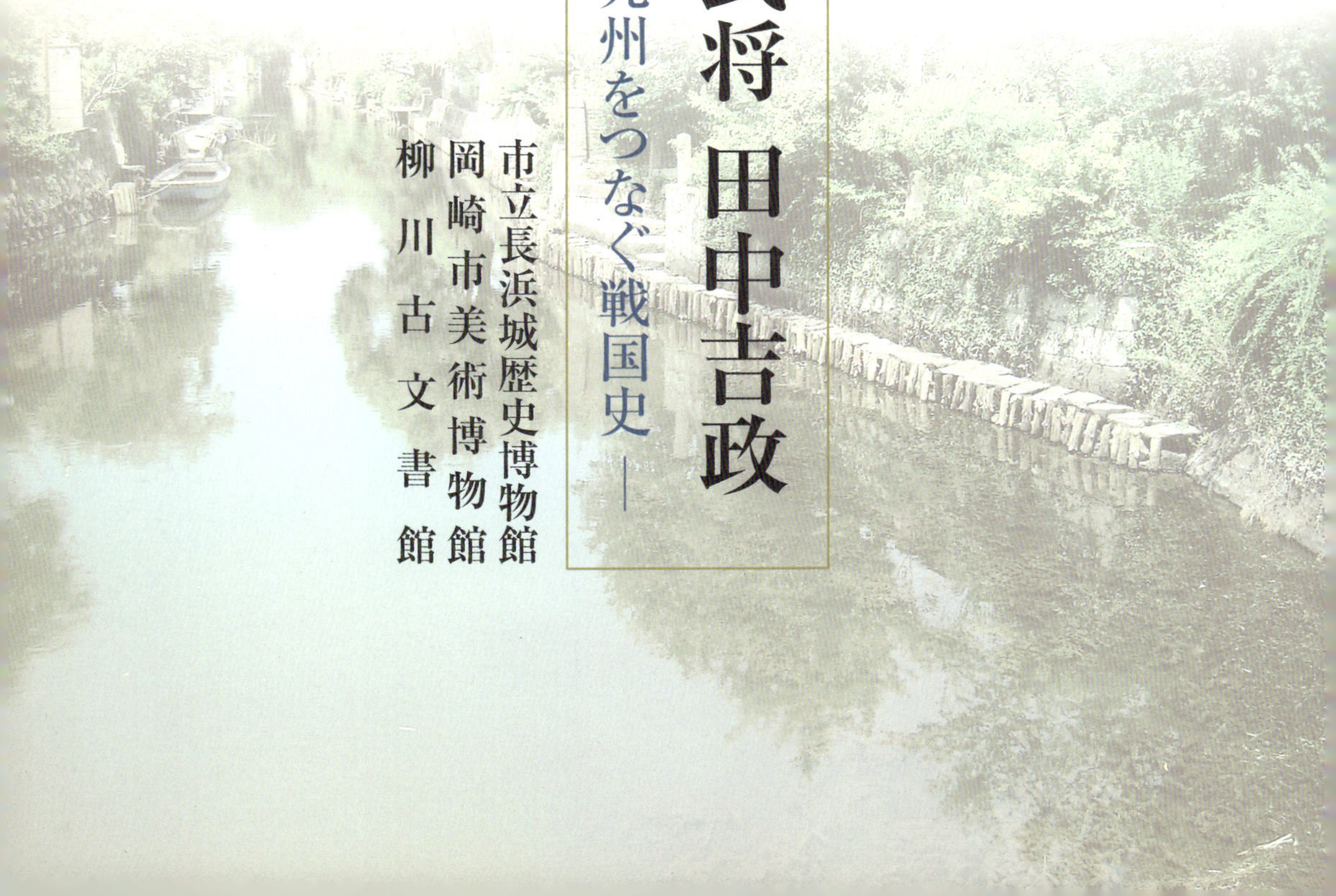

市立長浜城歴史博物館
岡崎市美術博物館
柳川古文書館

田中吉政―秀吉の家臣

この武将のことを、我々はあまりにも知らない。

吉政は、近江八幡城主・豊臣秀次の宿老筆頭をつとめた。
不在がちな城主にかわって、近江八幡城や城下町は、
この吉政によって建造されたと言えるかも知れない。

吉政は、小田原の陣の後、三河国岡崎城主となった。
尾張国清洲城主となった秀次をたすけるとともに、
岡崎城下町の建設・矢作川の築堤普請に尽力した。

吉政は、関ヶ原合戦で石田三成を捕らえた。
三成とは同郷で、昵懇であった。
だからこそ、追っ手となることを自ら望んだという。

吉政は、関ヶ原合戦後、筑後国柳川城主となった。
柳川城と城下町の大改造を行い、
有明海沿岸の築堤は、その干拓事業の端緒となった。
少身から三十二万石余の太守に成り上がり、
多くの城郭建築と、土木工事を手がけた彼の一生は、
地域にとっては重要で、もっと喧伝されて然るべきであろう。
秀吉による日本改造の計画として有名な
太閤検地・兵農分離・刀狩りなどは、
彼のような能吏に支えられてこそ、初めて成功した。
日本近世への扉を開いた人物の一人、
その吉政の経歴と政策の全貌が、
この一書によって、初めて明らかになった。

滋賀県近江八幡市の八幡堀

目次

＊本書は、市立長浜城歴史博物館・岡崎市美術博物館・柳川古文書館が共同開催した企画展『田中吉政とその時代』の展示解説図録として編集したものですが、章立てなどの構成は特別展と必ずしも一致しません。特別展の構成は、巻末の展示資料目録を参照ください。
＊本文中の文書の引用は、「読下文」を基本としました。

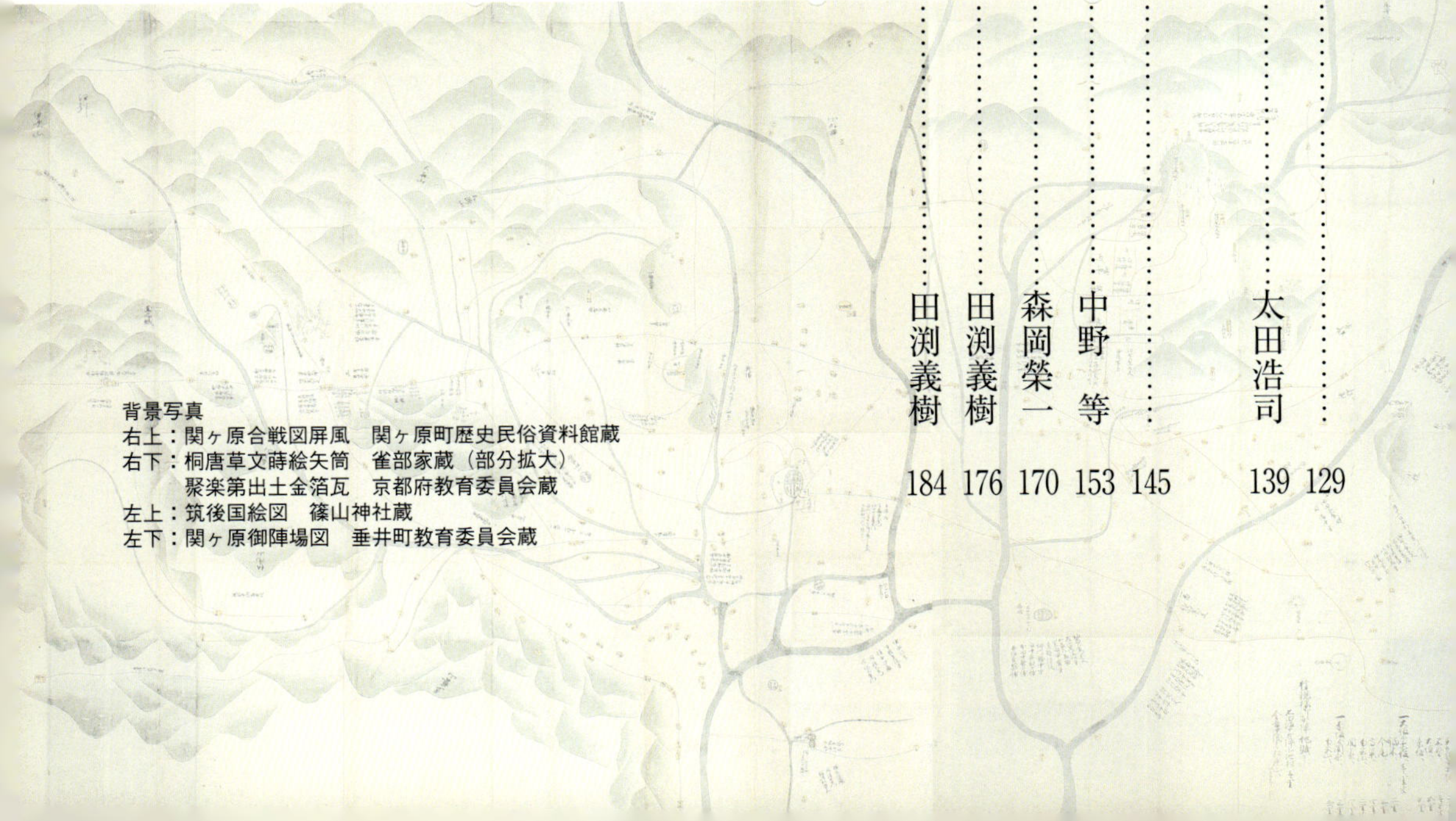

背景写真
右上：関ヶ原合戦図屏風　関ヶ原町歴史民俗資料館蔵
右下：桐唐草文蒔絵矢筒　雀部家蔵（部分拡大）
　　　聚楽第出土金箔瓦　京都府教育委員会蔵
左上：筑後国絵図　篠山神社蔵
左下：関ヶ原御陣場図　垂井町教育委員会蔵

出生と立身

1　**田中吉政像**　個人蔵
巴紋《ともえ》を散らした白い小袖に薄青色の袴を着た吉政像を描く。絹本着色。左目の下から鼻にかけての線は傷跡で、唇の傷とともに、豊臣秀次に仕えていた時分、賊と力闘して面に負った傷によるとされる（『武家事紀』）。秀吉は、「汝《なんじ》面ぬるかりしに疵《きず》を蒙《こうむ》って勇猛の姿あらわる」と吉政に言ったという。

2　田中吉政像　真勝寺蔵

田中吉政の菩提寺真勝寺に伝わる画像で絹本著色。画中に人物を類推できるものはないが、すでに文政年間（一八一八～一八三〇）成立の「柳河明証図会」には真勝寺什物の田中吉政肖像として記載される。黒袍《ほう》の衣冠束帯姿は当時の典型的な作例であるが、その顔は似絵《にせえ》的要素が含まれ、面長の顔など比較的よくその特徴を写していると考えられる。

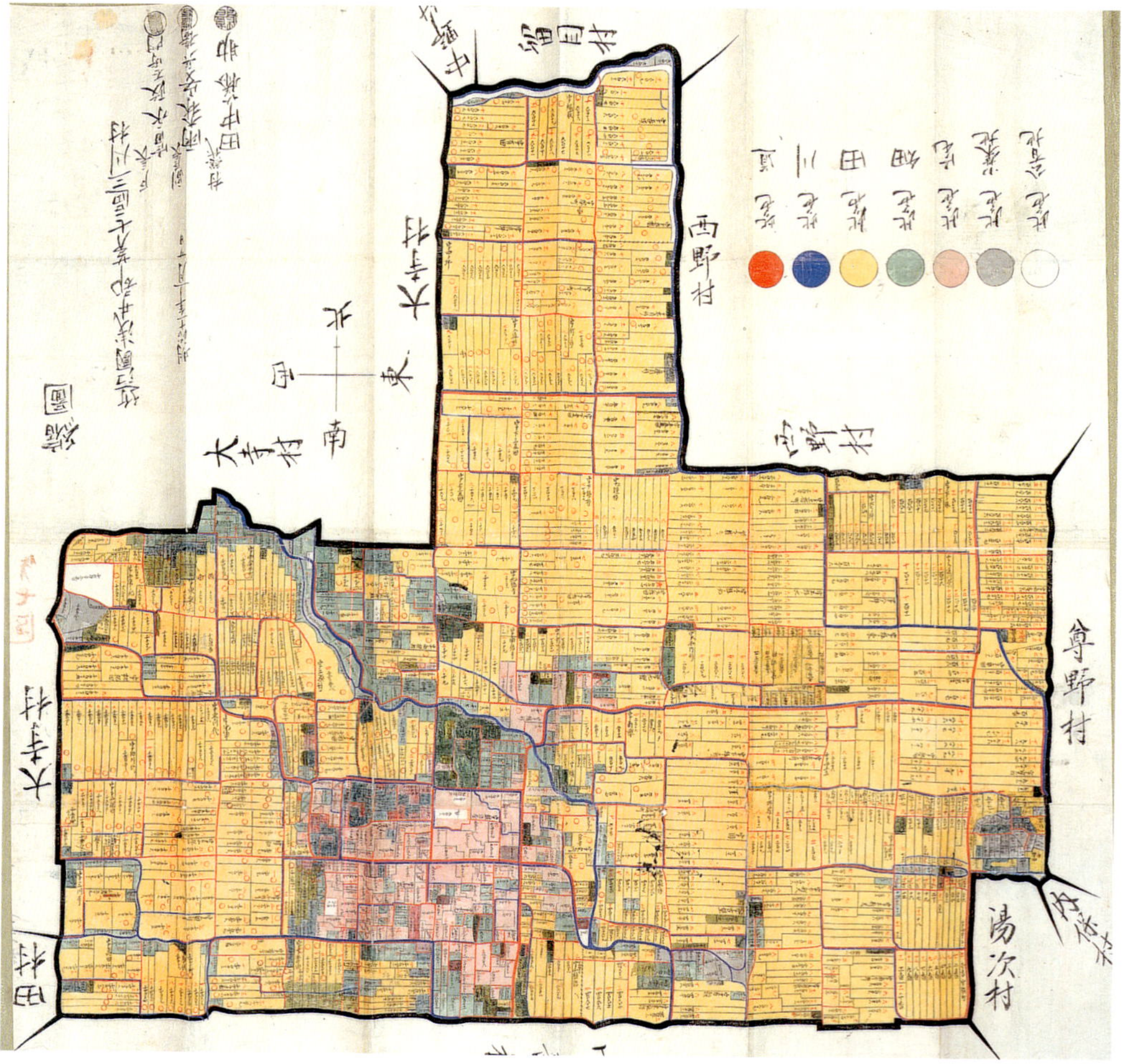

6　浅井郡三川村地籍図　虎姫町教育委員会蔵

徳善寺蔵「新庄福永順光寺系図」などによれば、田中吉政の出生地は浅井郡三川村（現在の東浅井郡虎姫町三川）と考えられる。この図は明治11年（1878）のものだが、東北田地中に見える「内形」や「堀ノ北」・「堀ノ東」・「堀ノ前」などの地名（図中ではコの字型の土塁跡が残存）は中世城郭の跡地を示し、田中吉政との関連が指摘される。

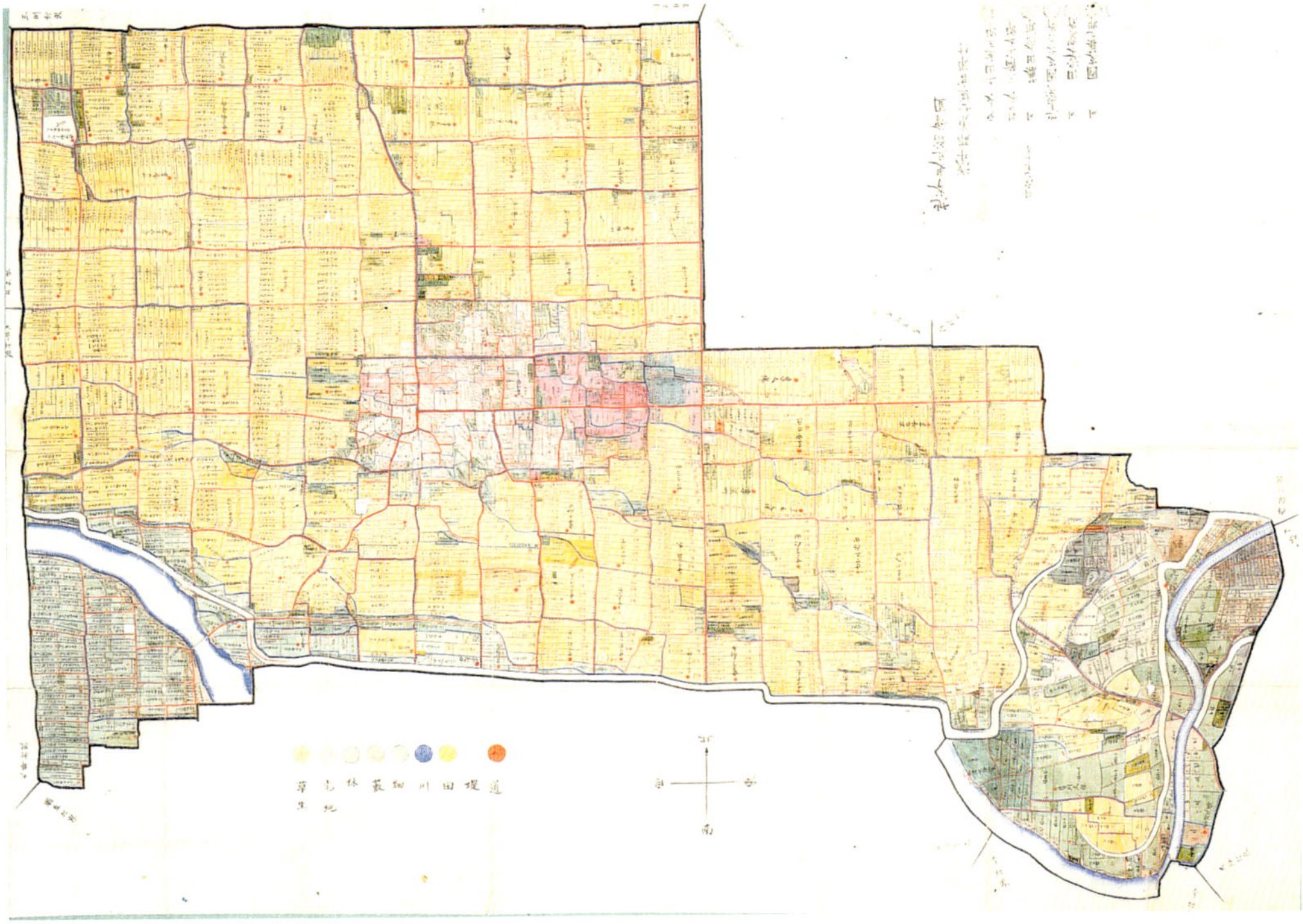

浅井郡宮部村地籍図　虎姫町教育委員会蔵
福岡県久留米市の玉垂宮旧梵鐘によれば、田中吉政の出生地は浅井郡宮部村（現在の東浅井郡虎姫町宮部）と考えることができる。この図は明治９年（1876）のものだが、集落の東隅に鎮座する宮部神社付近が、宮部継潤の住居した宮部城跡と考えられている。田中吉政は最初、継潤の家臣から身を起こした。三川村は、当村の北隣に当たる。

5　短冊散花文様打敷　還来寺蔵

虎姫町三川の還来寺に伝来した打敷。打敷は、仏前の卓上を覆う布で、供物や仏具を載せた。写真左下の裏面に墨書があり、「田中筑後守御上様御寄進三川村西之道場へ慶長拾九年寅二月十五日」とあり、吉政の嫡子・忠政が慶長19年（1614）に当寺（三川村西之道場）へ寄進したものと考えられる。虎姫町指定文化財。

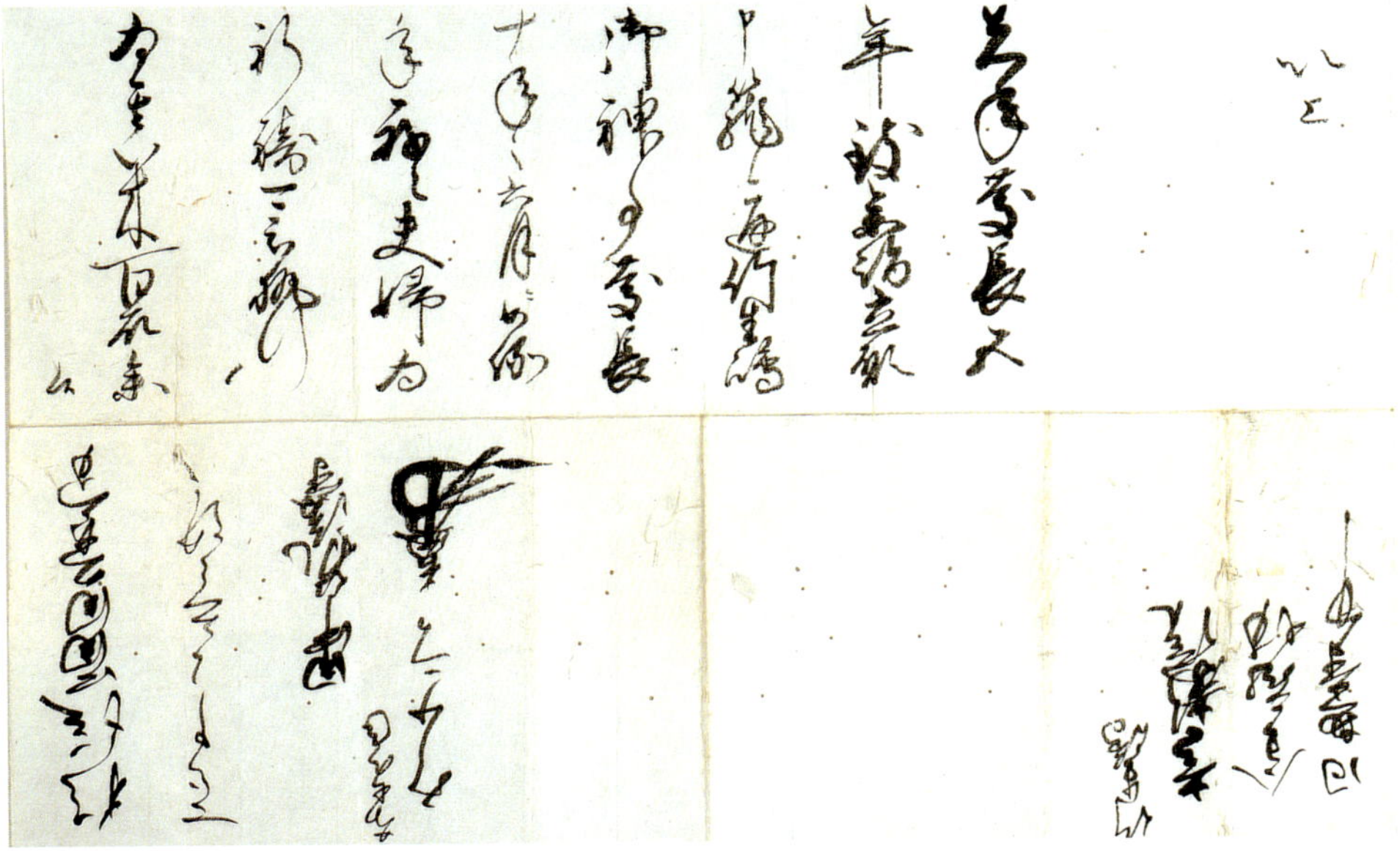

8　田中吉政書状　竹生島宛　宝厳寺蔵

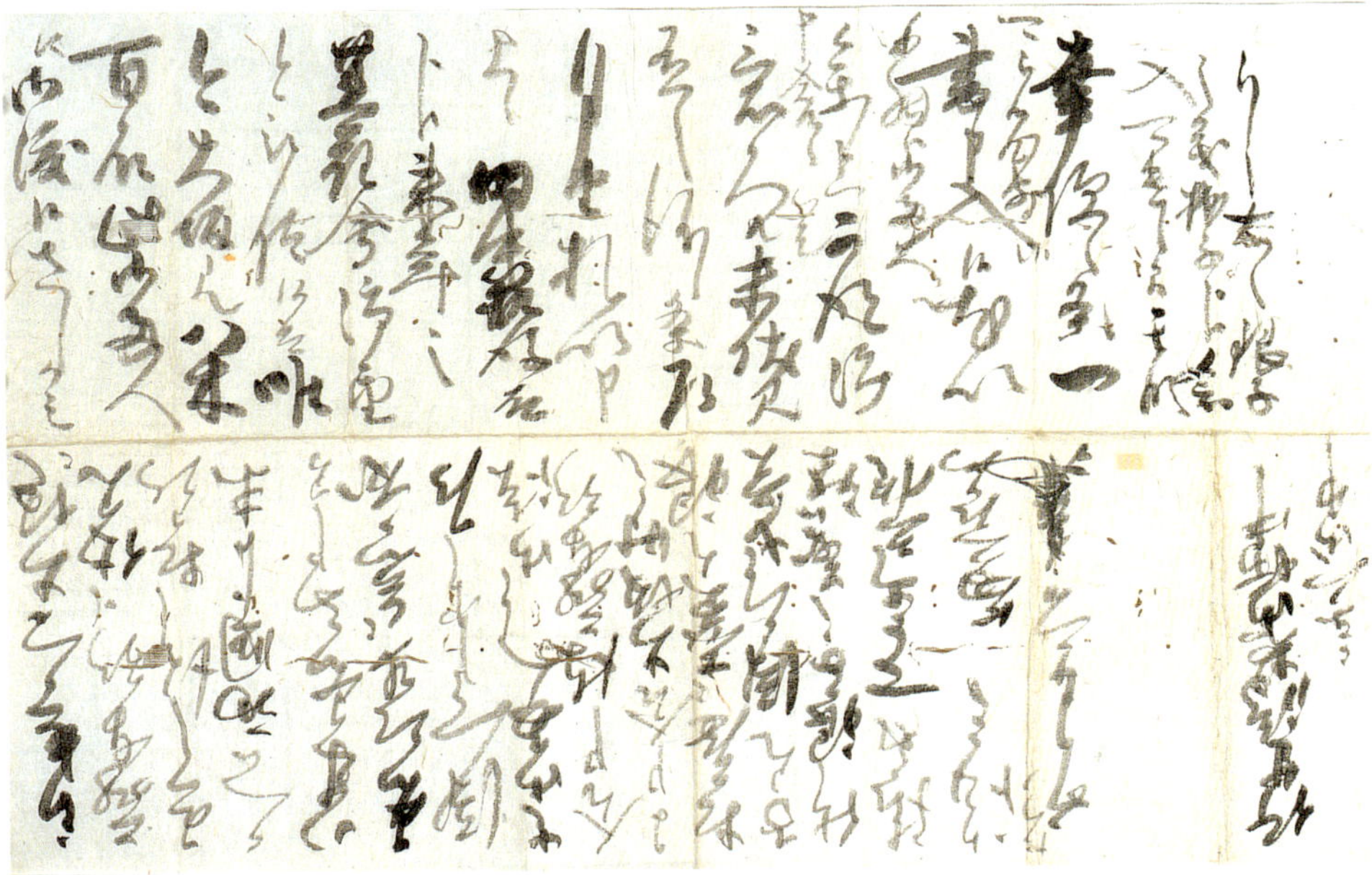

9　富田久左衛門書状　竹生島宛　宝厳寺蔵

田中吉政が竹生島蓮華会の頭役を、来年夫婦で務めることを申し出た文書。慶長９年（1604）５月12日付けで、添状を出している富田久左衛門は吉政の家臣である。竹生島蓮華会は同島弁才天の祭礼として知られ、浅井郡出身者が頭役を務めた。本書は、吉政も浅井郡出身であることを証明する貴重な史料と言えよう。

10　竹生島祭礼図　大和文華館蔵（城野誠治氏撮影）
竹生島弁才天の祭礼・蓮華会の状況を描いた図。画面正面に弁天堂（現在の都久夫須麻神社本殿）を据え、その前面に先頭・後頭二組の頭役による「舟渡御《とぎょ》」を描写している。左下隅に「西島五左衛門」の墨書があるが、制作者か奉納者か判然としない。奈良絵本などの影響もあり江戸初期の制作と考えられる。正に、吉政が頭役を務めた頃の状況を描いている。

田中吉政の出生と立身

太田浩司

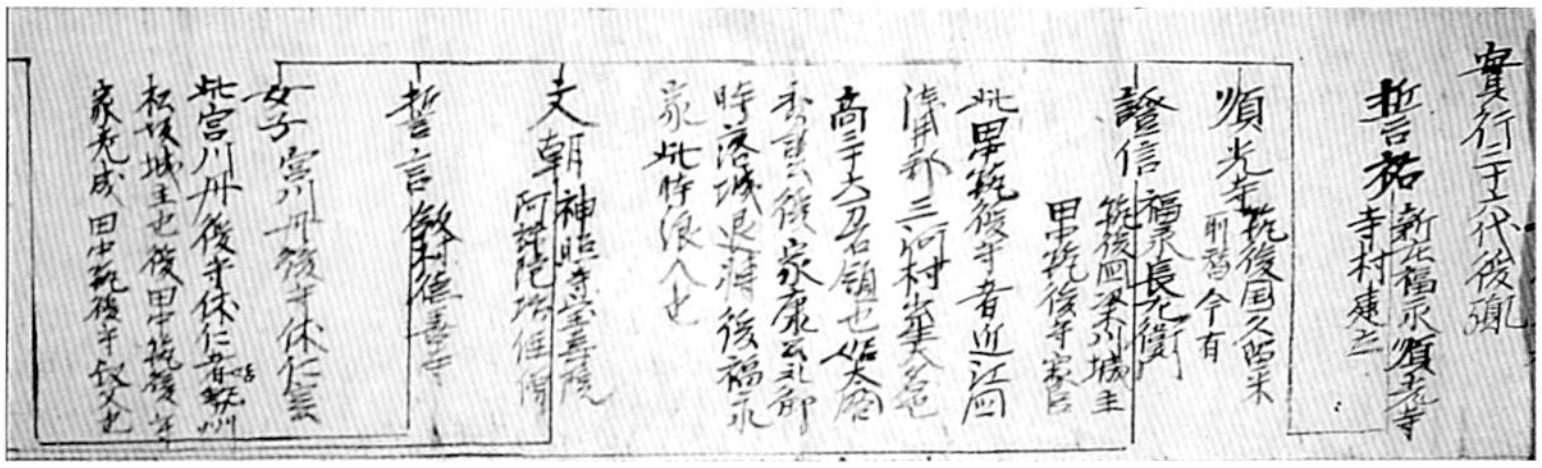

7　新庄福永順光寺系図　徳善寺蔵

坂田郡新庄寺村（長浜市新庄寺町）の順光寺誓祐を祖とする系図。誓祐の長男が久留米順光寺の祖となり、二男が吉政の家臣である福永長左衛門となったと記す。また、吉政を「浅井郡三河村出生」と付記する。三男が飯村（近江町飯）の徳善寺住職となり、同時に伝来した。

吉政の三川村出生説

江戸時代に幕府が編纂した大名・旗本の系図集である『寛政重修諸家譜』によれば、田中家は近江国高島郡田中（現在の高島市安曇川町田中）に居住し、吉政の祖父にあたる嵩弘《たかひろ》の時から、田中を姓としたと記している。その子が重政で、その子が吉政に当たる。嵩弘の同書は天文十七年（一五四八）に生まれた吉政について「近江国に生る」とのみ記すが、吉政の出生地については、祖父の居住地であった高島郡田中とするのが、これまで一般的な解釈であった。

しかし、坂田郡飯村《いむら》（現在の近江町飯）の徳善寺に伝来した、「新庄福永順光寺系図」によれば、田中筑後守吉政の家臣となった福永長左衛門に註をつけて、「此の田中筑後守は、近江国浅井郡三河村出生の大名なり」と記している。また、江戸時代に旗本となった、吉政の三男吉興の系統に伝来した「田中系図」（柳川古文書館蔵）には、吉政の父である重政について、「織田信長公の扶助を受けると雖《いえど》も、彼の家を退去し、江州浅井郡三河村に蟄居し病死」とある。父が晩年生活した場所を、その出生地とみなすのは自然であろう。

この二つの系図によれば、吉政の出生地を浅井郡三川村（現在の東浅井郡虎姫町三川）と考えることができる。事実、虎姫町三川には田中吉政の出生地との伝承がある。その家臣の末裔と伝える家も複数存在し、現在も「田中」姓が多い。三川村の東北には、小字「内形」・「東内形」と呼ばれる田地があり、周りは「堀ノ北」・「堀ノ東」・「堀ノ前」という小字で囲まれ

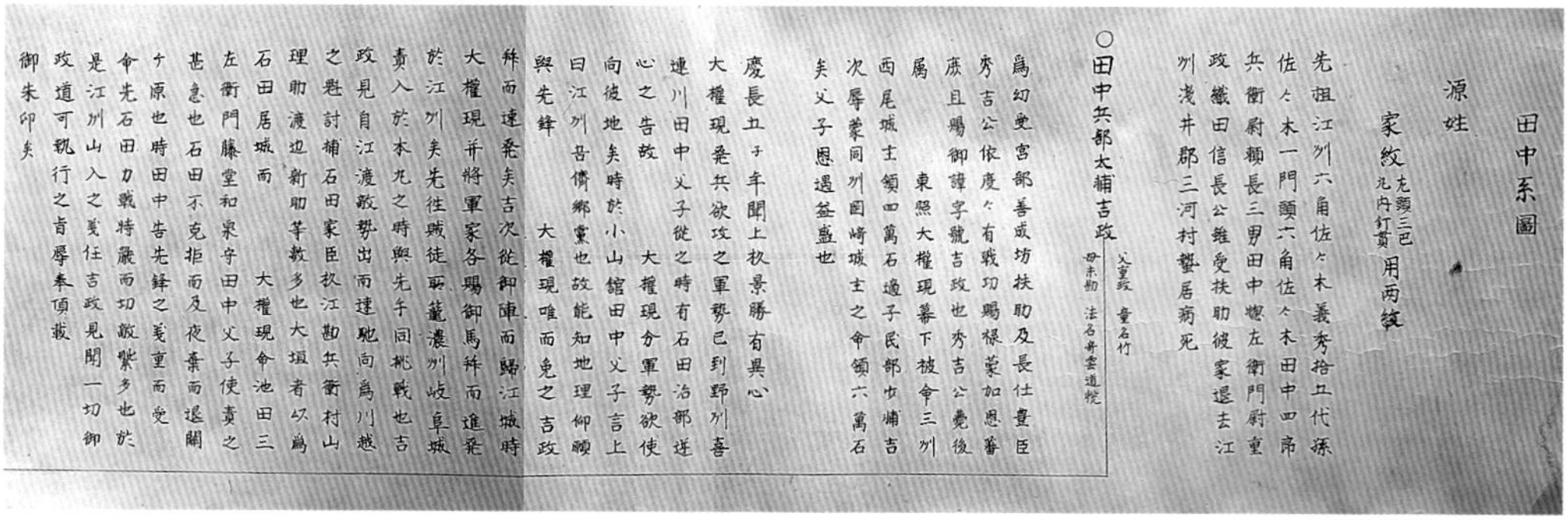
田中系圖
源姓
家紋 左頭三巴 丸内釘貫 用両紋
先祖江州六角佐々木義秀拾五代孫
佐々木一門頭六角佐々木田中四帋
兵衛尉頼長三男田中惣左衛門尉重
政織田信長公雖受扶助彼家退去江
州浅井郡三河村蟄居病死
○田中兵部太輔吉政 父重政 童名竹 母未助 法名并雲道悦
爲幼曳宮部善成坊扶助及長仕豊臣
秀吉公依度々有戦功賜禄蒙加恩番
麾且賜御諱字號吉政也秀吉公薨後
屬 東照大権現幕下被命三州
西尾城主領四萬石適子民部少輔吉
次學蒙同州岡崎城主之命領六萬石
矣父子恩遇益盛也
慶長五子年聞上杉景勝有異心
大権現発兵欲攻之軍勢已到野州喜
連川田中父子從之時有石田治部逆
心之告故 大権現令軍勢欲使
向彼地矣時於小山舘田中父子言上
曰江州吾儕郷黨也故能知地理御瞬
與先鋒 大権現唯而免之吉政
并而速発矣吉次從御陣而歸江城時
大権現并將軍家各賜御馬并而進発
於江州矣先往賊徒所籠濃州岐阜城
責入於本丸之時與先手同挑戦也吉
政見自江渡敵勢出而速馳向為川越
之魁討捕石田家臣杉江勘兵衛村山
理助渡辺新助等数多也大垣者以為
石田居城而 大権現命池田三
左衛門藤堂和泉守田中父子使責之
甚急也石田不克拒而及夜棄而退關
ヶ原也時田中告先鋒之義重而受
命先石田力戦特嚴而切敵繁多也於
是江州山入之義任吉政見聞一切御
政道可執行之旨學奉頂戴
御朱印矣

4　田中系図　柳川古文書館蔵
吉政の三男・吉興の系統に伝来した田中家の系図で、吉政の父重政は浅井郡三河村に蟄居したと記す。写真には吉政以前について全文載せたが、吉政以降の177ページの系図とつながる。

ている（カラー図版8ページ参照）。当地について、明治時代の地籍図を見ると、周辺には堀の遺構が確認されるので、この「内形」が堀と土塁に囲繞《いじょう》された中世城郭の跡であることは明白であるが、圃場整備によって現在は痕跡をとどめない。三川ではこの地が田中吉政の屋敷地と伝承している。

三川村の「西の道場」と呼ばれた還《げん》来寺《らいじ》には、吉政の四男・忠政が、慶長十九年（一六一四）に寄進したという短冊散花文様内敷（虎姫町指定文化財（カラー図版10ページ参照））が伝来する。さらに、同寺には、「田中筑後守寄進」の太鼓もあったというが現存していない。これも、吉政の出生地である所縁《ゆかり》と考えることができるだろう。

浅井郡内出生の証拠

一方で、現在も福岡県久留米市大善寺町に所在する玉垂宮《たまたれぐう》は、火祭りで知られる鬼夜で有名だが、当社にかつてあった鐘は、慶長九年（一六〇四）正月二十五日、田中吉政によって寄進されたものである。その銘文には、「大施主田中筑後守橘朝臣四位吉政、生国江州浅井郡宮《みや》部《べ》縣子《あがたのこなり》也」と記されていた。「宮部縣」を「宮部村」と解すれば、三川村の南東に接する浅井郡宮部村（現在の東浅井郡虎姫町宮部）が、田中吉政の出生地と考えることができる。

吉政の出身地が、浅井郡三川村・宮部村周辺であったことを示す証拠は、この他にも多く存在する。まず、『寛政重修諸家譜』によれば、吉政の母は国友与左衛門の姉、その妻は同じ与左衛門の娘であったという。与左衛門が住んだ国友村（現在の長浜市国友町）は、近世日本の代表的な鉄砲生産地として知られるが、三川・宮部とは姉川を隔てて接する地である。また、三川・宮部の東方に当たる浅井町内保の誓願寺住職は、文禄二年（一五九三）に吉政の母が死去した際、わざわざ呼ばれて岡崎まで赴いている。また、誓願寺の梵鐘（浅井町指定文化財）は、正平二十一年（一三六六）に鋳造されたもので、もともとは現在の北九州市小倉区の貫庄八幡宮にあったものである。田中吉政が母の追善のために、浅井郡の当寺へ寄進したものと伝えている。

吉政と近江の寺院との関係は、宮川

誓願寺の梵鐘　浅井町内保所在
もともとは現在の北九州市小倉区の貫庄八幡宮にあった梵鐘で、正平21年（1366）の銘がある。田中吉政が母の追善のため誓願寺に寄進したと伝える。浅井町指定文化財。

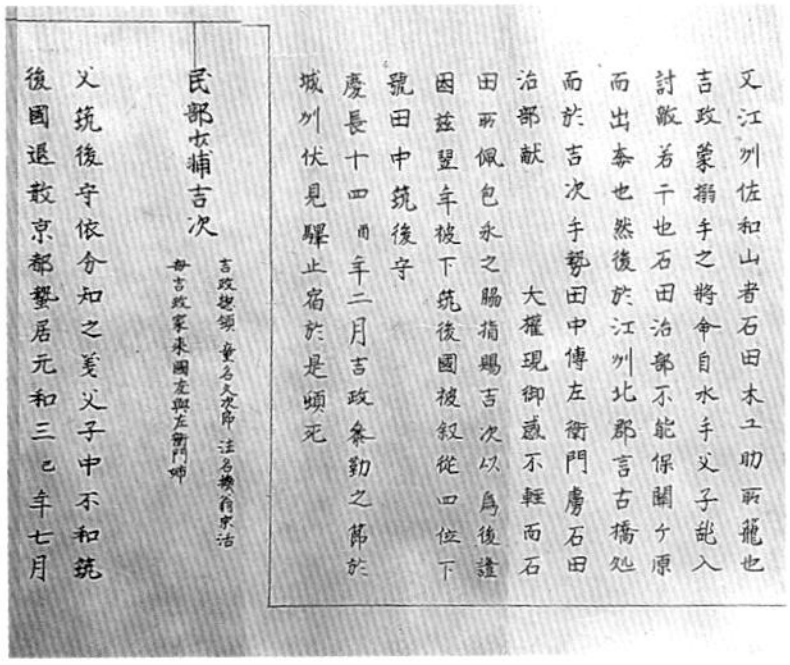

又江州佐和山者石田木工助所寵也
吉政蒙指手之将命自水手父子亂入
討敵若干也石田治部不能保関ヶ原
而出奔也然後於江州北郡言古橋処
而於吉次手勢田中傳左衛門虜石田
治部献　大権現御感不軽而石
田所佩包永之腸指賜吉次以為後證
因茲翌年被下筑後國被叙従四位下
號田中筑後守
慶長十四酉年二月吉政条勤之節於
城州伏見驛止宿於是頓死

民部少輔吉次
吉政嫡領　童名久次郎　法名換宵宗活
母吉政室来國友與左衛門姉
父筑後守依分知之義父子中不和筑
後國退散京都蟄居元和三巳年七月

虎姫町三川
田中吉政の出生地と伝える三川の遠景。北（背景）にそびえるのは織田信長の陣があったことで著名な虎御前山。

弘久氏の調査により、他にも知られるようになった。長浜市新庄馬場町にある誓伝寺の記録には、同市新庄寺町順光寺の住職・誓祐の長男・祐園は、柳川藩領内にあった久留米順光寺の開祖と記されている。実は順光寺は柳川にもあり、その柳川順光寺の記録によれば、吉政が近江から祐念という僧を呼び、開基としたと伝える。この祐念が久留米順光寺の開基にもなったという。近江でいう祐園と、筑後でいう祐念は同一人物である可能性が高いが、三川や宮部に程近い新庄寺村の僧と昵《じつ》懇《こん》であった事実は、吉政が浅井郡内で生まれたことを裏付けるものであろう。

他方、琵琶湖中に浮かぶ竹生島では、毎年夏に弁才天の祭礼である蓮華会《れんげえ》が行われる。平安時代から現代まで継続するこの祭礼の頭役《とうやく》は、必ず浅井郡内の居住者・出身者が指名されることになっている。同島に残る田中吉政書状（カラー図版11ページ参照）によると、慶長十年（一六〇五）に吉政が蓮華会の頭役を務めていることが知られる。この事実も、吉政が浅井郡出身であることを逆に示していよう。

（裏）　（表）

柳川順光寺の開基祐念の位牌（裏）
開基祐念は寛永十六年（一六三九）没。「元来近江国上坂村住居」とする。上坂村は長浜市西上坂町又は東上坂町を指すが、この位牌の制作は万延二年（一八六一）なので、新庄寺村を誤伝したものだろうか。

『改訂近江国坂田郡志』は、田中吉政の一族・家臣で、坂田郡から柳川に移った者として合計五十六人を上げている。この他、吉政の三奉行である石崎若狭守・宮川佐渡守・磯野伯耆守《ほうきのかみ》は、その姓から北近江出身であることが容易に推定できる。柳川時代の田中家の家臣を列挙した『田中筑後守家知行高』を見ても、その姓から伊香郡・浅井郡出身と目される田中家の家臣は多い。これも、田中家が北近江の浅井郡出身であることを裏付ける証拠となろう。

これに対して、高島郡出生説については、『寛政重修諸家譜』など系図類の他には、積極的に支持する史料が見当たらない。吉政の祖先が、高島郡の近江源氏佐々木氏の庶流であった田中氏であることは否定できないが、吉政自身の出生地は浅井郡の三川村・宮部村周辺であることは疑いの余地がない。

宮部継潤の家臣

『続武家閑談』は農民であった吉政が、侍になった経緯について記す。ある日、畑の畔《あぜ》で休んでいると、侍の若党が五、六人連れ立って歩いているのを見た。そこで、「侍ならぬ者は人にてなし」と悟って、仕官を果たしたとある。吉政が単なる農民であったか、浅井氏に仕えるような地侍であったかについては、議論が分かれる所だが、その仕官先は、浅井長政の家臣で、浅井郡宮部村の地侍・宮部継潤《けいじゅん》であった。

先に紹介した『寛政重修諸家譜』には、「はじめ宮部善祥坊に従ひ、因幡国鳥取にあり」としている。もともと吉政が宮部継潤の家臣であったことは、『続武家閑談』など江戸時代の諸書に引くところであるが、次の史料によって確実である。早稲田大学図書館蔵「宮部文書」の中に、宮部継潤の子の長凞《ながひろ》（長念）の身上書が存在する。本書は関ヶ原合戦で改易となった長凞が、家臣の一部と田中吉政の謀略により、西軍に与《くみ》した経緯を寛永十年（一六三三）に陳述した文書である。その中で、「田中兵部大夫ハ拙者譜代筋ノ者ニ御座候」と述べられ、宮部家中には吉政の親類縁者も多いので、吉政に騙《だま》されたと述べられている。記された謀略が事実であるかは別として、吉政が宮部家の「譜代」（家来）であったという記述は信憑性が高いと判断できる。

秀次家臣への道筋

さらに、『続武家閑談』には、吉政が豊臣秀次付の宿老（重臣）になった経緯についても記している。秀吉の因幡攻めにより、宮部継潤は鳥取城主五万石となったが、その家臣であった吉政も千五百石の所領を得た。秀吉の甥に当たる豊臣秀次は、一時期継潤の養子となっていたが、秀吉の命によって別に家を立てることになり、継潤の重臣であった友田左近右衛門を、秀次に付属させようとした。しかし、友田は継潤の信頼が厚かったので、宮部家に拒否され、結果吉政が五千石を与えられ、秀次付の宿老となったと記されている。同様の記事は、『因幡民談記』にも見えており、時期を天正十年（一五八二）のこととしている。

田中吉政がもともと宮部継潤の家来であり、秀次が宮部家の養子であった事実からすれば、吉政が秀次付の家臣となったのは、以上の話の通り、秀次の宮部家養子時代からと考えることもできる。しかし、小和田哲男氏は秀次が宮部家の養子であったのは、天正二年頃までと考える。それが事実なら、吉政が宮部家の家臣から、直接、秀次家臣となることは難しくなる。後の秀吉と吉政の密接な関係からしても、宮部継潤の家臣から、一回は秀吉の直臣となり、その後に秀次へ付属させられたと解釈する方が自然かもしれない。ただ、宮部家の一族・家臣として、秀次と吉政が旧知であったことは、吉政が秀次付となる大きな要因となったであろう。

高島市安曇川町田中の田中神社

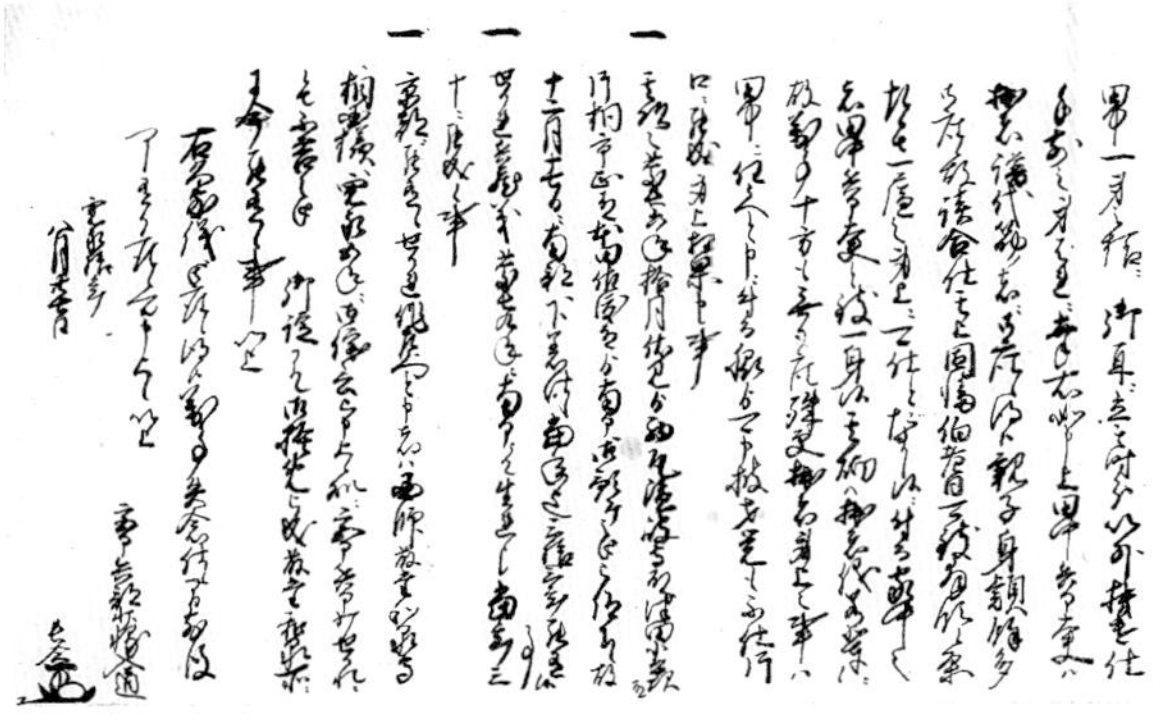
114　宮部長凞身上書　早稲田大学図書館蔵
寛永10年（1633）8月27日に、宮部継潤の子・長凞（長念）が記した文書。田中吉政は、もともと宮部家の「譜代」（家臣）と記している。

近江八幡時代までの吉政

その後、天正十三年（一五八五）に、近江八幡で秀次付の宿老となるまでの行動は、『続武家閑談』・『田中興廃記』などの軍記物で断片的に知られるのみである。以下に列挙しよう。羽柴秀吉の但馬攻めに宮部家の家臣として参陣、敵将大坂新右衛門が放った二本の矢を体に受けながら奮戦した話。秀

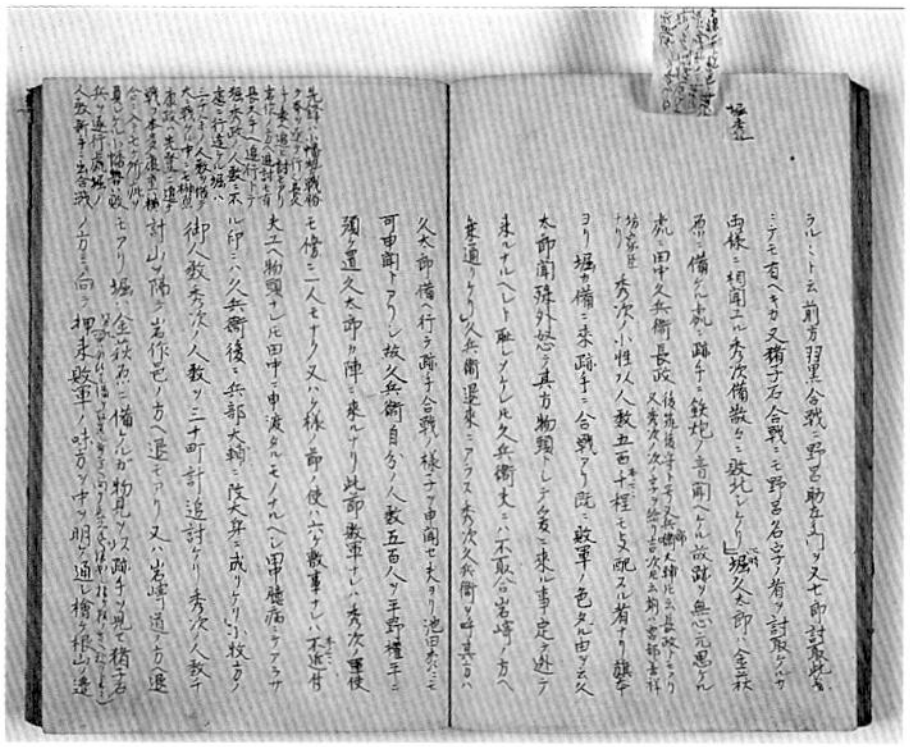

13　長久手戦記　西尾市岩瀬文庫蔵
長久手の戦いを記す記録には、秀次隊敗戦時の田中吉政の行動を叱責した堀秀政のことが常に記される。本書にも組頭としての役割を放棄して逃げてきた吉政に秀政が怒ったことが記される。吉政はそれには取り合わず岩崎の方へ逃げたという。

千石堀城跡　大阪府貝塚市所在
雑賀・根来寺一党が築いた城で、天正13年（1585）秀吉によって攻められた。吉政はこの城を攻撃する秀次軍の主力として戦った。

14　田中吉政判物　天寧寺宛　天寧寺蔵
田中吉政が発給した文書としては現存最古のものとなる。天寧寺は臨済宗妙心寺派に属する丹波国の名刹（京都府福知山市所在）。吉政がいかなる権限・立場で本書を出したかは今のところ充分な説明ができない。

次家臣として摂津池田に入った際、城下に潜む不心得者を成敗した際に、顔を負傷したという話も伝わる。天正十二年（一五八四）の小牧・長久手の合戦では、長久手で家康軍に襲撃された秀次別働隊に参加していた。また、翌年三月には秀吉による紀州根来・雑賀攻めに参陣、その前哨戦にあたる和泉国千石堀城（大阪府貝塚市所在）の攻撃で、秀次軍の主力として大きな戦功を上げている。

このように、天正十三年以前の吉政の行動は、後世の編纂物しか知りえないが、一点のみ確実な史料が残っている。それは、京都府福知山市大呂の天寧寺に残る田中吉政判物である。天正十二年十月二十四日付けで同寺に対して諸役を免除し、秀吉軍による陣取・竹木の切取を禁止した内容である。

『大日本史料』ではこの文書を掲載し、吉政は丹波亀山城主であった羽柴秀勝の老臣であったと記すが、吉政が秀勝老臣であった明確な証拠はない。丹波福知山での吉政の行動は、秀次とは無関係と考えられるので、本書を重視すれば、吉政は秀吉の命により丹波支配に関り、秀次家臣となったのは、天正十三年の紀州・雑賀攻め以降と考えることができる。いずれにせよ、吉政の天正十三年までの行動・立場は謎に包まれている。

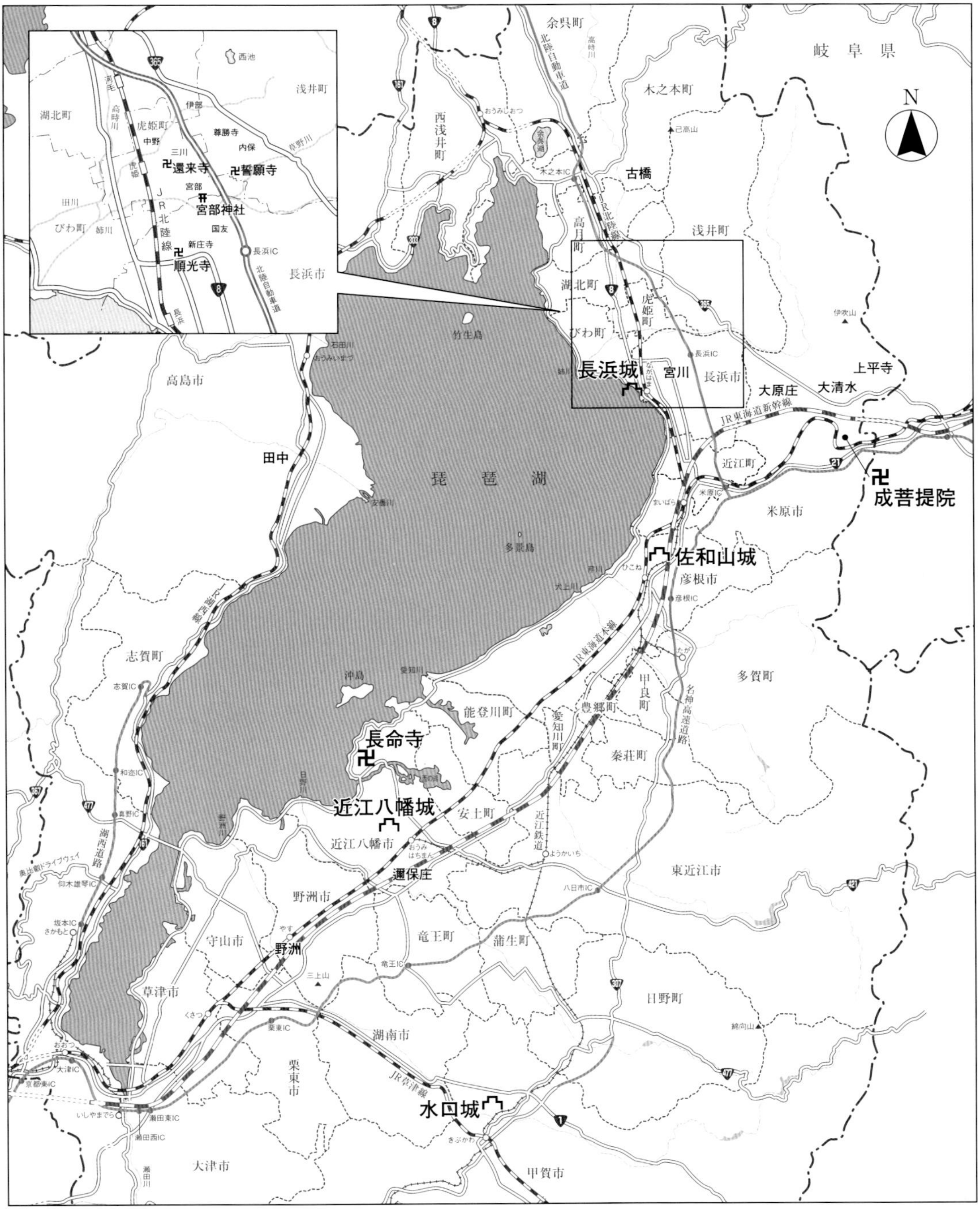
岐阜県
N
余呉町
北陸自動車道
高時川
木之本町
己高山
古橋
西浅井町
余呉湖
木之本IC
JR北陸線
高月町
浅井町
湖北町
虎姫町
びわ町
伊吹山
上平寺
長浜IC
長浜城
宮川
長浜市
大原庄
大清水
JR東海道新幹線
竹生島
高島市
石田川
田中
琵琶湖
安曇川
近江町
米原IC
米原市
成菩提院
多景島
佐和山城
彦根市
彦根IC
芹川
犬上川
JR湖西線
JR東海道本線
多賀町
志賀町
志賀IC
沖島
愛知川
能登川町
豊郷町
甲良町
名神高速道路
愛知川町
秦荘町
長命寺
和迩IC
日野川
近江八幡城
安土町
真野IC
湖西道路
野洲川
近江八幡市
近江鉄道
奥比叡ドライブウェイ
仰木雄琴IC
邇保庄
東近江市
八日市IC
野洲市
坂本IC
守山市
野洲
竜王町
蒲生町
竜王IC
三上山
草津市
日野町
栗東IC
湖南市
綿向山
大津IC
京都東IC
栗東市
JR草津線
水口城
瀬田東IC
瀬田西IC
瀬田川
大津市
甲賀市
河毛
高時川
伊部
虎姫町
尊勝寺
内保
中野
三川
還来寺
誓願寺
草野川
宮部
宮部神社
田川
JR北陸線
国友
びわ町
姉川
新庄寺
順光寺
北陸自動車道
長浜
西池
浅井町
湖北町
長浜市

コラム

近江に残った尾張・三河時代の文書

太田 浩司

天正十八年（一五九〇）、近江八幡城で政治を行っていた吉政は、岡崎城主として三河国へ移る。しかし、近江国は出生地であるし、また五年間にわたって執政した近江八幡時代の知人も多かった。したがって、三河・岡崎に移ってからも、近江の人々とは交流は続いている。ここでは、その一端を紹介しておこう。

32　田中吉政書状　誓願寺蔵
6月1日付けの吉政書状であるが、宛名が欠損している。誓願寺に伝来した事実からすれば、同寺に宛てたものと考えてよいだろう。誓願寺は、文禄2（1593）正月29日に、吉政の母が岡崎で死去した際に、住職が焼香に呼ばれている事実や、吉政寄進の梵鐘が現存するなど、田中家とは所縁深い寺院である。この文書で、吉政は「御殿戸明立」のことに触れ、鯉を送られた礼を述べている。前者の意味は不明であるが、全体に肉太の花押の形態から、尾張・三河城主時代の発給文書と推定される。

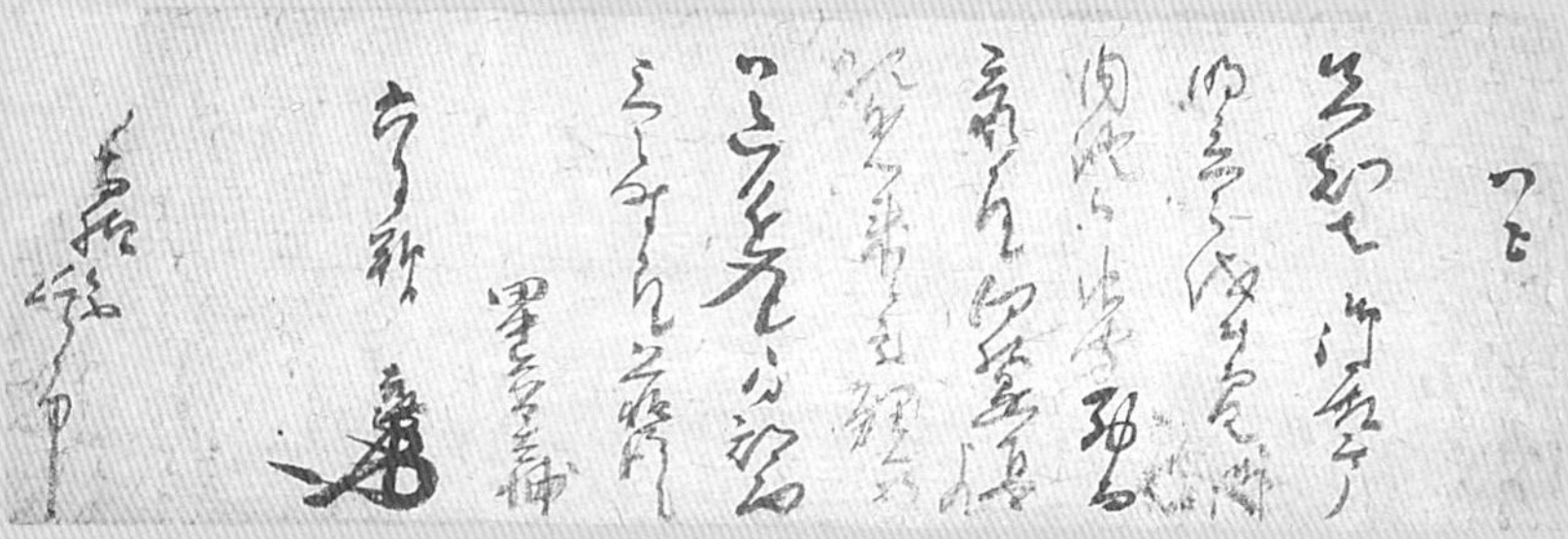

77　田中吉政書状　長命寺惣中　長命寺蔵　写真提供：滋賀県教育委員会
文禄元年（1592）と推定される11月23日付けの吉政書状で、西国三十三所の霊場として知られる長命寺（近江八幡市長命寺町所在）へ宛てたものである。同寺は天正19年4月23日付けの秀吉朱印状によって、愛知郡平流郷（現在の彦根市稲里町内）において100石の所領を得ていたが、翌年に至ってその地が、岐阜城主織田秀信（信長の孫）の所領に編入されてしまった。事の次第に驚いた寺僧が豊臣政権に訴えたのに対し、吉政が長命寺の所領安堵を確定するため、共に聚楽第に上り裁決を得ると伝えた内容である。吉政は、この時はすでに三河国岡崎城主であったが、近江八幡在城時代に長命寺と親しかったとみえて、この一件を担当することになったと考えられる。長命寺は当初、朝鮮出兵で秀吉が滞在中の肥前名護屋まで使いを出すつもりでいたが、京都で決裁するので名護屋まで行くのは無用だと、吉政から制止されている。

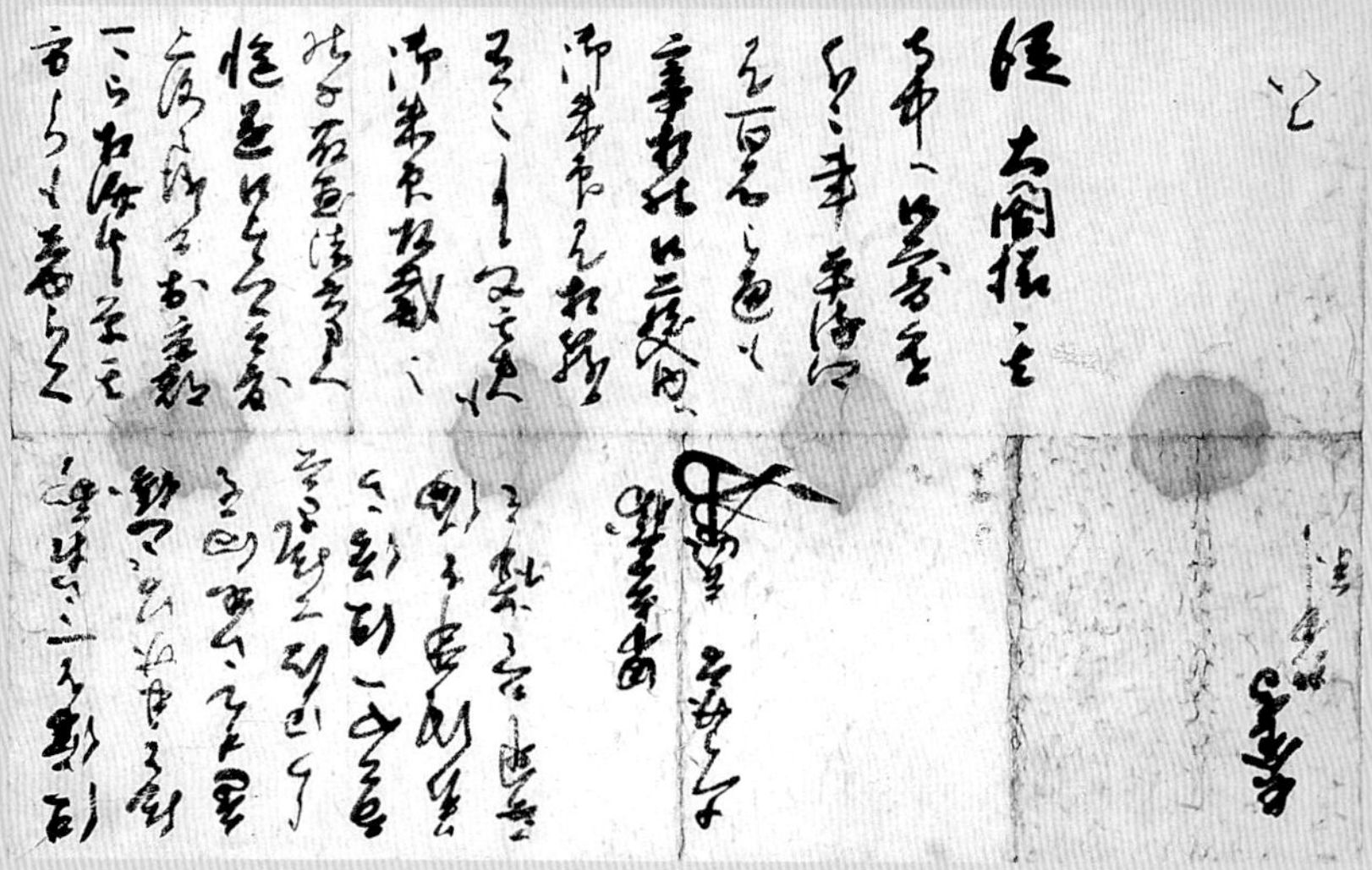

11　豊臣秀吉木像　名古屋市秀吉清正記念館蔵
唐冠、束帯姿の秀吉像。旗本木下家伝来品。

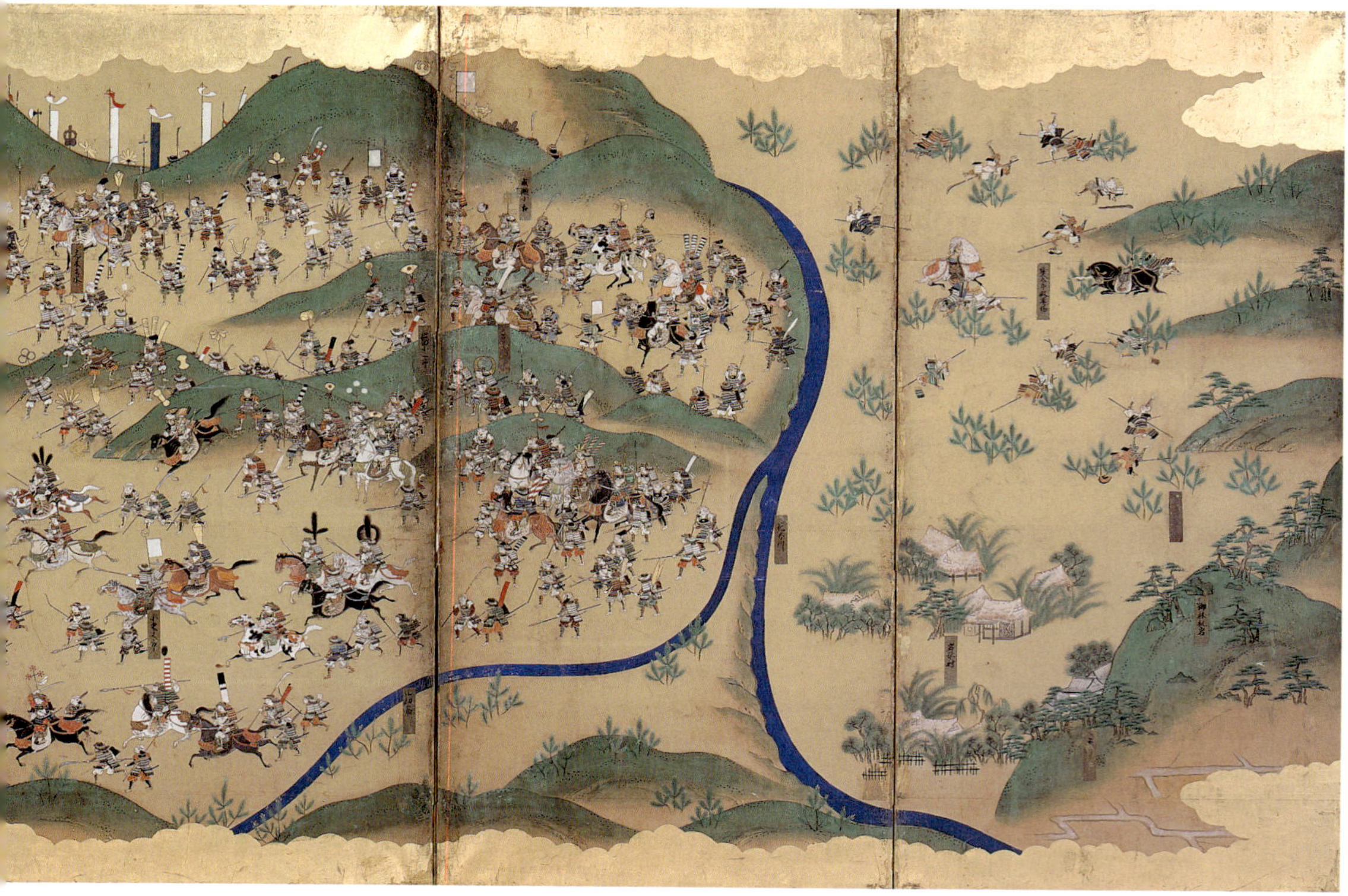

12　小牧長久手合戦図屏風　名古屋市博物館蔵

小牧長久手合戦では田中吉政は秀次隊に属して、1500人余の組頭として指揮をとったという。堀秀政とともに秀次隊は池田恒興の加勢として三河に向かうが、徳川軍との戦いで惨敗した。その時、吉政は堀秀政から秀次隊指揮の不甲斐なさを叱責されたという。本屏風は右第一扇に長久手町内での秀政・秀次隊の敗戦を描くところに特色がある。

17　朱漆塗《しゅうるしぬり》矢《や》筈札《はずざね》紺糸《こんいと》素懸《すがけ》威《おどし》具足《ぐそく》　サントリー美術館蔵

伝豊臣秀次所用とされる具足。秀次（1568～1595）は三好吉房（常閑）を父に、秀吉の実姉日秀を母に生まれた。羽柴孫七郎を名乗り、早くから秀吉の寵愛を受けていた。小牧・長久手の戦いでは失態を演じたが、天正13年（1585）に近江国内で43万石を与えられ八幡山に居城した。

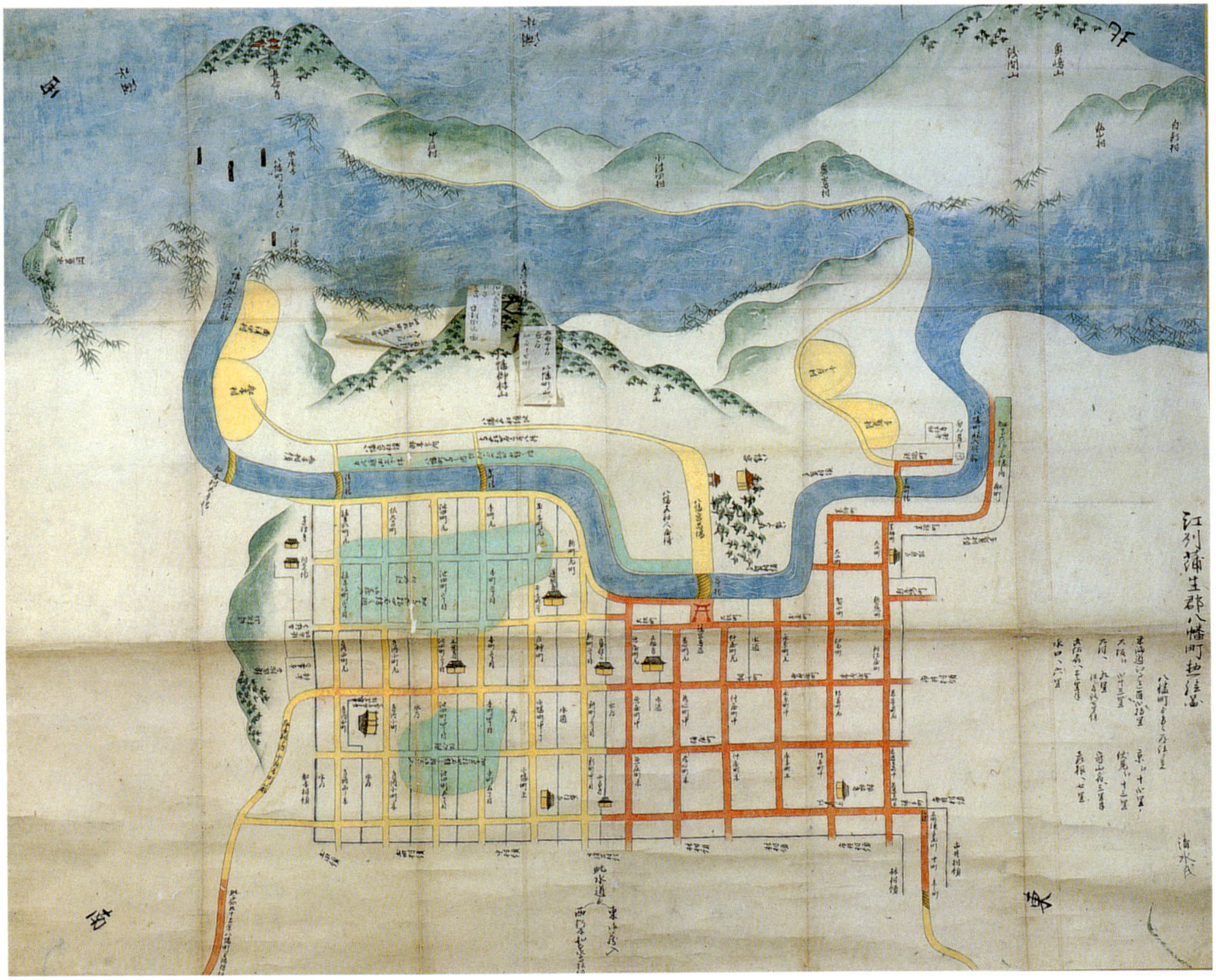

18　江州八幡町惣絵図　近江八幡市立図書館蔵

近江八幡市立図書館には合計４枚の町絵図が伝来するが、本図もその一つで八幡町郊外北ノ庄清水家旧蔵のものとある。近江八幡の町は、天正13年（1585）に豊臣秀次が入部して造営されたが、実質的な指揮は吉政が行ったと考えられる。上方の八幡山に古城跡があり、八幡堀を隔てて城下町が広がる。本図は、町の西半分が朽木氏領、東半分が幕府直轄領であった元禄・宝永年間（1688～1711）の作図と見られる。

20　江陽八幡山古城絵図　近江八幡市蔵

豊臣秀次が城主として入り、田中吉政が宿老として住居した八幡城を描いた図面。本図は写であるが、原本は江戸時代のものと推定される。標高283.8メートルの八幡山の山上に天守閣・本丸があり、そこから尾根に沿って三方へ曲輪が伸びていた。中心部分は石垣造りで、本丸虎口からまっすぐに大手道が下っており、その麓には秀次居館や宿老屋敷があったと考えられている。

22　八幡城秀次館出土遺物　近江八幡市教育委員会蔵

八幡城麓にある秀次館跡の発掘調査で出土した瓦である。平成12・13年度の調査で発掘された。ここには、軒丸瓦１点・軒平瓦１点・飾り瓦２点を掲載した。飾り瓦は、沢瀉《おもだか》文様が入ったものと、八双金具を交差させた文様が入ったものを示した。いずれも、凸面に漆を塗り金箔を施している。秀次館跡の下段には、宿老屋敷と思われる削平地が広がり、そこに吉政屋敷も存在したと推定できる。

23　八幡城出土　兎と沢瀉《おもだか》文鬼瓦　日牟禮八幡宮蔵

現在の八幡山々頂の本丸跡には、日蓮宗瑞龍寺がある。この寺は、文禄５年（1596）に秀次生母の日秀が、秀次追善のために建立した寺院で、昭和37年に京都洛北から移築された。移築にあたり緊急の発掘調査が行われ、その時出土したのが本瓦である。表面に朱筆で、「八幡城瓦　下り棟の鬼瓦　昭和三十七年一月発掘」と記されている。

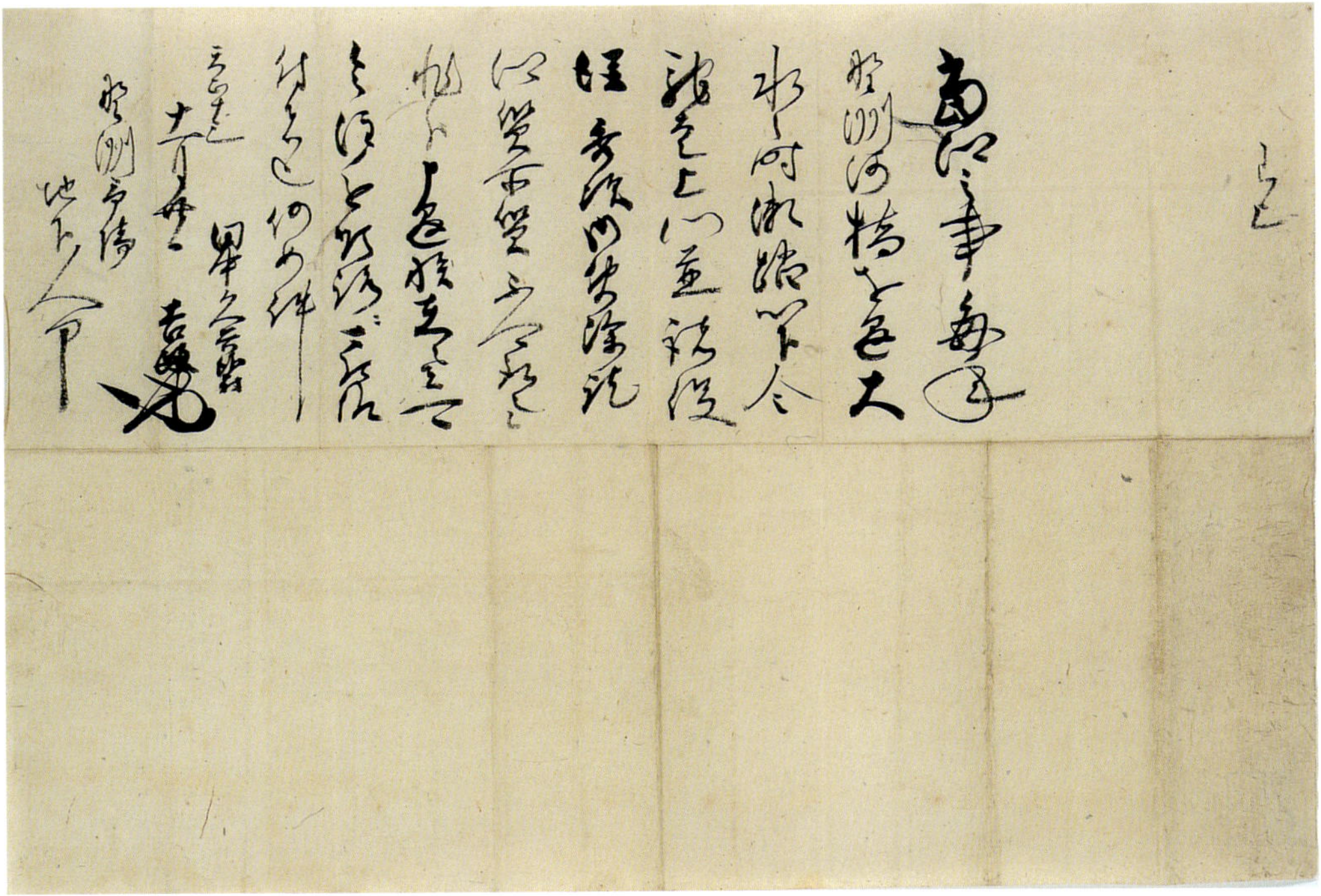

26　田中吉政判物　野洲市場地下人中宛　野洲市野洲区蔵

天正13年（1585）11月20日に、田中吉政が野洲の市場に出した書状。毎年、野洲川に橋を架け、大水時の瀬踏《せぶみ》（水深の計測）を条件に、市場に対し諸役免除する旨が述べられている。文中に「秀次御免除」の文字がみえ、秀次の意向を受けて出した文書であることが分かる。田中吉政が秀次宿老として確認できる、最も古い古文書である。

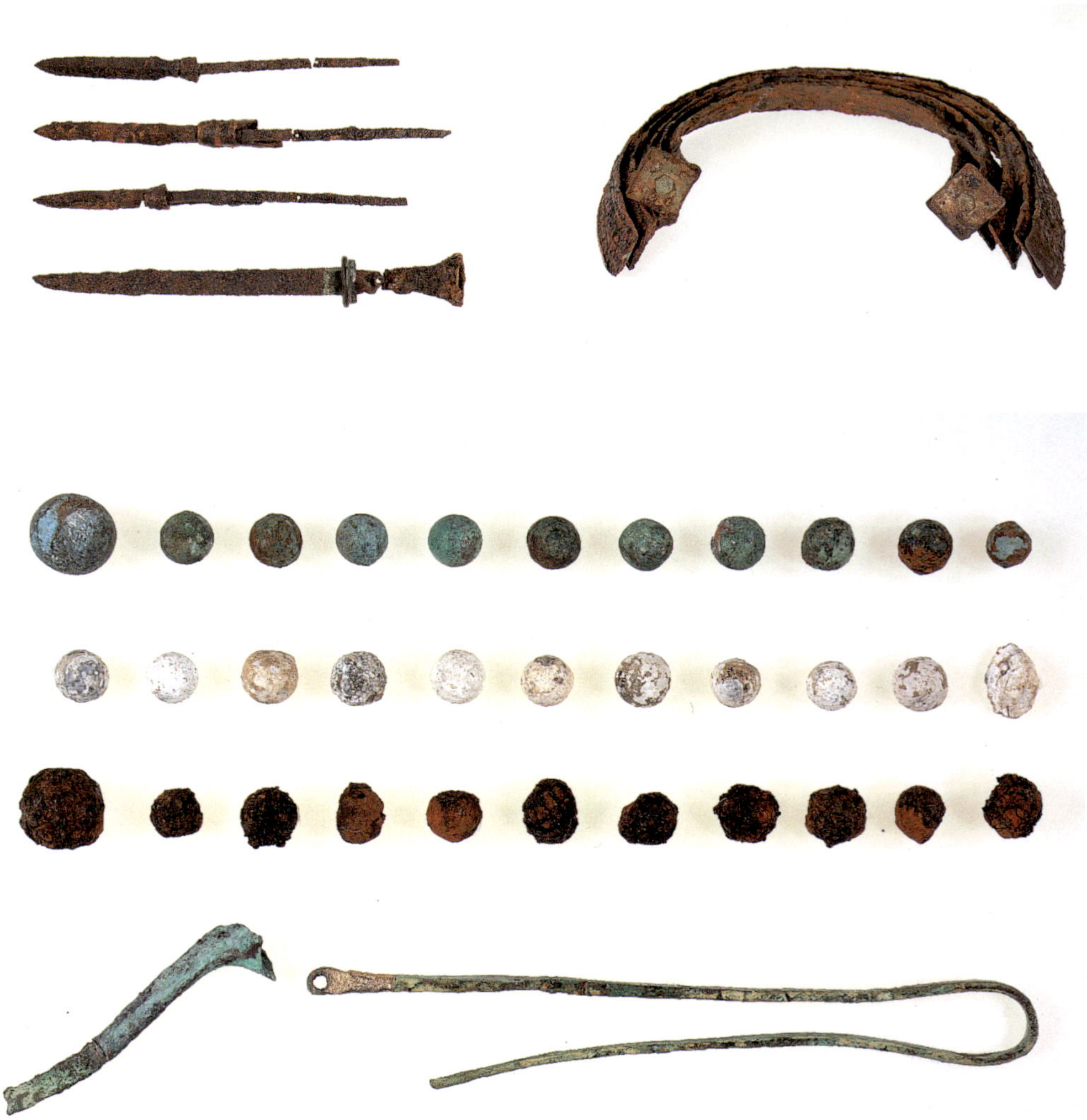

36　山中城出土遺物　三島市教育委員会蔵

山中城は小田原北条氏が領国の「境目の城」として、箱根山の中腹に築城した城郭。天正18年（1590） 3 月29日に、田中吉政を含む豊臣秀次軍約35,000人の圧倒的な攻撃を受け、短時間で落城した。吉政の同僚・一柳直末は、この攻城戦で討死している。写真は、発掘調査で出土した遺物。右上が兜の錣《しころ》、左上が槍と腰刀、下が鉄砲玉（上段：鉛青銅玉、中断：鉛玉、下段：鉄玉）と火縄銃の部品（火挟《ばさ》み、毛抜きバネ）である。

33　堀尾吉晴像　春光院蔵

豊臣秀次の宿老の一人・堀尾吉晴（一五四四〜一六一一）の画像。吉晴は木下藤吉郎時代からの秀吉の家人で、大坂本願寺との戦いでは、中村一氏と天王寺城に拠って活躍している。天正十三年（一五八五）からは秀次付の宿老として、近江国佐和山城主。田中吉政の同僚となる。天正十八年（一五九〇）からは遠江国浜松城主。晩年は豊臣政権で五大老に次ぐ三中老の要職に列したとされる。

山内一豊像　大通院蔵

豊臣秀次の宿老の一人・山内一豊（1546～1605）の画像。一豊も秀吉の古参の家人で、浅井・朝倉攻めや、中国攻め・賤ヶ岳合戦などで戦功をあげた。天正13年（1585）からは秀次付の宿老として、近江国長浜城主。田中吉政の同僚となる。天正18年（1590）からは遠江国掛川城主。その妻・見性院の「名馬購入」の逸話は、あまりにも有名である。

コラム

織豊城郭と金箔瓦について

内藤　高玲

現在我々がイメージする「城」というと石で組まれた天守台に瓦が葺《ふ》かれた天守がのり、その周りに石垣が組まれている、というものである。

実際に城がこのような形になったのは、安土桃山時代であり、その最初の城は織田信長が天正六年（一五七六）に築いた安土城である。安土城は、信長が政治・宗教の中心としての象徴としての意味をもたせた豪華・華麗の城であった。その中に瓦に金箔を張って装飾にするというものがあった。金箔瓦は目立たせたい部分にのみ金箔が施されており、明確な意志が働いていた。金箔瓦の葺かれた場所も、外から望見できる部分で、見せる側が特に強調したい部分である。

75　聚楽第出土金箔瓦　京都府教育委員会蔵
聚楽第の瓦は木葉文などが使用され、従来の瓦当文にとらわれない文様が見られ興味深い。

現在、金箔瓦の製作技法として確認されている技法は焼成後の瓦に黒漆もしくは朱を混ぜた朱漆で金箔を瓦当面に接着するという技法であるが、凸面に金箔を接着する技法と凹面に金箔を張り込む技法が確認されている。

信長は金箔瓦を自分の占有の技術と考えていたため、自身の息子たちにしか金箔瓦の使用を許さなかった。しかし絢爛豪華を誇った安土城も本能寺の変による信長の横死により突如として消えてしまう。

この時期までが金箔瓦の黎明期とすると開花期にあたるのが、次に天下を獲った豊臣秀吉の時代である。秀吉は、天正十一年（一五八三）本願寺の跡地に自身の本城として大坂城の築城を始める。これは信長の正当な後継者たる権威を天下に知らしめるために、築城を企図したものであるが、ここで信長の家臣としては初めて金箔瓦を使用している。それも三の丸にまで使用するという徹底したものであった。

築城に当たっては信長の正当な後継者という意識も強く働いたのであろうが、元来派手好きであった秀吉の意向も強く働いたものと考えられる。まだこの時期には、家臣たちには、金箔瓦の使用を許しておらず、天正十三年（一五八五）に甥の秀次にのみ金箔瓦の使用を許可したとみられ、秀次が築いた近江八幡城で金箔瓦が確認されている（カラー図版27ページ参照）。天正十四年（一五八六）に秀吉は後継者の地位を固め、都における邸宅として、聚楽第を築く。この時には、家臣たちの大名屋敷にも金箔瓦の使用を許可したと見られ、聚楽第の周辺からも多くの金箔瓦の出土が見られる。この傾向は、後に秀吉の隠居城として築かれた伏見城でも同様の傾向が見られ、秀吉が積極的に金箔瓦の使用を許可していた時期があったことがわかる。現在金箔瓦が多く確認されている場所は大阪城・聚楽第とその周辺の大名屋敷推測地・伏見城とその周辺がほとんどであり、その他の城では数片という場所が多い。

秀吉が金箔瓦の使用に政治的な配慮が示すようになるのは、天正十八年（一五九〇）後北条氏を滅ぼし名実ともに天下人となって以降である。後北条氏を滅ぼし、秀吉にとって最も危険な大名であった徳川家康を関東に移封した時点で豊臣政権が確立したのであるが、この時期に築かれた城や改修された城からは、金箔瓦が葺かれるようになる。全国で十か所以上の城から金箔瓦が確認されており、広範囲の城で確認されている。関東や東海の城にも金箔瓦が確認されているが、東海道では、駿府城に中村一氏、掛川城に山内一豊、浜松城に堀尾吉晴、吉田城に池田輝政、岡崎城に田中吉政、と秀吉に忠実であった大名たちを配したが、金箔瓦が確認されているのは、中村氏のみである。関東では家康の領地と直接対峙する城に多く金箔瓦が確認されており、家康に対する威嚇《いかく》として金箔瓦の使用が許可されたという可能性が指摘されている。

　秀吉の没後、関ヶ原の合戦の後に天下を獲った徳川家康の時代にも、金箔瓦は使用されるが、少しずつ衰退し、その使用は霊廟などを除いて殆どされなくなる。金箔瓦の時代は終焉をとげたのである。安土桃山時代のいわば象徴ともいえる金箔瓦であるが、織田信長、豊臣秀吉の嗜好を表す興味深い資料である。

80　伏見城出土金箔瓦　京都市考古資料館蔵
伏見城では様々な種類の瓦に金箔瓦が使用されていたことがわかる。現在、多種類の金箔瓦の出土が確認されているのは、秀吉自身が手がけた聚楽第・大坂城・伏見城の三ヶ所のみである。

近江八幡時代の田中吉政

太田浩司

秀次の宿老たち

天正十三年（一五八五）閏八月二十二日、豊臣秀吉の甥・秀次は、近江国において四十三万石の所領を得て近江八幡城主となった。この時の秀吉から秀次に宛てた知行宛行状が、『武家事紀』に掲載されている。それによると、秀次の直轄領（蔵入地）が二十万石、宿老（重臣）分が二十三万石となっている。藤田恒春氏の『豊臣秀次の研究』によれば、これらの所領は、甲賀郡・野洲郡・蒲生郡・坂田郡・浅井郡の五郡内に設定されたという。

秀次の宿老として知られるのが、田中吉政・中村一氏・堀尾吉晴・山内一豊・一柳《ひとつやなぎ》直末らであった。この内、中村は水口城主、堀尾は佐和山城主、山内は長浜城主、一柳は美濃大垣城主であったのに対し、田中のみは「関白殿（秀次）一老にて候」（『石川正西聞見集』）として、居城をもたず近江八幡城におり、秀次を補佐したと推定されている。吉政以外の宿老たちについては、この時代の文書が非常に少ないのに対し、吉政のみが十二通と残存数がとびぬけて多い事実から、この点は裏付けることができる。

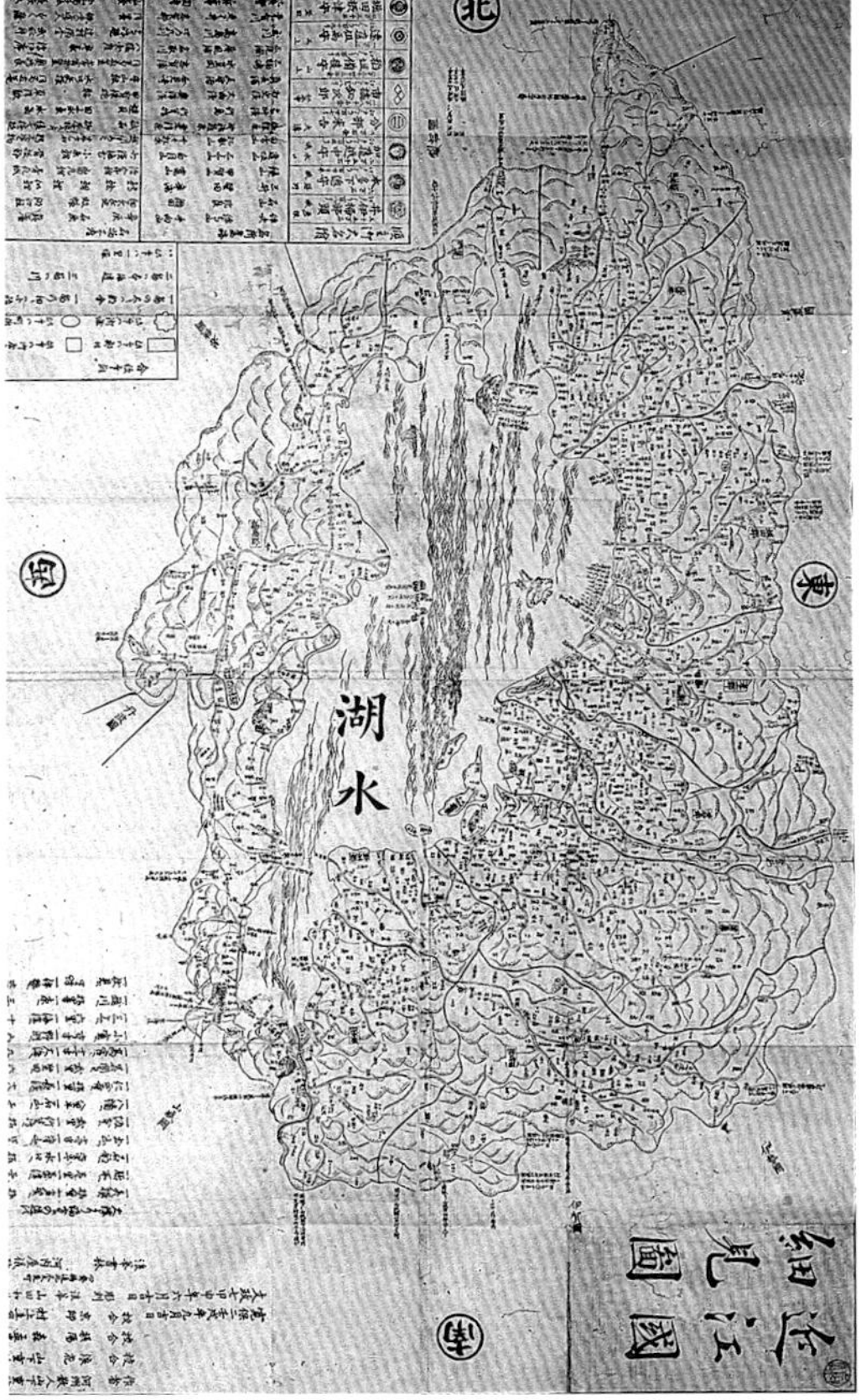

16　近江国細見図　市立長浜城歴史博物館蔵
江戸時代に最も流布した木版刷の近江国絵図。寛保２年（1742）が初版だが、本図は文政７年（1824）の復刻版。

21 御林山ト八幡社領境界杭之図 近江八幡市蔵
御林山（幕府領）と日牟禮八幡宮の神域の境界杭を図示した絵図である。天保十三年（一八四二）頃の状況が分かる。江戸時代の秀次館跡周辺の状況をよく示す数少ない史料。

近江八幡と吉政

藤田恒春氏は、その著作『豊臣秀次の研究』の中で「豊臣秀次の居所表」をまとめている。それによれば、天正十三年から同十八年まで、五年間におよぶ秀次の近江八幡城主時代、豊臣秀次は短期間大坂に赴いたのと、天正十八年（一五九〇）に小田原出兵を行ったのを除き、そのほとんどを京都で生活している。特に天正十五年に聚楽第が完成して、その管理を任されると、その傾向はますます強くなる。

明確に近江八幡城に在城した形跡があるのは、天正十四年二月十四日に吉田兼見《かねみ》に会った時（『兼見卿記』）と、同十六年八月十八日に京都から八幡へ戻った時（『天正記』）のみである。もちろん、秀次は天正十四年六月に八幡山下町中へ十三ヶ条にわたる掟書を出すなど、名目的には八幡城主としての姿を読み取ることはできるが、実質は「一老」たる筆頭補佐官であった田中吉政が、近江四十三万石の支配を行っていたと考えてよいだろう。

また、秀次は八幡城主となると、日牟禮八幡宮が鎮座した八幡山に築城し、安土から城下町をその麓に移し、城と城下町の間に八幡堀を開削した。また、八幡山の麓、現在の八幡公園の北西には、秀次の居館や重臣屋敷があったことが最近確認され、居館跡からは金箔瓦も出土している。しかし、こういった城の縄張造りや町の設計についても、不在がちな秀次にかわって、吉政が指示を出していたと考えられ、ここでの経験が岡崎や柳川の築城や町造りに生かされていったと推定できる。なお、現在日牟禮八幡宮門前の両側に当たる大杉町を、江戸中期まで久兵衛町と言ったという。久兵衛は兵部太夫の官職を得るまでの吉政の通称であり、八幡町と吉政の関係を示すものかもしれない。

吉政が秀次の補佐役として活動していたことは、記録・編纂物のみでなく、当時の古文書からも知られる。その最も早いものは、天正十三年十一月二十日付、野洲郡野洲市場宛の判物（カラー図版29ページ参照）であることは、藤田恒春氏によって紹介されている。そこでは、交通確保を条件に野洲市場の諸役免除を行っているが、文中に「秀次御免除」の文字が見える。本書を含

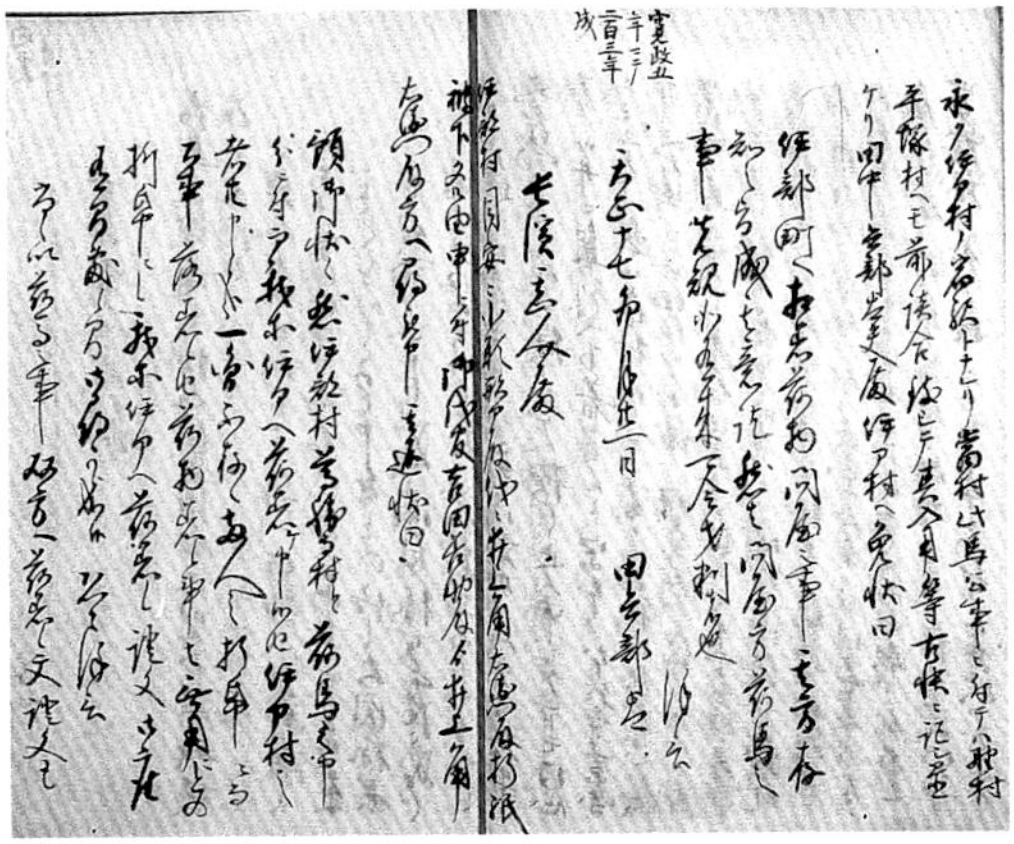

29　平埜荘郷記　中　個人蔵
寛政五年（一七九三）にまとめられた浅井郡尊勝寺村周辺の村史。古代以来江戸時代までの記述があるが、吉政が代官をつとめていたことを示す記事や、吉政文書を引用する。

めて八幡時代の吉政発給文書は、先に記した通り十二通に及ぶが、従来内容について言及されなかった史料や、新出文書を中心に、実質的な近江八幡城主であった吉政の政治的役割を振り返ってみよう。

浅井郡の代官

『平埜荘郷記《ひらののしょうごうき》』は上・中・下の三冊からなり、寛政五年（一七九三）に浅井郡尊勝寺村の医師・岡本寿仙が、同村を含む「平埜荘」の歴史をまとめた編纂物である。その姿勢は科学的かつ合理的で、独自の取材に基づく多くの記事を載せている点で、郷土史として非常に価値が高い。その中巻には浅井郡尊勝寺村が、長浜城主秀吉の治世下にあった天正三年（一五七五）から、寛永十五年（一六三八）に彦根藩支配となるまでの領主・代官を、年を追って記している箇所があり、田中吉政の支配についても記述されている。

天正十五年より同十七年迄、中納言様御知行所ト成り、御代官田中兵部太夫殿なり、
　此の中納言様ハ、太閤秀吉公ノ御養子ニテ近江中納言秀次卿ト申テ、後ニ関白ニ成リ玉フ、伊部村此の時ノ御代官田中兵部殿ニ宿駅ノ才判(裁)書ヲ申《もうし》請タリ、別巻ニ記ス、

ここでは、天正十五年からの三年間、秀次の直轄領となり、田中吉政がその代官であったことを記している。同書では、天正十一年から同十四年までは、尊勝寺村が佐和山城主・堀秀政の所領であったと記すが、これは間違いで天正十三年までが正しいだろう。すなわち、田中代官時代は天正十四年からと考えるべきである。さらに、同書は尊勝寺村と、その北に当たる小谷城下の伊部村との宿駅相論に関して吉政が出した才判（裁判＝判決）書も載せている。

伊部町へ相着く荷物・問屋の事、其の方存知の旨、其の意成し訖《おわん》ぬ、然らば問屋方荷馬の事先規有り来たる如く、才判せしむべき者也、謹言、

天正十七卯月廿一日　　田中兵太

長浜甚介殿

浅井町尊勝寺
戦国時代以来、北国脇往還の宿駅として栄えた浅井町尊勝寺の町並み。宿駅の権利をめぐって隣村伊部（湖北町）と相論し、吉政に裁決を求めた。

この相論は、関ヶ原から木之本に通じる北国脇往還上の宿駅を、伊部村にするか尊勝寺村にするかで争ったもので、小谷落城から江戸初期に至るまで、時の領主・代官を巻き込んで、両村による訴訟合戦が続いた。この吉政文書は、従来は『改訂近江国坂田郡志』などで、「南部文書」として紹介されて来たものだが、原本は行方不明となっている。内容は伊部村の宿駅としての権利を追認した書状と読むことができる。ただし、宛名の長浜甚介については、『平埜荘郷記』の著者自身も「伊部村ノ問屋ヲ長浜甚介ト申シタルヤ、但又長浜伊部町より此の甚介ト云者、小谷へ引越居住シケルカ不思議ナリ」と述べており、どのような人物か判然としない。

この文書も、浅井郡尊勝寺村と伊部村が秀次直轄領であり、田中吉政がその代官であったことから出されたものと考えられる。このように、吉政は近江国内に点在した二十万石にのぼる秀次直轄領の多くで代官をつとめていたと推定できる。

水論の裁定

田中吉政は、近江の各地で用水相論を裁定している。邇保川《にほ》（日野川）の用水確保争いをめぐって、天正十四年七月二十四日の豊臣秀次の裁定を受け、同年八月一日に田中吉政が、担当奉行の河瀬《かわせ》実清《さねきよ》へ書状を出していることは、従来から知られていた。上流にあたる桐原郷（近江八幡市安養寺町周辺）が、日野川に新たに樋を設置したことを、下流の邇保庄（近江八幡市江頭町周辺）と争ったもので、吉政は従来からの邇保荘の権利を認めている。さらに、最近になって長浜市宮司東町から次のような文書が発見された。

已上

楞厳院《りょうごんいん》の井水、川上ニ小足村より新井を相《あい》立つるニ付いて、佐和山給人へ相届け候処、則《すな》ち前々の如く彼の井関今日切らせ申さるる由、堀尾二郎介方より此くの如く折紙候間、指し進《まい》せ遣《つか》し候、弥《いよいよ》先規を計り有り来たるごとく為るべく候、向後《こうご》井の儀は申すに及ばず、諸事一揆同前ニ新儀を企《くわだ》てる輩、いつれの領内ニ候共、中納言様より堅

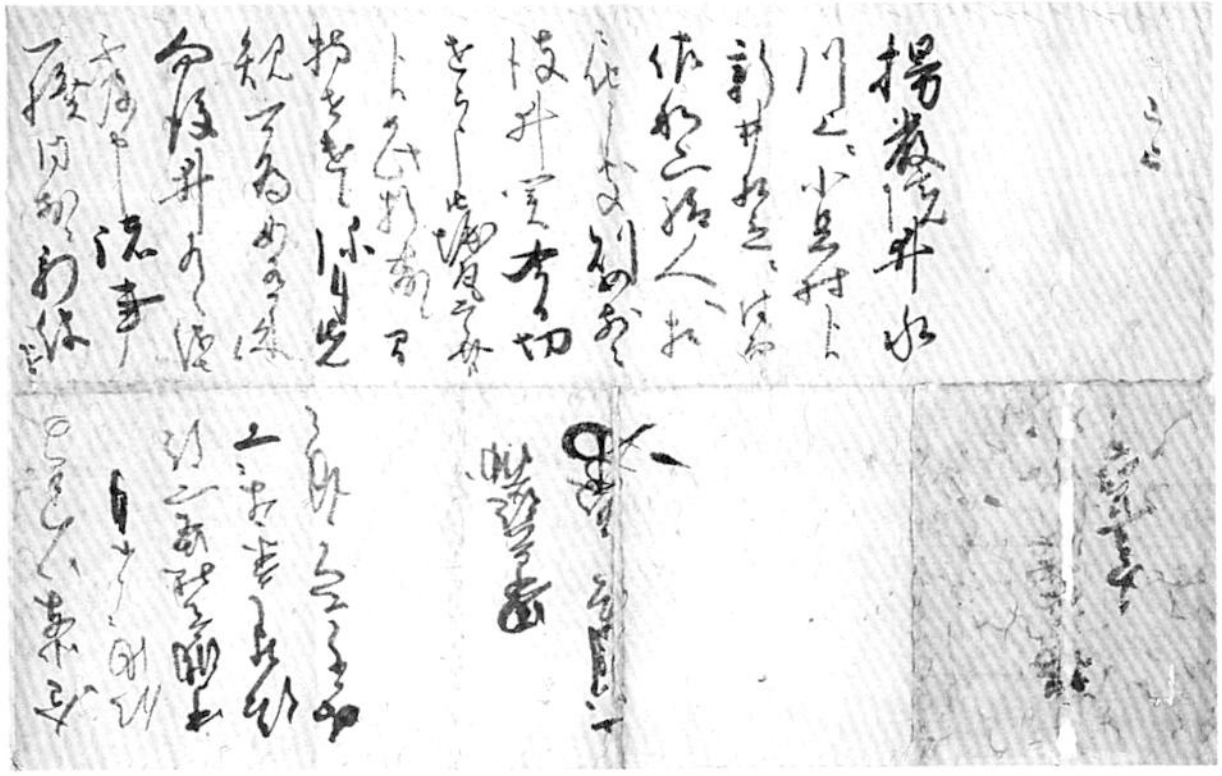

30　田中吉政書状
楞厳院名主百姓宛　宮司東町自治会蔵
田中吉政が楞厳院庄と小足村の用水相論を裁定した文書。『改訂近江国坂田郡志』などでも紹介されなかった新出文書である。

く其意を成さるべく候、謹言、
六月十九日　田中兵部大輔
吉政（花押）
楞厳院
名主百姓中

現在の長浜市宮司町は、明治七年に宮川村と下司村が合併した町名である。宮川村が現在の東町の前身となるが、この村ではその東北から、村の中心に向かって田地用水が流れ込んでいた。これが、楞厳院川《りょうごんいんがわ》であった。この楞厳院川の上流には、南小足村（現在の長浜市南小足町）・北小足村（同新栄町）がある。ここでは、小足村がこの川に新たな井堰を設けたことについて、宮川村周辺（楞厳院）の村々が佐和山城に訴えた。この案件について、田中吉政が後者の権利をみとめ、前者によって造られた新井を破壊するように命じた文書である。

本書の中で宮川村周辺の村人は、まず佐和山城の「給人《きゅうにん》」にこの問題を訴えている。「給人」とは佐和山城主・堀尾吉晴の家臣と考えられる。おそらく当時の宮川村か小足村が、その所領となっていたからであろう。また、この訴訟を受け取った佐和山城代の堀尾二郎介は、判断を田中吉政に委ねている。その結果、従来の宮川村の取水権を認め、小足村の行為を否定する判決が、吉政によって下されたのである。この事実は、秀次直轄領のみでなく、その支城の家臣たちの所領問題についても、「一老」たる田中吉政の権限が及んだ事実を読み取ることができる。彼が、秀次領全域において、大きな権限を有していたことを示し非常に興味深い。

この他、用水相論については、高時川からの取水をめぐる、浅井郡中野（現在の虎姫町中野）と青名・八日市（現在の湖北町青名・八日市）の争いを裁定していることは、よく知られている。天正十七年八月十七日付けのこの文書（「池野家文書」）では、吉政の他に、渡瀬繁詮《わたせしげあき》・宮部宗治・山内一豊・堀尾吉晴ら、秀次宿老が連署していることでも著名である。

山論の裁定

さらに、田中吉政は秀次領内の山争いについても、大きな権限を有していた。前近代の山は、田地の肥料となる

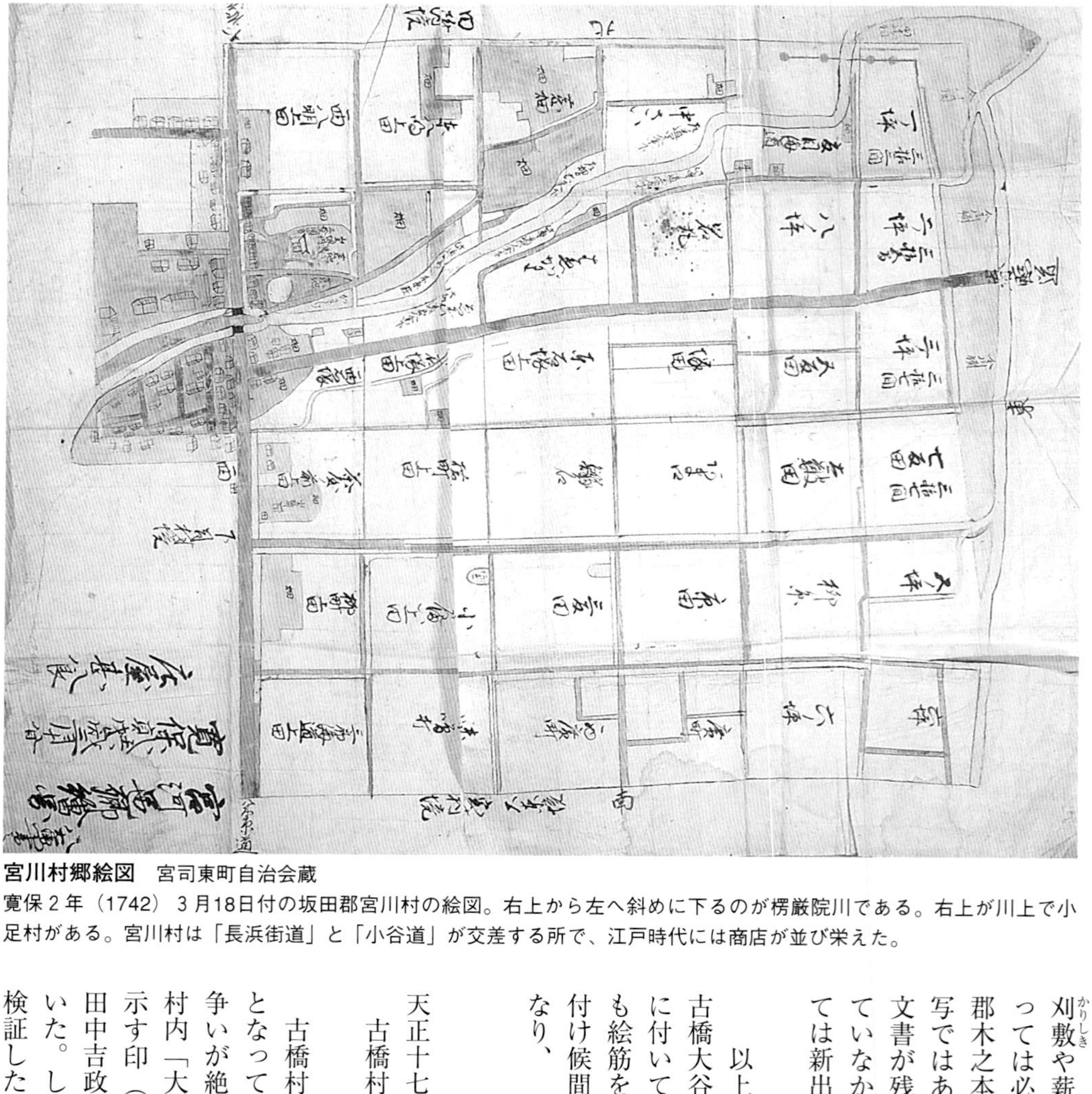

宮川村郷絵図　宮司東町自治会蔵
寛保２年（1742）３月18日付の坂田郡宮川村の絵図。右上から左へ斜めに下るのが楞厳院川である。右上が川上で小足村がある。宮川村は「長浜街道」と「小谷道」が交差する所で、江戸時代には商店が並び栄えた。

刈敷《かりしき》や薪炭の供給地として、村落にとっては必要不可欠の地であった。伊香郡木之本町古橋《ふるはし》区の「高橋家文書」に、写ではあるが、次のような田中吉政の文書が残っている。これまで紹介されていなかった史料で、吉政研究にとっては新出文書である。

以上
古橋大谷山の事、傍爾《ぼうじ》等慥《たし》か成らざるに付いて、近日相止《と》め訖《おわん》ぬ、然ると雖も絵筋を以って相改め前々の如く申し付け候間、其の村として才許すべき者なり、

田中兵部大輔
吉政（花押影）

天正十七　八月廿二日
古橋村百姓中

古橋村周辺の山は、周辺村の入会地となっている所もあり、村同士の境界争いが絶えなかった。最近になって同村内「大谷」についても、その境界を示す印（傍爾）が不明確であるので、田中吉政の判断で立ち入りを禁止していた。しかし、このたび絵図をもって検証したところ、古橋村領であること

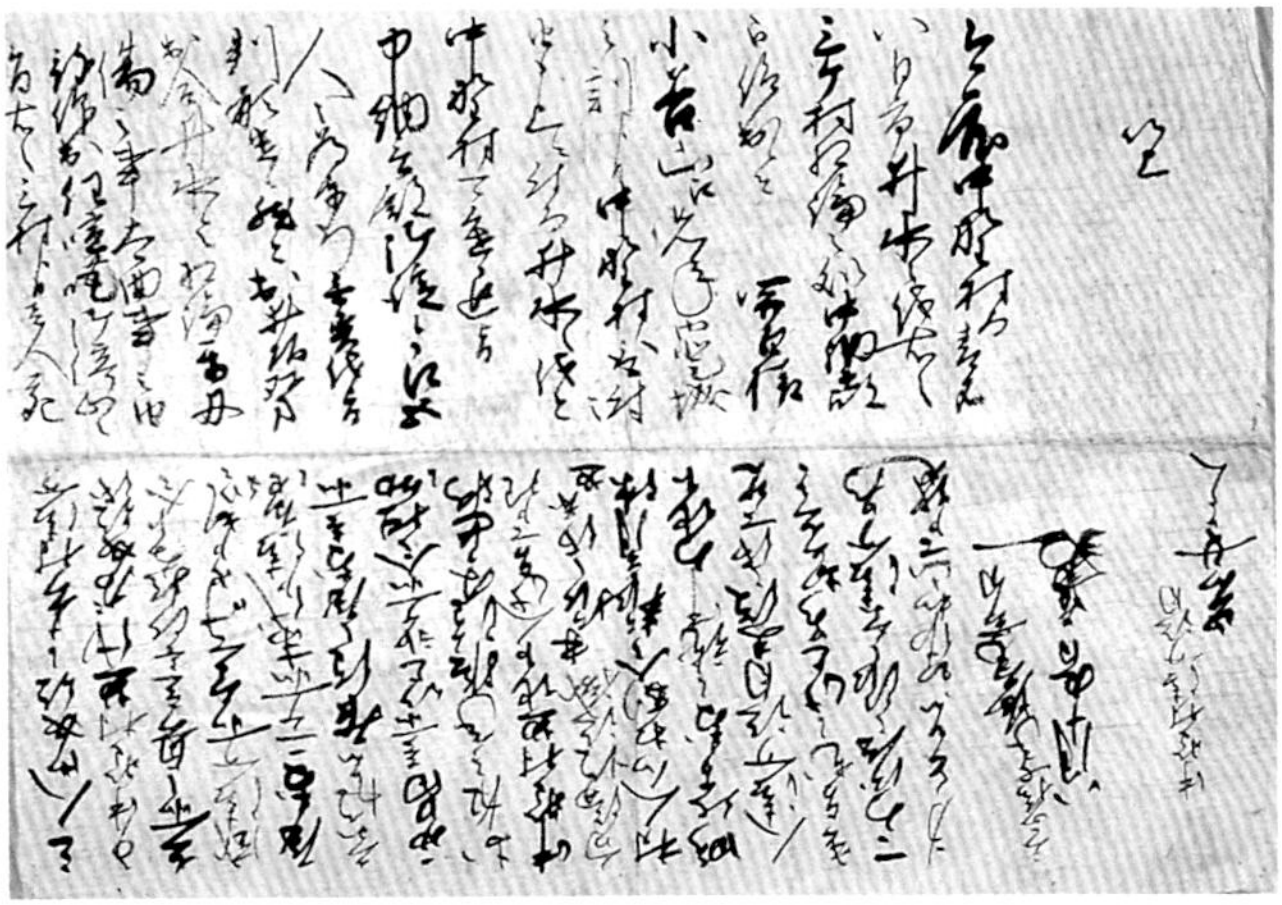

31　堀尾吉晴書状　岩女宛　清水家文書
吉政もかかわった高時川の用水争いに関して、喧嘩両成敗のため中野村を代表して処罰された清介について、その跡目を保証し、娘岩女を村としてもりたてることを命じた文書。

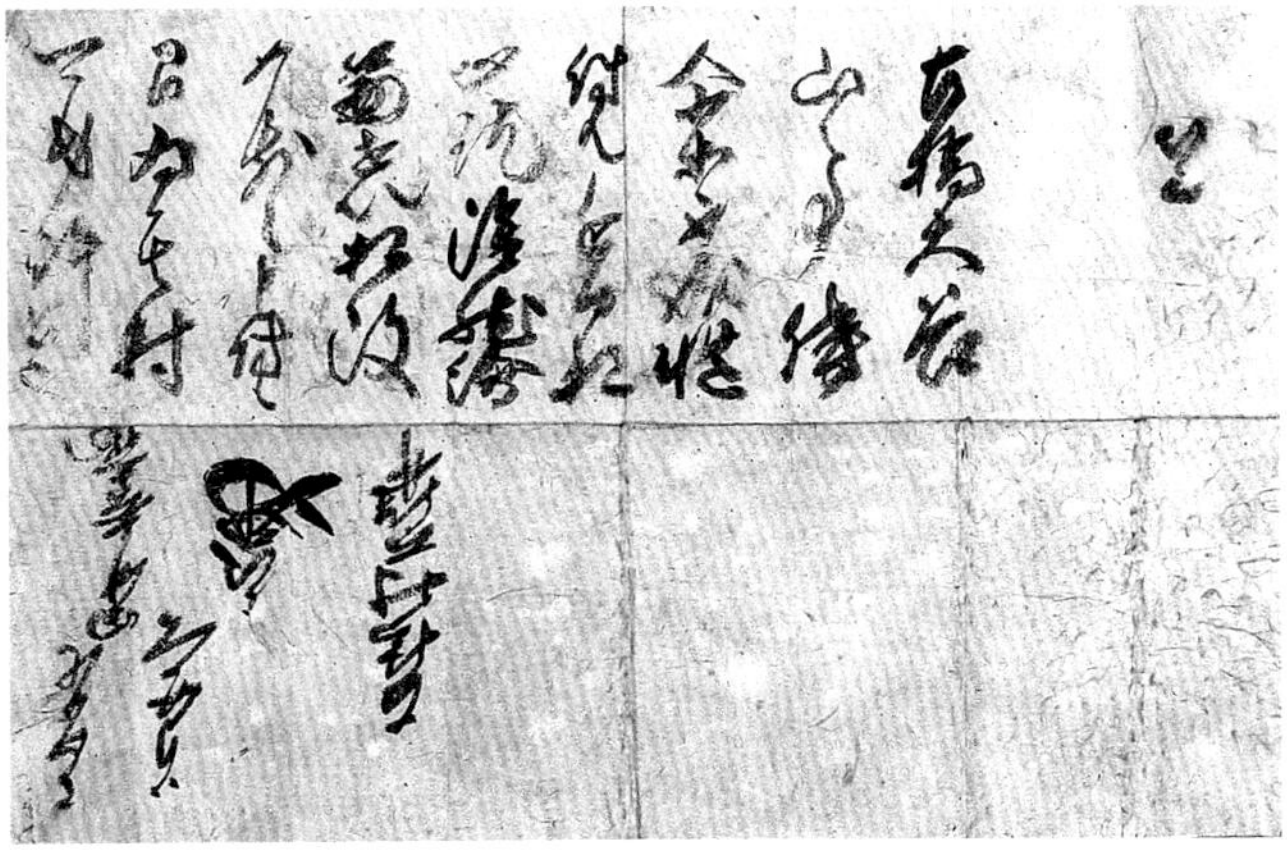

田中吉政判物写
古橋村百姓宛　高橋家文書
しばらく山止めしていた古橋大谷山について、吉政が再び立ち入りを認めた文書。吉政の秀次直轄領への権限を示す。

が分かったので、立ち入りを認めると同村に伝えた内容である。おそらく、周辺村から「大谷」の領有に関する訴訟がおこり、それに対応して判決を下すまで、問題の領域への立ち入りを規制したものであろう。

　実は、秀次宿老の一人である山内一豊が秀吉から与えられた、天正十三年閏八月二十一日付けの知行目録（旧山内侯爵家所蔵文書）によれば、「ふるはし」四百四十石は一豊領であったことが分かる。つまり、長浜城主山内一豊は、自領の山論について判断を下さず、わざわざ近江八幡にいた吉政に事件の次第を連絡し、そちらに判断を任せていた事実が浮き彫りとなる。佐和山「給人」領であった宮川村の水論と同じ経路で問題の解決が図られている。田中吉政の「一老」としての絶大な権限を、改めて知ることができる。

　なお、藤田恒春氏は秀次領およびその宿老の所領四十三万石が、近江五郡の中に設定されていたとするが、その五郡には伊香郡は含まれていない。しかし、本書に見るように伊香郡に秀次宿老領があったことは明白である。さらに、山内一豊が秀吉から得た知行目録

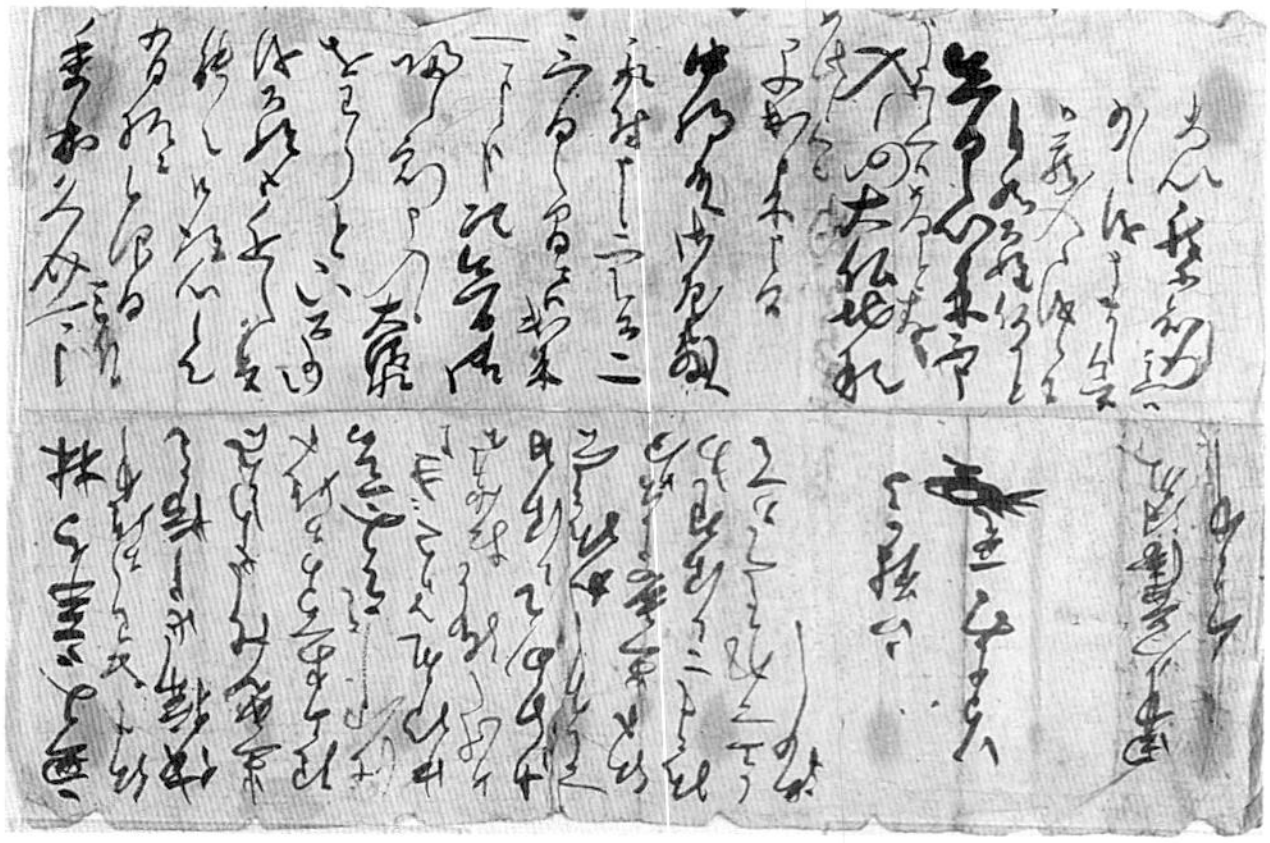

27　山内一豊書状　田中吉政宛　宮川家文書
長浜城主山内一豊が、坂田郡内の秀次直轄領の山論について吉政へ裁定を求めた文書。「関白殿一老」たる吉政の権限をよく示す。

には、古橋の他にも「磯野」・「余呉庄」・「赤尾」など伊香郡の多くの村が見えている。伊香郡も秀次やその宿老の所領四十三万石の一部を形成したことを付言しておく。

この他、山の支配に関連しては、愛知郡大萩《おおはぎ》村（現在の東近江市大萩町の旧所在地）の五郎二郎に対して、二箇所の山林については秀次用木とすることを条件に、肥料となる下刈については村人の権益を認める、天正十七年三月二十日付けの文書を吉政が出している（「村山家文書」）。

新発見の山内一豊書状

さらに、平成十七年には八幡城時代としての田中吉政の権限を知る上での格好の史料が、新たに発見された。天正十五年（一五八七）のものと推定される山内一豊書状である。坂田郡大清水村（現在の米原市大清水）の宮川嘉兵衛家に伝来した文書である。同家は、同村の鎮守である泉神社の前身・大梵天王社の「宮支配人」（宮世話にあたる）であった。以下に引用しよう。

尚《なお》以て、我等知行ニ候へハ　少々の儀申ましく候間、御蔵入《くらいれ》の儀に候《そうら》はば、自然《じねん》百姓何かと申し上げ候へハ、如何《いかが》と存じ此くの如くに候、以上、
先日以来申し入れず候、仍《よっ》て大仏地形《ちぎょう》早く出《いで》き来申候間中将《（豊臣秀次）》殿御屋敷へ取り付き申し候、定て二・三日の間ニハ出き来申すべく候哉《や》、次に先日御帰の刻《きざみ》申し入れ候大清水をわら《（大原）》と山公事《くじ》の儀、百姓共之を進《まいら》せ候間、能々《よくよく》御得心候て、有様ニ仰せ付けられ下さるべく候、委曲久介《（山田）》に申すべく候、兼ねて又、上平寺林何もをわら《（大原）》百姓中伐採候由申し、坊主迷惑仕《つかまつ》り候、さりとてハ理不尽なる百姓共仕やうニ候、是れ又定て中将殿をかさニき申此くのごとくの躰と相聞こえ候間、御分別候て、仰せ付けられ下さるべく候、か様ニ候へハ、何共迷惑申し候間、如何様ニも、仰せ付けらるべく候、尚参り御意を得べく候、
恐々謹言、

八月十五日　　山対馬
　　　　　　　一豊（花押）
田中久兵衛尉殿
　　人々御中

まず、山内一豊が田中吉政に、前年

伊吹山を背景とした大清水　田中吉政宛の山内一豊書状が発見された米原市大清水。背景にそびえるのが伊吹山。

から造営が始まっていた方広寺大仏について、その敷地の地固め（地形）が早く出来上がったので、次に京都の秀次屋敷の造営に取りかかる旨が述べられている。さらに、坂田郡大清水と坂田郡大原庄（現在の米原市大原地域）の百姓との山争いについて、大原側が訴え出てきたので、適切な対応を行うように依頼している。また、坂田郡上平寺（現在の米原市上平寺）の林を、大原庄百姓が伐採し、寺の坊主衆が迷惑しているとも述べられている。これは、秀次の権威を笠に着た所行と述べ、吉政から適切な指示を出すように頼んでいる。

　ここで問題となっている大清水・上平寺・大原庄の地は、秀次直轄領であり長浜城主一豊が代官支配を行っていた場所である。この文書の「追而書」の中で、一豊が「蔵入」（直轄領）のことなので、敢えて届け出ると述べている。一方、現在も残る「山内家伝来史料」中の「天正・文禄・慶長　長帳文書」には、天正十七年（一五八九）の年貢勘定目録が含まれている。そこには、「杉沢」・「村木」・「今川」・「藤河」・「大くほ」といった坂田郡の村々の中に「大清水」の名が見えている。これらの地は、天正十三年の秀吉から一豊への知行目録には見えていないので、一豊が代官支配を行っていた直轄領とみなすべきであろう。

　このように、新発見のこの文書は、長浜城主・一豊の代官支配権の限界を知る上で非常に参考になる。一豊は事件の経緯を伝えるのみで、具体的な対処は吉政に任せている。一豊の権限は代官地の年貢収納程度で、問題となる案件についての判断は「関白殿一老」たる田中吉政の担当であったことが伺える。これらは、先にみた水論や山論と同じであり、秀次領については、その宿老分も含めて、田中吉政が実質的な総括責任者であったことが読み取れる。江戸時代風に言えば、豊臣秀次の筆頭家老・城代家老であったことになる。

寺社宛の吉政文書

　現在、近江八幡時代に吉政が出した文書は、これまで引用したものを含め十二通が確認されている。最も早い日付を持つと推定されるのは、年号を欠くが天正十三年に出されたとみられる九月晦日付の蒲生郡長命寺（近江八幡市長命寺町）宛安堵状である。これに続き、同年十一月十八日には愛知郡百済寺（東近江市百済寺町）へ、さらに天正十五年十一月二十九日に坂田郡成菩提院（米原市柏原）に寺領安堵状を出している。

また、浅井郡山脇の谷田神社に対しては、天正十五年十一月十三日と翌年十一月十四日に文書を出して、近くの阿弥陀池を神社に寄進するので、そこを耕地化して年貢を収納し、同社の経営を行うよう命じている。なお、この二通の文書には、使者として山田久介の名が登場する。これは、先の吉政宛の山内一豊書状にも、大清水村と大原庄の争いについて連絡を受けている久介と同一人物であろう。浅井郡・坂田郡付近で吉政手代として働いていた山田「久介」という人物が浮かび上がってくる。

藤田恒春氏の研究によって、近江八幡時代に豊臣秀次自身が出した文書としては、吉政と同じく十二通の残存が知られている。この中には、領国内の寺領安堵状は存在しないので、この点も実質的な領内支配の権限が吉政にあったことを証明することになる。

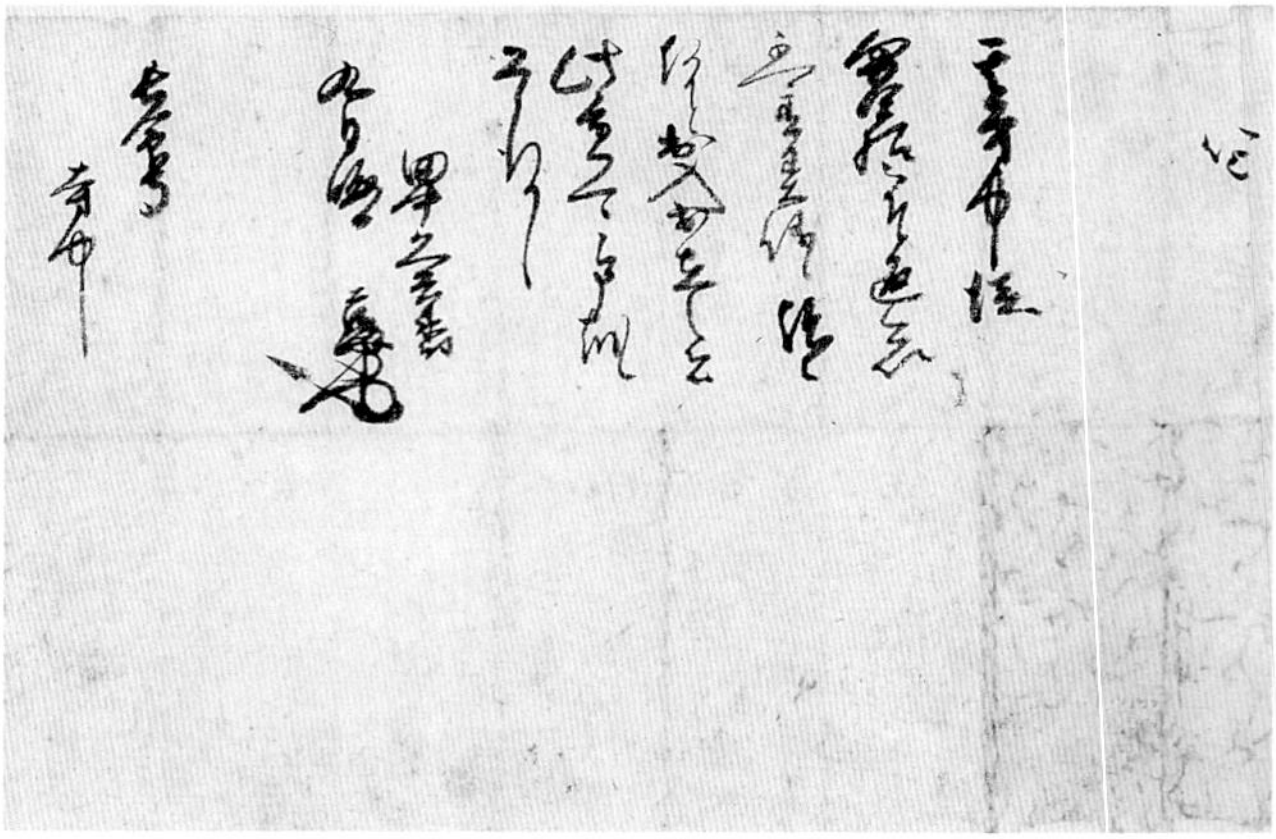

25　田中吉政書状　長命寺寺中宛　長命寺蔵
近江八幡に入った田中吉政が、最も早く出した寺領安堵状。天正十三年九月晦日付と推定される。吉政は、九月二十六日付の増田長盛書状で、秀吉の意向を伝達されていた。
写真提供：滋賀県教育委員会

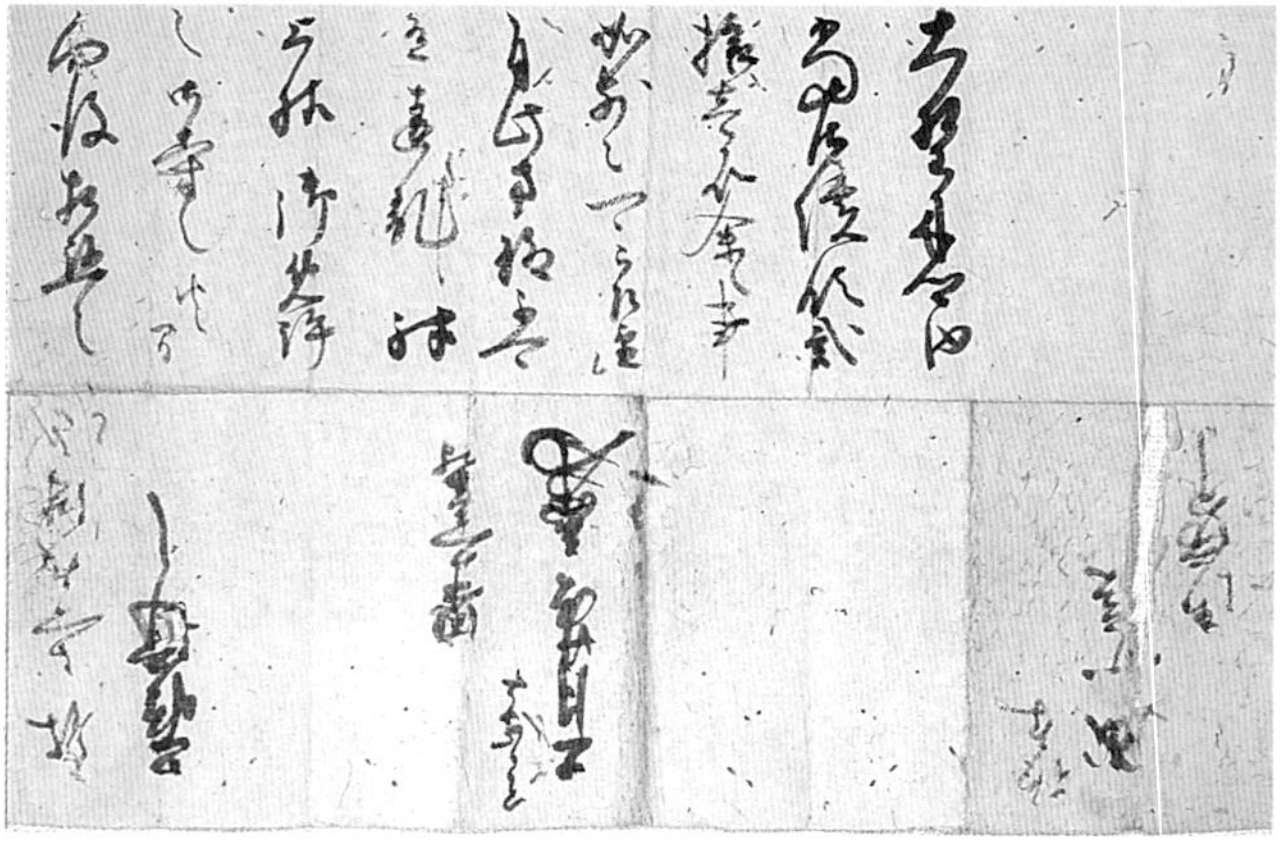

28　田中吉政書状　柏原成菩提院御坊宛　成菩提院蔵
大野木郷内の成菩提院領二十一石余の安堵状。当院は中山道柏原宿の北にあり、天台宗の談義所として栄えた。

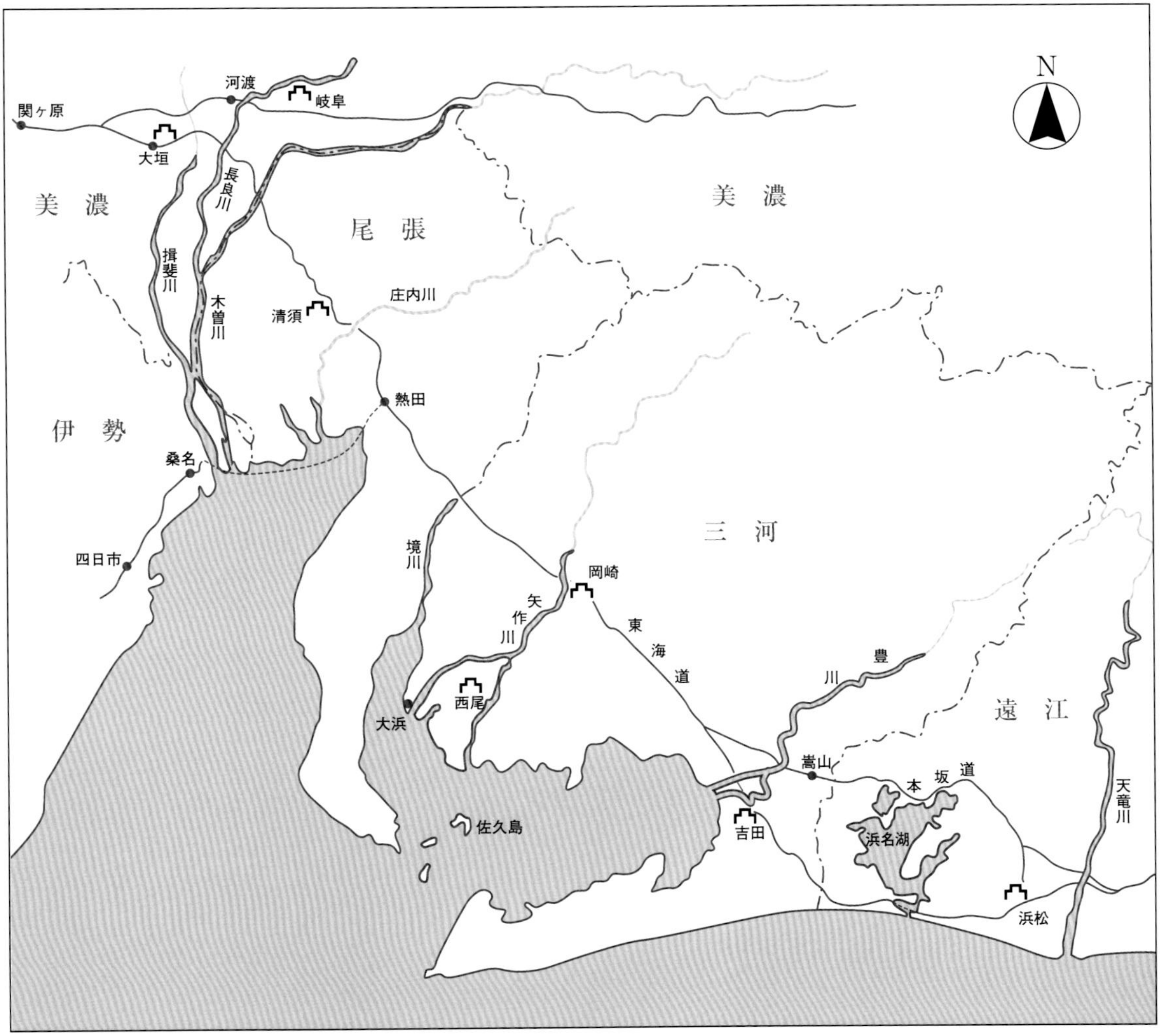
N
関ヶ原
河渡
岐阜
大垣
美濃
長良川
尾張
美濃
揖斐川
木曽川
清須
庄内川
熱田
伊勢
桑名
三河
四日市
境川
岡崎
矢作川
東海道
豊川
西尾
大浜
遠江
嵩山
本坂道
天竜川
佐久島
吉田
浜名湖
浜松

尾張・三河要図

53　清須村古城絵図　名古屋市蓬左文庫蔵

清須城は尾張支配者の居城であり、織田信雄の後に入った豊臣秀次もここを居城とした。清須城は信雄時代の天正十四年（一五八六）に大改修が行われ、城下町全体を惣構の堀と土塁で囲んだ。本図にも惣構などの堀割、土塁などが表現される。秀次時代の初期に吉政が清須城にて活躍したことは諸史料からもうかがわれる。

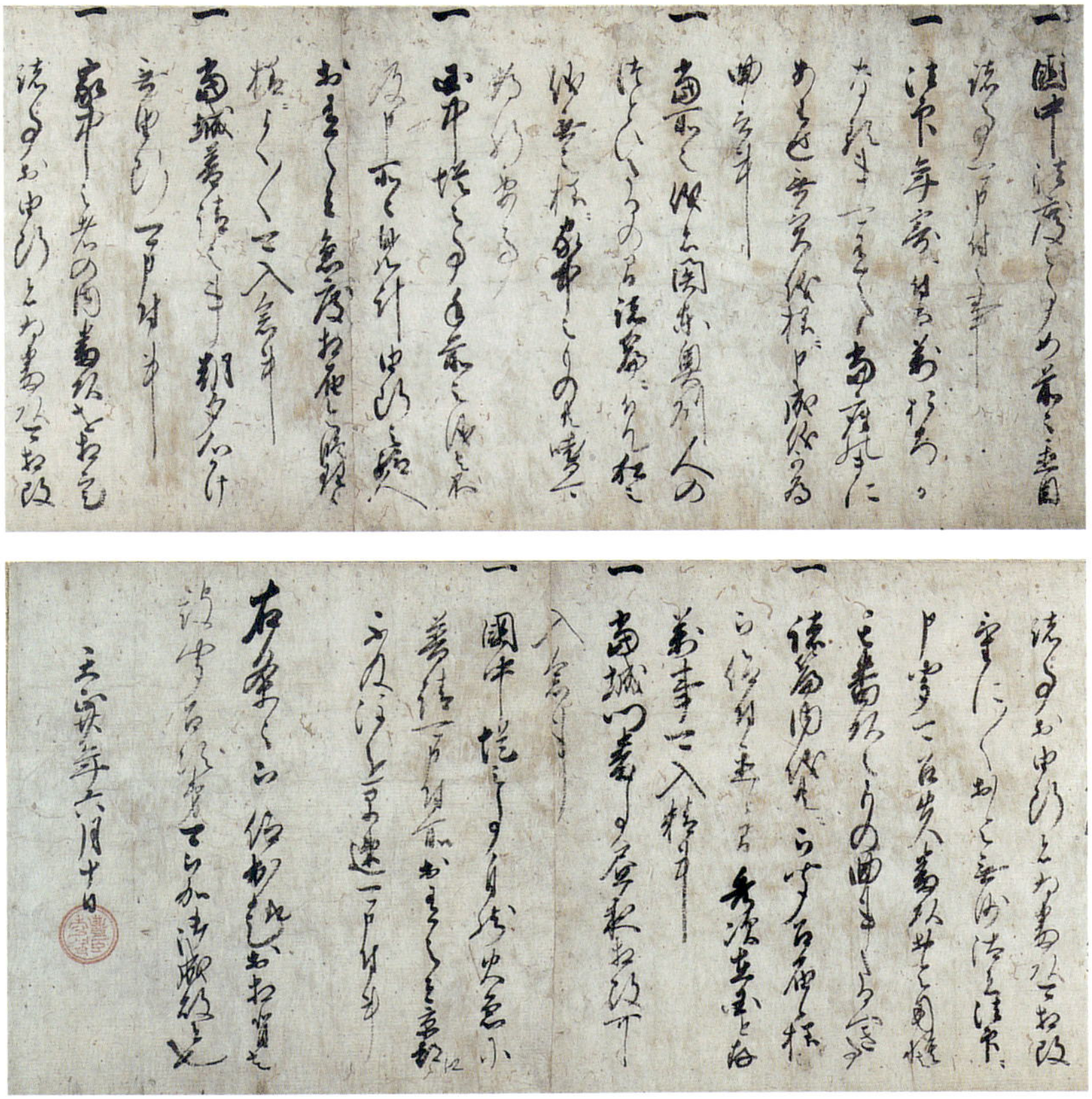

42　豊臣秀次朱印状　竹中輝男氏蔵

尾張領主である秀次が尾張支配のために出した九ヶ条の条々。堤普請、清須城普請のことにも触れている。宛所は記されていないが、上級家老クラスに宛てたものとみられる。関白就任後の秀次は京都聚楽第で国内支配を行なったために尾張には不在がちで、代わりに父三好吉房（法印）が尾張支配に携わったとされる。

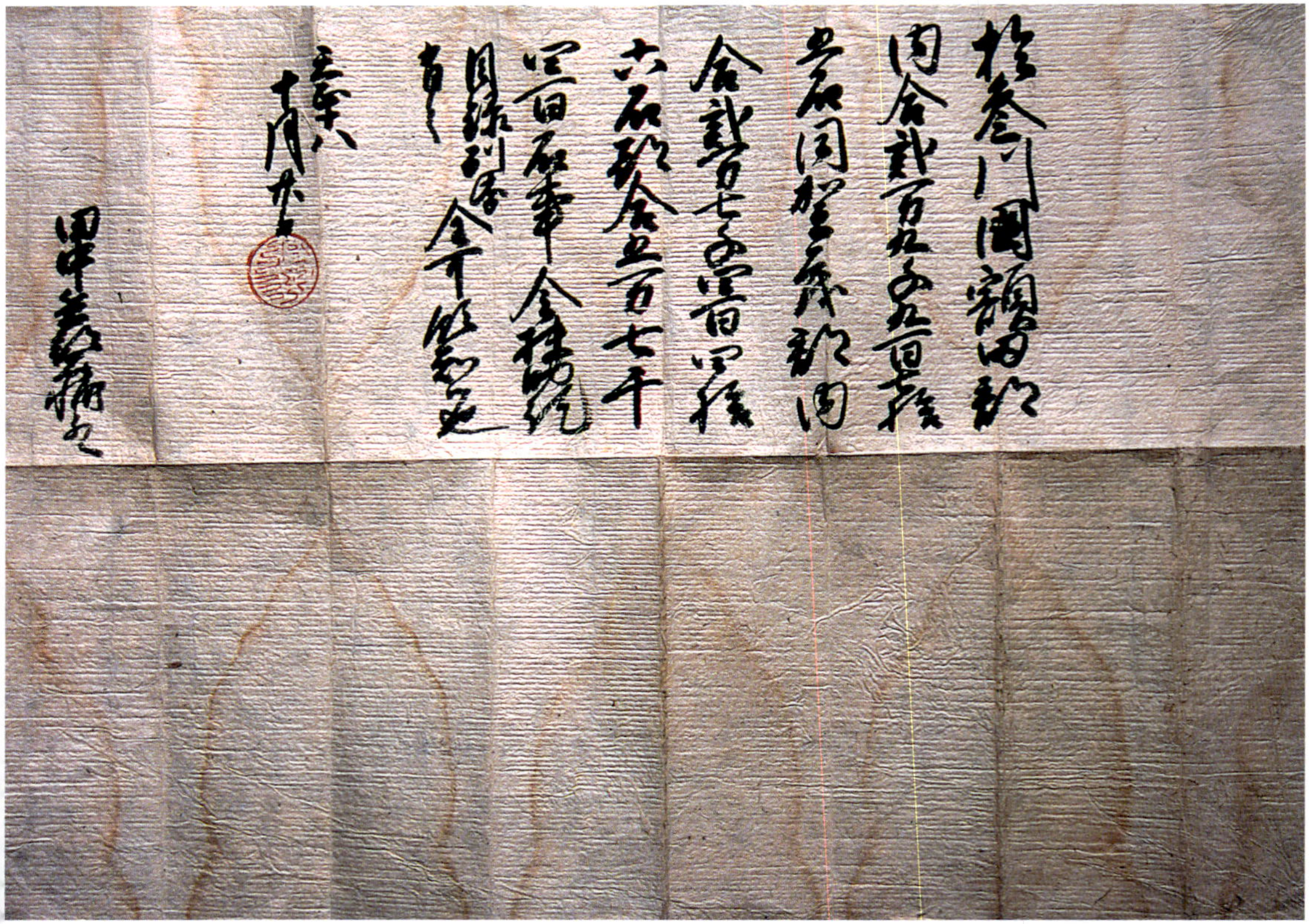

47　豊臣秀吉朱印状　田中吉政宛　柳川古文書館蔵

秀吉が田中吉政に三河国額田郡・加茂郡内で5万7400石の知行を宛行ったもの。これにより、吉政は岡崎城を領有することになる。額田郡は全域が吉政領になったのでなく、一部は吉田城主池田輝政領を含み、加茂郡は矢作川以東の東加茂郡が知行地の中心だったと見られる。知行目録が同時に出されたようだが、残念ながらそれは伝わらない。

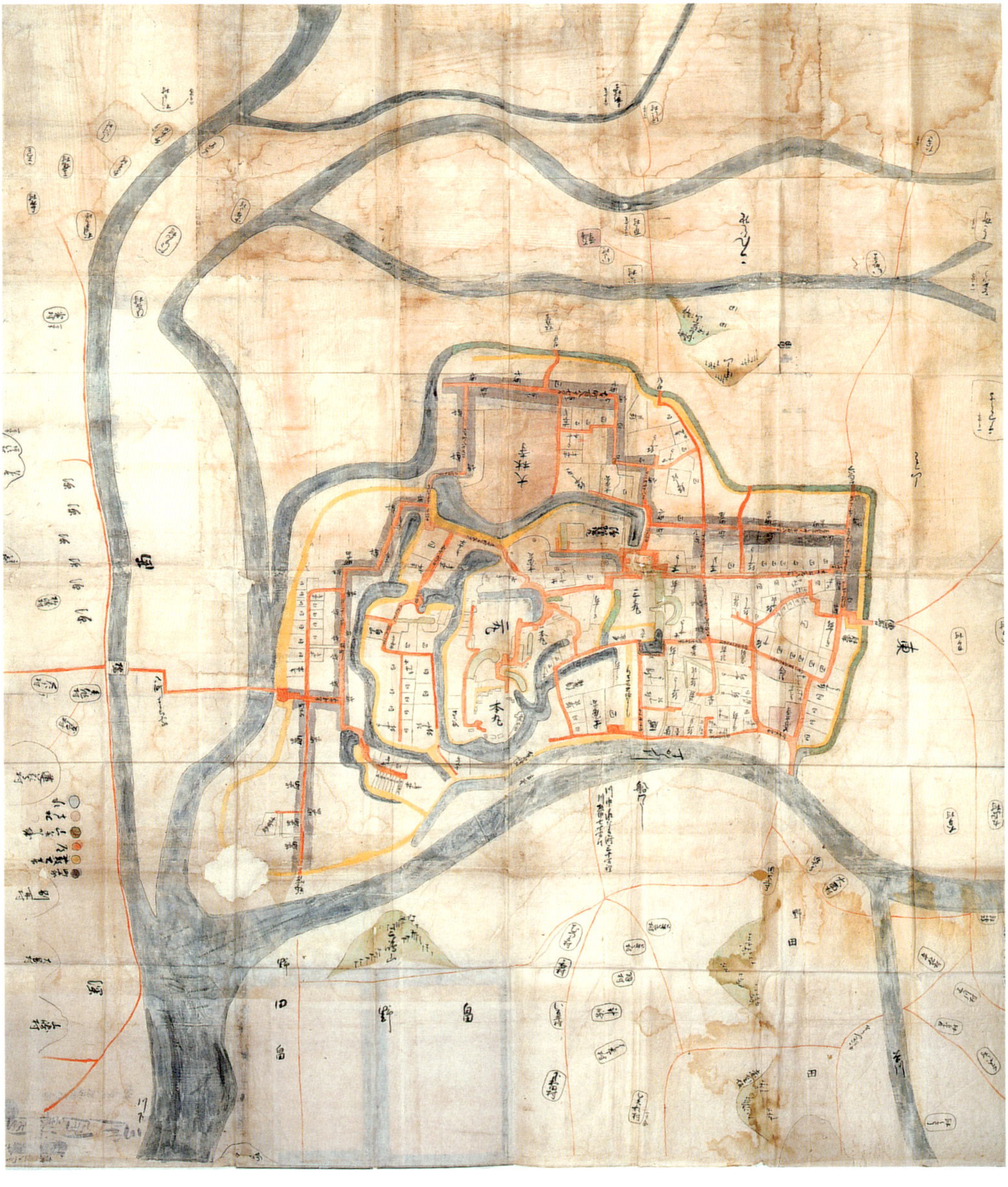

52　三州岡崎図　西尾市岩瀬文庫蔵

田中吉政のあとの本多氏時代（1601〜1645）の城を描くとみられる。吉政により築造されたとされる惣構の土居・堀が示され、東海道が城を巻くように惣構内を通る。町人地と武家地の区域割は不十分だが、近世城下町の形はほぼ出来上がっている。福嶋の地に町屋が見られるのは吉政時代の本宗寺寺内の名残りであろうか。

菅生曲輪の中世遺構

54　岡崎城出土遺物　岡崎市教育委員会蔵

16世紀後半〜17世紀初頭のもの。岡崎城菅生《すごう》曲輪の発掘調査では近世の武家屋敷の下層から中世の遺構が検出され、田中吉政から近世初期本多氏の時代にかけての遺構・遺物が確認されている。遺物には、天目茶碗、擂鉢《すりばち》、土師器皿、箸、五輪塔の空風輪、鉄砲玉などがある。巴文様の軒丸瓦は二の丸出土品である。

57　妙西尼像　本宗寺蔵
妙西尼は家康の叔母にあたり、三河一向一揆以後、禁制となった三河の本願寺派寺院の赦免・再興に大きく貢献した人物である。慶長３年（1598）に亡くなる。本像は寿像とされ、専福寺（岡崎市祐金町）にあったが、福嶋御坊、すなわち福嶋本宗寺に安置されることになったものという。

59　聖徳太子木像　浄珠院蔵

吉政は上和田浄珠院の仏殿・太子堂を破却したというが、その太子堂に納まっていたと見られる聖徳太子像。頭体の上半分と左袖下半分は古く、室町期の作で、その他は江戸期の後補である。吉政破却の際にも残されたとみられ、檀家が三間半四面の太子堂を造り、安置したという。

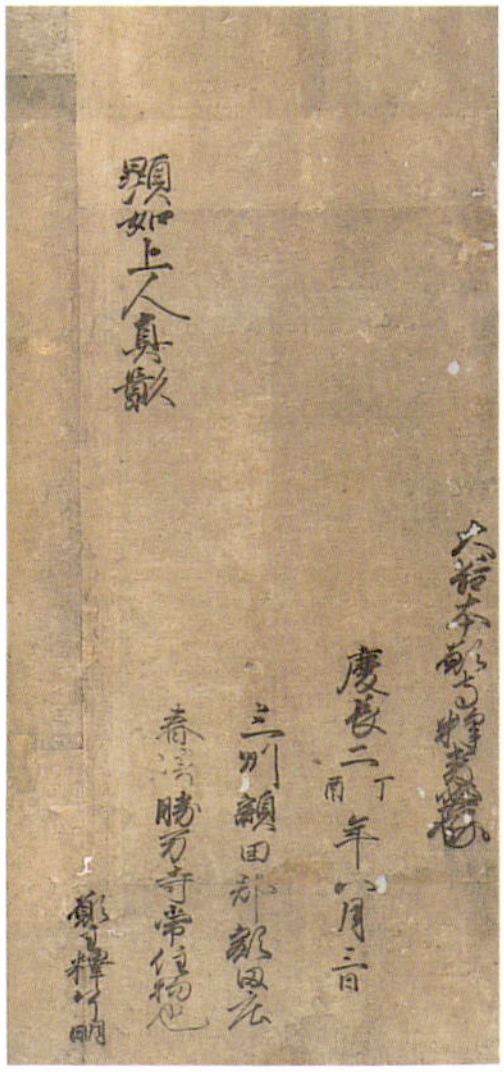

60　顕如像　勝鬘寺蔵

文禄元年（1592）顕如没後、三河の本願寺教団は教如を支持する三河三ヶ寺、秀吉の推す准如を支持する本宗寺という対立を生んだ。慶長2年（1597）8月、教如下向で三河三ヶ寺は下坊主に福嶋の本宗寺参詣を制止するよう働きかけるが、同年8月3日教如下付の裏書がある本図は、この教如下向に関係するものと思われる。

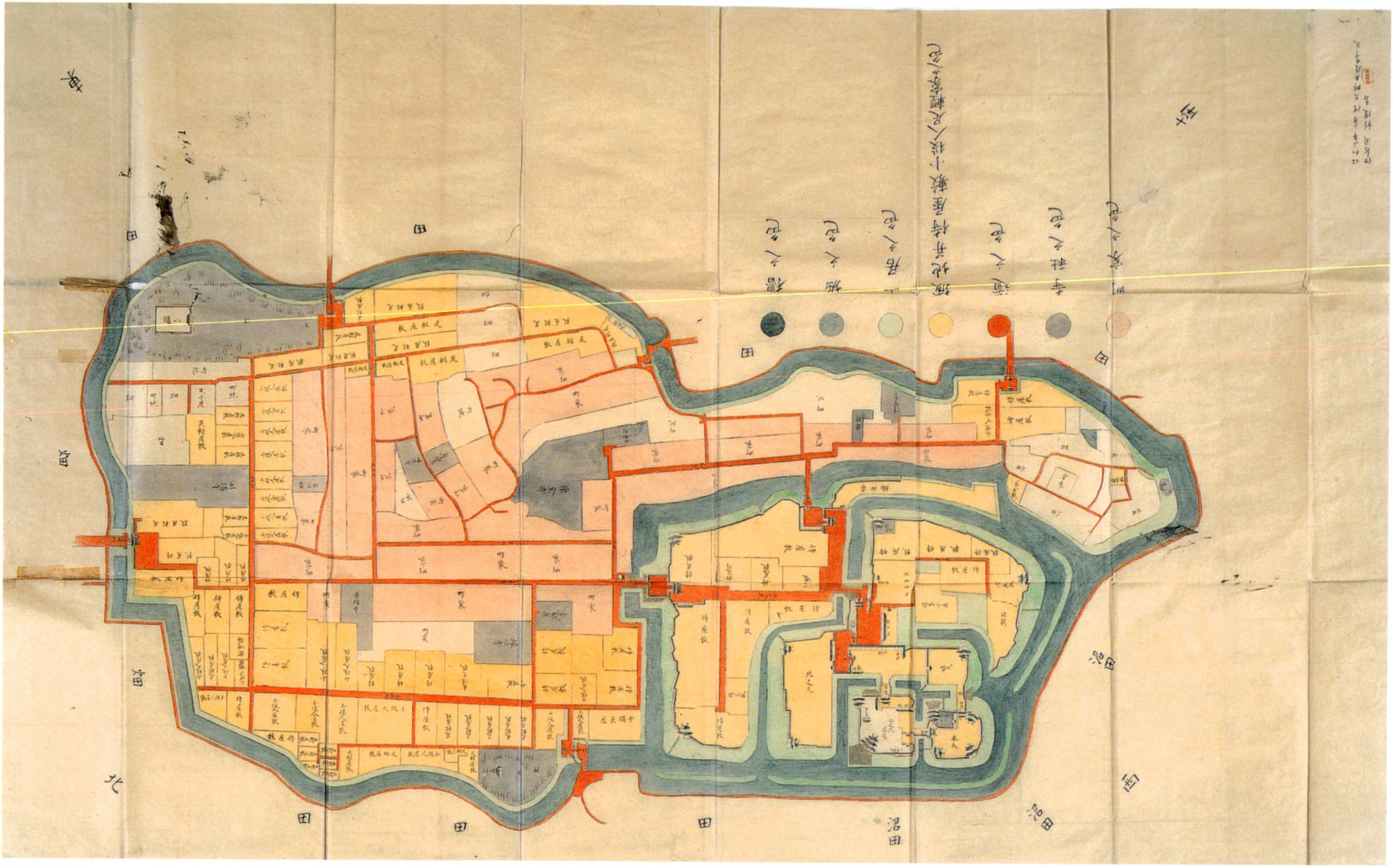

62　西尾城図　西尾市岩瀬文庫蔵

十八世紀中頃の図。本丸・二の丸・姫丸で構成された中心部を囲むように東の丸、北の丸を配し、さらにその外側に三の丸を築く。町屋は三の丸外の惣構内に位置する。吉政時代に三の丸を構築、町屋を外に配したというから中心部はその頃できたのであろう。惣構は明暦三年（一六五七）の完成である。

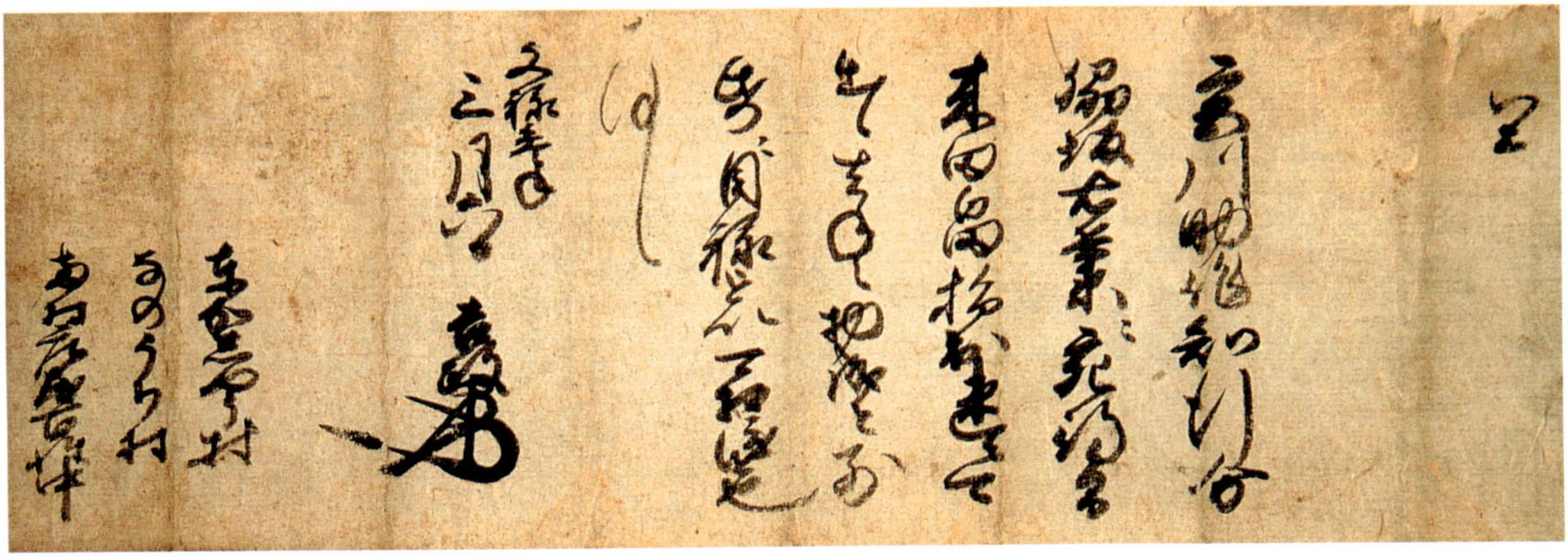

65　田中吉政書状　東かしやう村・なのうち村両村庄屋百姓中宛　個人蔵
宮川助作知行分を脇坂右兵衛に宛行う知行替えを行ったので、田畠の指出（土地の面積・年貢量等を記した明細書）の提出、去年の物成（年貢）について目録での受渡しを東加塩村（豊田市旭町）と名之内村（額田町）の庄屋に命じたもの。

68　水野忠重像　楞厳寺蔵

織田信雄《のぶかつ》の与力として、のち豊臣大名として活躍。西三河に所領を有したが、小田原陣後の天正十八年（一五九〇）八月伊勢神戸《かんべ》城（鈴鹿市）に移封される。豊臣秀次の死後、文禄四年（一五九五）八月、秀次旧領であった三河国高橋郡で五〇〇〇石の加増を受ける。

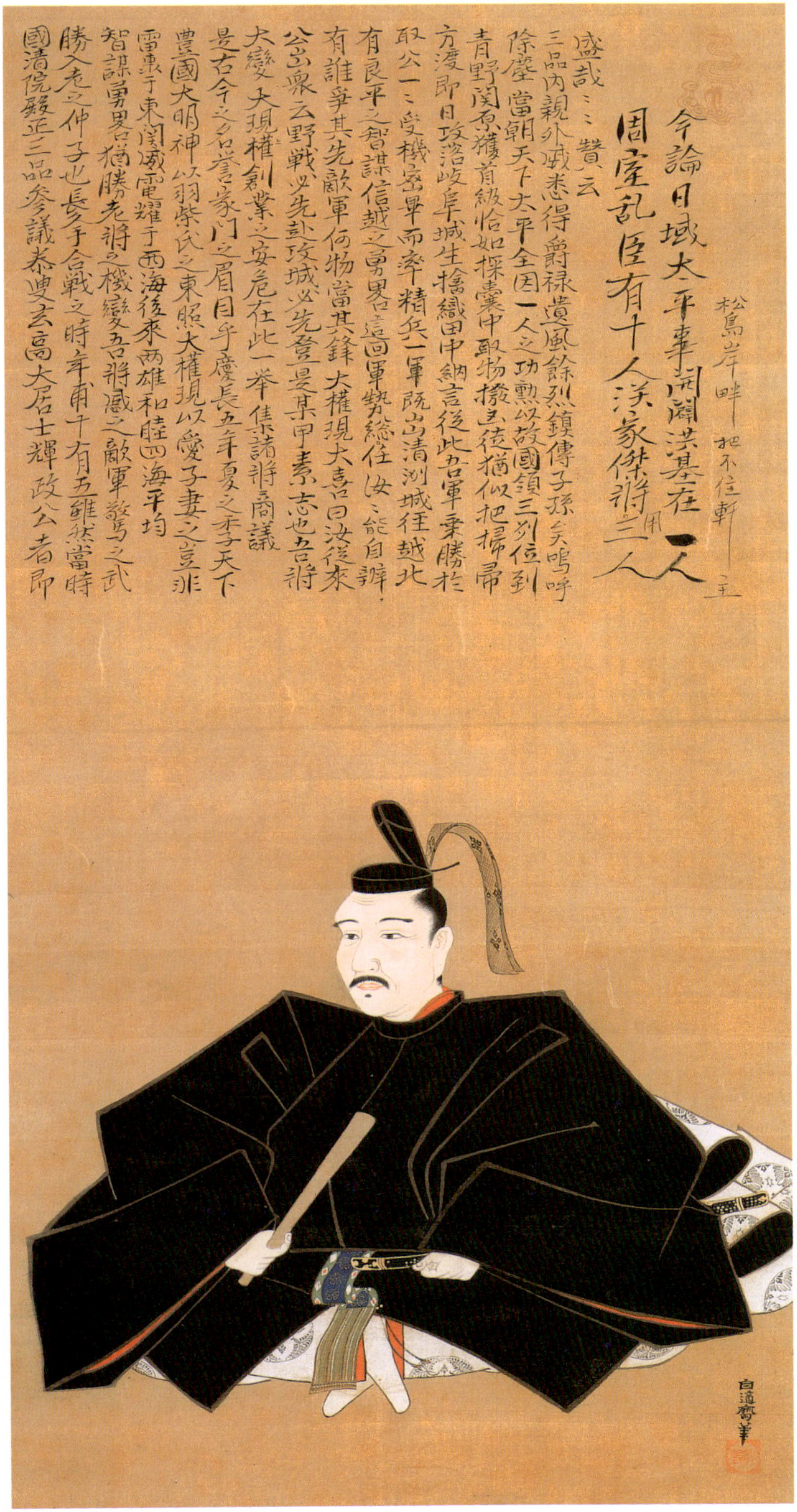

69 **池田輝政像** 林原美術館蔵

輝政（一五六四—一六一三）は秀吉の信任厚い部将で、天正十八年（一五九〇）、吉田城主となり東三河で一五万二〇〇〇石を領した。関ヶ原合戦に際しては東軍徳川方に属し、その前哨戦である岐阜城攻めで功をあげた。戦後、播磨五二万石の領主に封じられ、姫路城に入った。本図は衣冠束帯姿の像で、作者は幕府御用絵師の狩野尚信（自適斎）（一六〇七—一六五〇）である。

尾張と田中吉政

播磨良紀

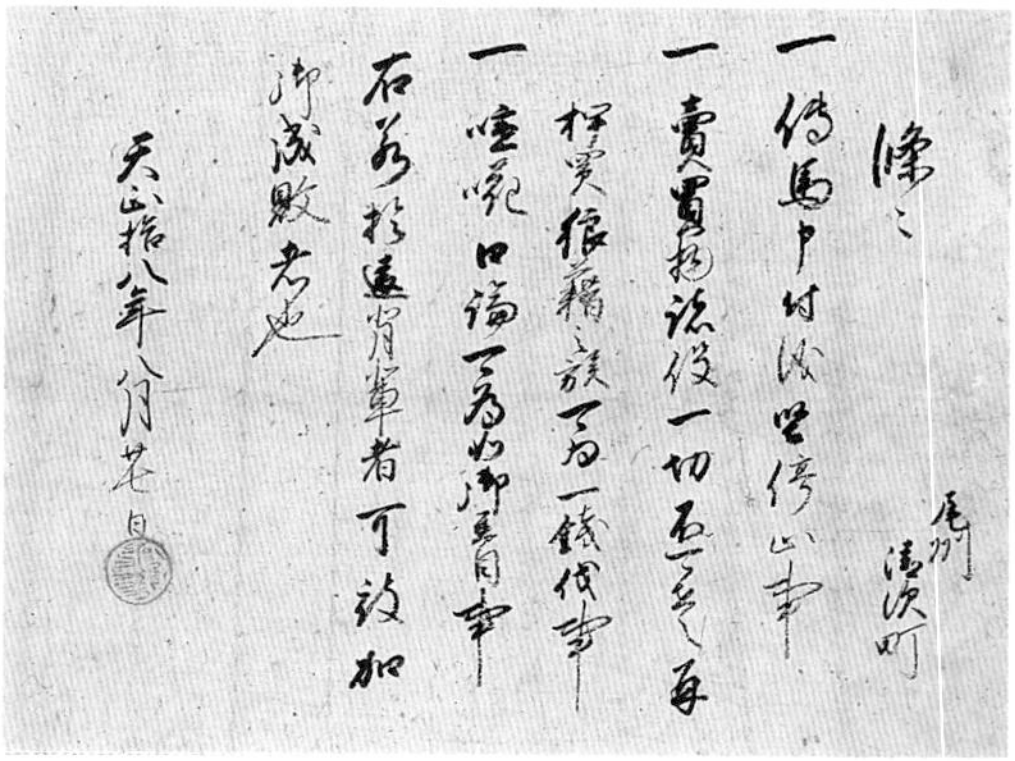

38　豊臣秀吉朱印状
尾州清須町宛　名古屋市秀吉清正記念館蔵
天正十八年（一五九〇）、小田原陣の帰途、秀吉が清須町に出した保護・統制の制札。町に伝馬役を申し付けることを禁止、売買物諸役免除、押買狼藉の輩《ともがら》を一銭伐（斬罪、財産没収）とすること、喧《けん》嘩《か》口論は規定の処分をすることを示す。なお、同時に尾州熱田町にも同文のものが出されている。

田中吉政の三河岡崎入部

天正十八年（一五九〇）豊臣秀吉は関東の北条氏を制圧し、同年七月新たに諸大名の大幅な配置替えを行った（国分け）。この配置替えのうち最大の異動は、三河・遠江・駿河・信濃・甲斐五ヶ国を領した徳川家康の関東転封であった。そして家康旧領には尾張・北伊勢から織田信雄《のぶかつ》が入ることが命じられた。家康はこの命に従い関東へ入部したが、信雄はこれを拒否したため、下《しも》野国《つけのくに》烏山（栃木県那須郡烏山町）二万石に減封されてしまう。

このように織田信長、信長の長男信忠、そして次男信雄と統治されてきた尾張国は、織田家との関わりがなくなってしまった。同年九月奥州の大崎・葛西《かさい》一揆鎮圧後の帰路で尾張に立ち寄った秀吉は、信雄転封後の尾張の清須・熱田の町に制札を出し、織田家から豊臣政権の統治へと代わったことが示された。

こうして、東海地方の大領主であった家康・信雄が異動したため、この地方には新たな領主が配置された。

尾張国には秀吉甥の豊臣秀次が入り、表1のように三河・遠江・駿河国の要所

表1　天正18年三河・遠江・駿河大名表

大名名	城　名	石　高	前封地
田中吉政	三河岡崎城	5万7400石	新封
池田輝政	三河吉田城	15万2000石	美濃岐阜
堀尾吉晴	遠江浜松城	12万石	近江佐和山
渡瀬繁詮	遠江横須賀城	3万石	新封
松下之綱	遠江久野城	1万6000石	新封
山内一豊	遠江掛川城	5万石	近江長浜
中村一氏	駿河府中城	14万5000石	和泉岸和田

には、山内一豊・堀尾吉晴・中村一氏など秀次宿老《しゅくろう》が配置された。田中吉政も三河国岡崎城主となり、三河国内五万七四〇〇石の所領が与えられた（カラー図版48ページ参照）。彼らは秀次の近江時代に秀吉から付けられた宿老で、小田原攻めでも秀次軍として活躍していた。近江時代に宿老としてみえない池田輝政や松下之綱もこの時に配属されたものと思われる。またこれらの地には、秀次の蔵入地（直轄領）もあり、尾張・三河・遠江・駿河は、秀次及びその宿老で固められたといえる。

この時吉政や山内一豊など秀次宿老に対してこの知行を与えたのは、主君の秀次ではなく秀吉であった。近江時代にも秀吉から秀次に二十万石の所領が与えられたが、「其の方あい付け候《そうろう》宿老」分として別に二十三万石の所領が与えられているように、あくまでも陪臣（又家来）ではなく、秀吉から命じられた秀次の付家老《つけがろう》という存在であった。

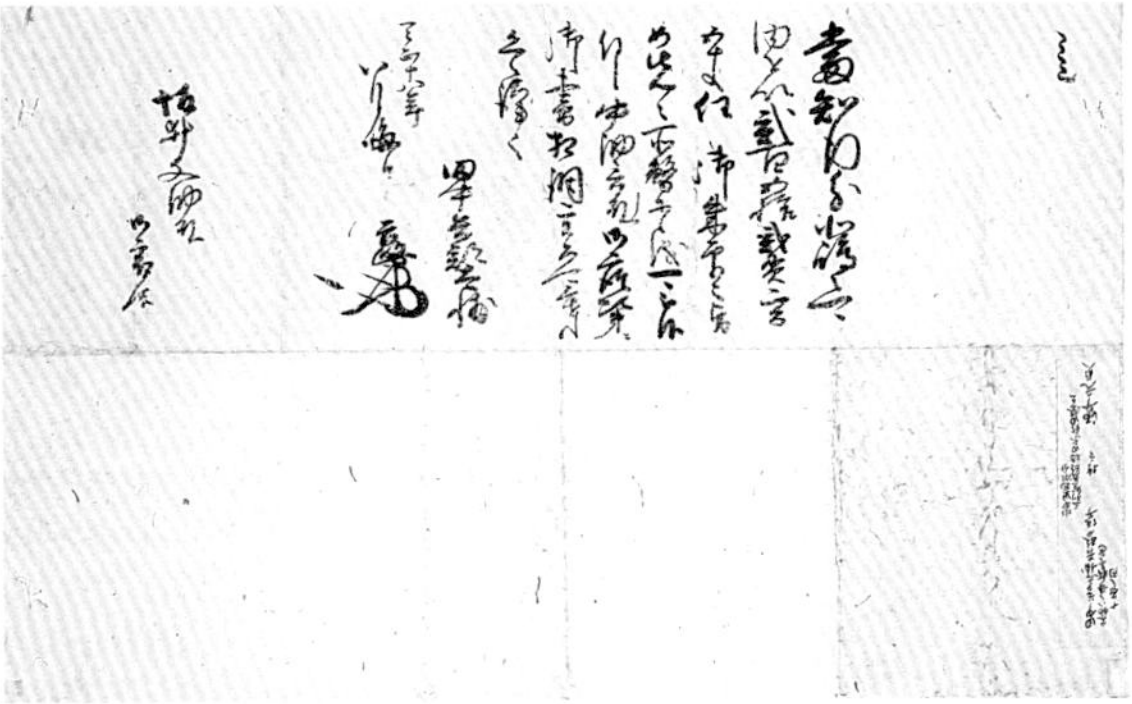

39　田中吉政判物
坂井文助宛　個人蔵
尾張領主豊臣秀次の留守居としての吉政が、現在の知行地北嶋郷（稲沢市）内で252貫250文の領有を坂井文助に認めるとしたもの。秀次の入国しだい正式な知行宛行状を出すとする。坂井文助利貞は、尾張中島郡祖父江村に領地を有した尾張在地武士で、織田信長、同信雄、豊臣秀吉、同秀次に仕えた。

表2　田中吉政尾張宛文書一覧

年月日	文書名	宛所	内容	出典
天正18年8月晦日	書状	坂井文助	当知行安堵	酒井家文書
天正18年9月3日	判物	上端神明禰宜御宿所	社領寄進	上畠神社文書
天正18年9月3日	書状	甚目寺御同宿中	当知行安堵	甚目寺文書
天正18年9月5日	書状写	天王坊御同宿中	当知行安堵	尾張寺社領文書
天正18年9月7日	書状写	光之宮社家中	社領安堵	大国霊神社文書
天正18年9月7日	書状写	小松寺	詳細不明	塩尻
天正18年9月8日	書状	加藤隼人	当知行安堵	西加藤家文書
天正18年9月9日	書状写	正眼寺	寺領安堵	尾張寺社領文書
天正18年9月9日	書状	山田七郎五郎	当知行安堵	反町文書
天正18年9月10日	書状	津島神主御宿所	加増分寄進	津島神社文書
天正18年9月10日	判物	熱田社人中	当知行安堵	守部文書
天正18年9月14日	書状	杉浦久三郎 御宿所	当知行安堵	杉浦三郎氏所蔵文書
天正18年9月22日	書状	密蔵院御同宿中	寺領安堵	密蔵院文書
天正18年9月23日	書状	かりやすかノ内仙正坊同宿中	秀次置目定の事	正福寺文書
天正18年11月8日	書状	鉄屋太郎左衛門	鉄屋職安堵	水野太郎左衛門家文書
天正20年5月6日	判物写	津島内観音坊	屋敷出米免除	張州雑志
天正20年5月12日	判物	増南坊	寺領寄進	明源院文書
天正20年12月17日	☆判物写	犬山町承嘉老中	屋敷分町役免除	犬山里語記
（文禄4）7月28日	書状	津島神主右馬大夫	見舞礼状	津島神社文書
7月6日	書状	加藤隼人佐・加藤又八他	上様御成茶屋作事	加藤景美所蔵文書
12月13日	書状	加藤又八郎	作事入目日記差上	加藤景美所蔵文書
	寄進状	安養寺	詳細不明	金鱗九十九之塵

☆は要検討文書

田中吉政の尾張留守居《るすい》

このように秀次は尾張を領するが、天正十八年（一五九〇）七月引き続いて奥州に出陣していたため、尾張の新たな領主は不在のままであった。この秀次不在時に田中吉政が尾張で文書を出している。それを示したのが表2である。

表2にみえるように、同年九月ごろに吉政は、尾張の寺社や在地の武士らたちに対して従来通り所領を認める文書を出している。このなかで「中納言様御《ご》座《ざ》次第に御書相調《あいととの》え之《これ》を進《まい》らすべく候」などと述べられ、この時吉政が所領を承認するが、中納言＝秀次が尾張入国すると改めて追認する文書が出されると述べている。

尾張では新たな領主を迎え寺社や在地領主たちが従来の権益が守られるかどうか不安な状態で、それに対処するため吉政が対応したのである。あくまでも秀次入国までの留守居として統治していたのであった。なお、その後も天正二十年ごろまでも吉政は尾張の寺社などに文書を出しており、秀次入部後も尾張での補佐的な役割をしていたものと思われる。

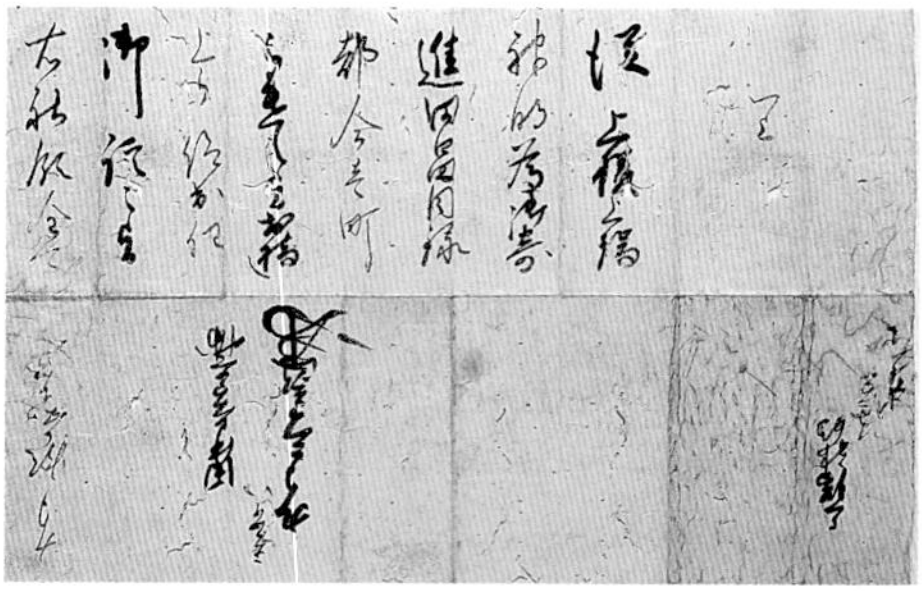

41　田中吉政判物　上端神明禰宜御宿所宛　上畠神社蔵
天正18年（1590）、小田原北条攻めの帰途、清須城内にあった上畠（端）神社に田地１町を寄進するという秀吉（上様）の命令を受けて、吉政が出したもの。「於橋之上、被仰出」とあるのは、清須五条橋の上で秀吉が吉政に命令したことを意味する。上畠神社は熱田神宮とともに秀吉の信仰が厚かったところである。

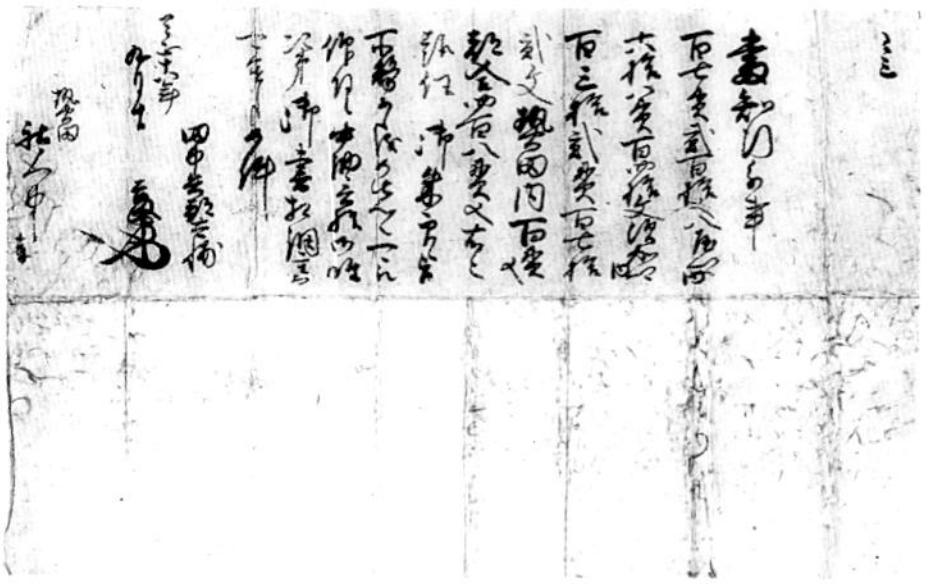

40　田中吉政判物　熱田社人宛　熱田神宮蔵
尾張領主豊臣秀次の留守居として、田中吉政が熱田社人に八屋郷（名古屋市中川区）・須加郷（名古屋市熱田区）・熱田のうちで408貫文の当知行分安堵を行なったもの。

関白秀次と田中吉政

奥州攻めを終え、ようやく秀次は天正十九年（一五九一）尾張に入部する。この天正十九年は、豊臣政権にとって激動の年であった。正月二十二日には、秀吉の弟豊臣秀長が病死する。秀長は四国攻め・九州攻めで秀吉に代わる総大将として秀吉軍を指揮し、また「公儀」の役割を担って大名間との交渉を行なった。このように秀長は、豊臣政権の中で秀吉に代わる存在である「名代」として活躍し、当初秀吉は関白を秀長に譲る意思を示すほど、同政権でのナンバー2の存在であった。

さらに二月には千利休が秀吉によって切腹を命じられる。利休は天下一の茶匠で多くの大名との交流をもち、さらには九州攻め時には、「公儀」の秀長とともに「内々之儀」を扱う交渉者の役割を担っていた。秀長との関係も密接であったが、秀長死後秀吉との関係が悪化し粛清された。そして、八月五日に秀吉の一粒種の鶴松がわずか三歳で亡くなる。このように、秀吉の頼るべき秀長、さらに後継者として目された鶴松がいなくなった。

秀吉は新たな後継者として甥の秀次

を指名する。鶴松死の直後すぐに、家督を秀次に譲り、自らは大坂で隠居する意思を、秀吉は増田長盛を通じて田中吉政らに伝えている。そこでは秀次領の尾張は織田秀信（信長の孫）に、岐阜に吉政を置く構想を述べている。秀次関白就任後もこの構想は実現しなかったが、織田秀信がいた重要地の岐阜に吉政を入れようと秀吉が意図していたことは、吉政の実力を認めていたことに他ならないであろう。

そして秀次は秀吉の養子として迎えられ、十二月関白に就任する。一方、秀吉は関白を退き太閤となった。太閤は関白職などを退いたものの称号であったが、実際は朝鮮出兵に奔走するなど引退とはほど遠いものであった。

関白に就任しても秀次はそのまま尾張を領していた。つまり関白という天皇に代わって日本国を統治する役割でありながらまた尾張一国の領主という不可思議な存在であった。実際には秀次は京都の聚楽第《じゅらくてい》に在城していて、尾張での政治は父親の三好吉房（常閑、三位法印）が代行した。天正二十年（一五九二）六月には秀次は条々を出し、尾張統治や堤普請などの様々な指示を与え、「秀次在国と存じ万事精を入るべきこと」と家臣に伝えている（カラー図版47ページ参照）。

豊臣秀長像　春岳院蔵
秀吉の弟として、「公儀」を扱い秀吉を補佐した。

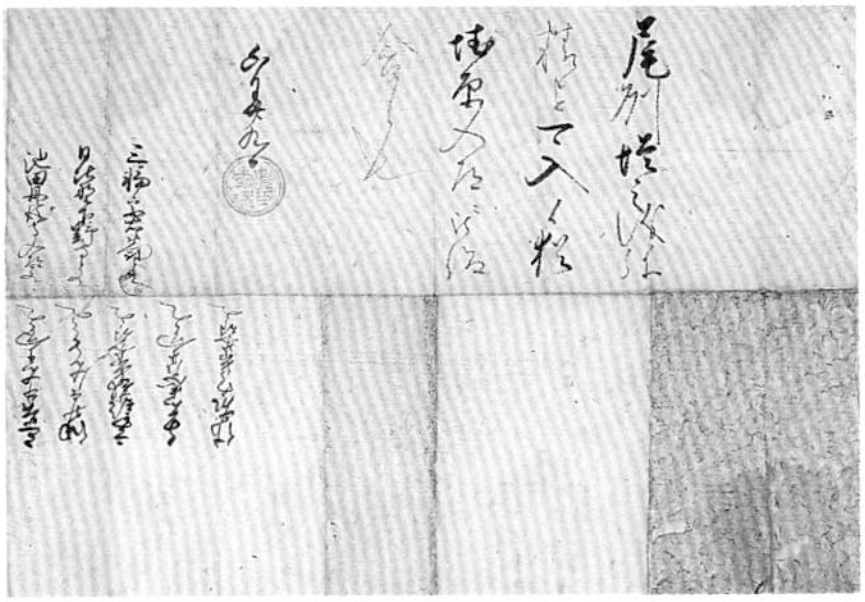

44　**豊臣秀次朱印状**　三輪宗右衛門尉ほか宛　個人蔵
本書は尾州堤普請に精を入れることを秀次が三輪宗右衛門尉ほか6名のものに命じたもの。尾張の築堤工事は秀次配下の田中吉政・徳永寿昌等4人を総奉行として、文禄3年（1594）正月に始まっている。取次の埴原《はいばら》入道というのは尾張在地武士の埴原植安とみられる。

秀次には関白就任後に秀吉から聚楽蔵入地と呼ばれる伊勢国や美濃国などの直轄領三十万石が与えられる。それにしたがい、秀次の宿老たちも伊勢国などに所領が加増され、吉政も伊勢国三重郡に三千石を得る（67ページ参照）。この加増は秀次の蔵入地設置と同時期であり、宿老が蔵入地代官にも任命された代償分と考えられる。

秀吉は大陸侵略を企て、天正二十年（一五九二）三月朝鮮へ出兵する。全国の大名に出陣が命じられ、軍勢は朝鮮侵略の基地である肥前名護屋（佐賀県唐津市）に集結した。関白秀次は京都に滞在し、吉政を始めとする宿老たちも京都の守備が命じられた。この時三万四千二百三十人が動員され、吉政は千五百人を配している。さらに文禄三年（一五九四）には伏見城と大和多聞城の普請にも秀次宿老が携わっている。このように、秀次が関白になっても宿老たちは、秀次付として引き続き秀次のもとで行動していた。

尾張堤普請と田中吉政

尾張国は天正十三年（一五八五）十

一月二十九日の東海地方を中心とする天正の大地震、翌十四年六月の木曽川の大洪水により荒廃した。前者は大地震後も七十日以上連日余震が続く大災害であり、後者は木曽川の河道も変化させ、尾張と美濃の国境をも変えてしまうものであった。そのため木曽川や周辺河川沿いの堤防普請は急務となり、尾張の前領主織田信雄の時からも堤普請が行なわれていた。秀次も前述の天正二十年（一五九二）六月の条々で、在国する三好吉次や家臣たちに堤普請の入念な修理と早急な取り組みを命じている。

秀次公比叡山にて狼藉の図（『絵本太閤記』より）
秀次の悪行を描くが、これらの多くは史実とは考え難い。

文禄二年（一五九三）十一月秀吉からの「尾州国中置目《おきめ》」によって尾張国荒地復興が命じられ、堤普請も進められる。翌三年正月秀次家臣徳永寿昌《ひさまさ》・吉田好寛《よしひろ》・原長頼とともに田中吉政が惣奉行に命じられる。堤が大破した海東・中島・海西・葉栗《はぐり》・春日井・愛知郡、堤が無い知多・高橋・丹羽郡など各郡ごとの奉行十四名が決められ、三好吉房からも十四名の奉行が出された。日数は二十五日間の予定であったが実際はその後も続けられたようである。

普請には武士の普請衆や百姓が動員され、中島郡の工事では六〇九〇人が従事している。武士には飯米が一人一日につき五合支給された。普請箇所は、中島郡では五万七八二五間（約一〇五キロメートル）、海東郡では八万五〇六〇八間（約一五五キロメートル）に及び、全郡併せるとかなりの大工事であった。

吉政は惣奉行として吉田などとともに各郡にも奉行を出し、工事の総監督を務めている。さらに木曽川大洪水での突破口で重要地域である北方村（旧木曽川町内）の堤防材木調達については、京都の前田玄以と交渉するなどの差配もなっている。

このように吉政は、三河岡崎城主でありながら、秀次宿老として尾張堤普請に携わった。他の宿老たちはこの普請に関わっておらず、吉政の役割は先述の秀次未入国時の留守居を務めたように、尾張統治での付家老的な存在であったと思われる。他の宿老の山内一豊・堀尾吉晴・中村一氏が摂津国おふち村（大阪府吹田市内）の用水相論に関わり連署状を出していることなどから、山内らは京都での秀次の付家老的な役割を有したと思われ、同じ宿老でも役割が分けられていたと推測される。

秀次事件と田中吉政

文禄二年（一五九三）八月、秀吉の子秀頼が誕生すると、秀吉と秀次の関係は悪化していく。同年秋ごろから秀吉の尾張国の監察が始められ、秀次領の立ち入り調査なども行なわれている。そして秀次には謀反の疑いが懸けられ、文禄四年七月三日秀次は秀吉奉行石田三成・増田長盛から聚楽第で詰問される。この謀反の疑いは三成から秀吉に讒言《ざんげん》されたとされ、その詳細は不明であるが、こうした秀吉と秀次の確執は不可避のものとなっていた。

同七日秀次は伏見城の秀吉に弁明に赴くが面会を断られ、翌八日剃髪、関白職などが剥奪され、高野山に蟄居《ちっきょ》が命じられる。そして十五日切腹、享年二十八歳で生涯を終えた。また、子女・妻妾《さいしょう》三十人も京都三条川原で処刑され、秀次への謀反に加担したという理由で家臣などが処罰された。処罰された家臣の一覧が表3である。

処罰されたのは秀次近臣、もしくは秀吉の家臣であり、秀次配下の宿老は遠江横須賀城主渡瀬繁詮《しげあき》以外はほとんどその対象とはなっていない。逆に田中吉政や山内一豊などは旧秀次蔵入地などの所領が加増されている。なお、吉政は秀次自害を気にもとめず、吉政に対して切腹を勧める意見にも耳をかさなかったという逸話もある（石川正西聞見集）。これは秀次宿老たちが秀吉から付けられた存在であり、秀次との間には一定の距離をもっていたからと思われる。

ところで処刑された秀次の妻妾の親は尾張や伊勢の出身の者たちもいた。津島神社社家の堀田正時の娘もその一人であった。田中吉政は、秀次事件後すぐにねぎらいの書状を堀田に送っている。吉政は以前にも津島社社領の寄進状を出していたが、こうした書状から吉政の気遣いがうかがわれる。

吉政は、文禄四年（一五九五）七月十五日に二万八三五八石三斗の加増、さらに翌五年七月に三河国高橋郡一万四千二百五十二石六斗が加増され、都合十万石余を領することとなった。こうして秀次没後、吉政は秀次付宿老という役割から離れ、三河国岡崎城主、十万石の大名としてその存在を示していくのであった。

表3　秀次事件処罰者一覧

処罰者名	成　敗	処罰・預り場所	主従関係・知行など
一柳可遊	預かり→自害	徳川家康	秀吉家臣、北伊勢1万4979石
一柳可遊妻子	預け	伊藤秀盛	
服部一忠	預け→自害	上杉景勝	秀吉家臣、松坂城主南伊勢2万5000石
服部一忠妻子	預け	吉田好寛	
前野長泰	預け→自害	中村一氏	秀吉家臣、前野景定父、但馬5万石
前野長泰妻子	預け	中村一氏	
木村重茲	生害	摂津茨木大門寺	秀吉家臣、淀18万石、若狭加増
木村重茲妻子	預け→はりつけ	帥法印	
羽田正親	預け→自害	堀秀治	秀長・秀保家臣、大和小泉4万8000石
明石元知	預け→自害	小早川隆景	秀吉家臣、黒田孝高従弟、明石城主ヵ
木下吉隆	遠流→自害		秀吉馬廻組頭、豊後3万5300石
池田重成	遠流→赦免ヵ		秀吉家臣、2008石
池田重信	遠流→赦免ヵ		秀吉馬廻、池田重成息
舟越景直	遠流→南部預け		秀吉家臣、秀吉警護、4020石
滝川雄利	叱責		秀吉家臣、伊勢神戸城主2万5000石
多羅尾光俊	所領没収		浅野長政与力
粟野秀用	切腹	知恩院	秀次家臣
熊谷直之	切腹	嵯峨二尊院	秀次家臣、西三河950石他
白江成定	切腹	京四条大雲院	秀次馬廻組頭
白江久太郎	切腹	京四条大雲院	白江成定息
白江成定妻女	切腹	京四条道場	
日比野下野	切腹	尾張	秀次家臣、清洲奉行
山口升雲	切腹	北野経堂	秀次家臣、尾張出身
前野景定	預け→自害	中村一氏	秀次家臣ヵ、前野長泰息、300石加増
渡瀬繁詮	預け→自害	佐竹義宣	秀次家臣、遠江横須賀城主3万石他
山本主殿	切腹	高野山	小姓衆
山田三十郎	切腹	高野山	小姓衆
不破万作	切腹	高野山	小姓衆、秀次馬廻不破壱岐守一族ヵ
東福寺隆成堂	切腹	高野山	東福寺僧、池田秀盛甥、秀次見舞い
雀部重政	切腹	高野山	秀次馬廻組頭、尾張2000石、秀次介錯
荒木元清	遠流→赦免		秀次家臣ヵ
荒木元満	追放		秀次家臣ヵ
武藤長門守	改易	黒田孝高	秀次家臣3万5000石、
武藤左京亮	改易	黒田孝高	秀次家臣2万石、武藤長門守息
伊藤盛景	叱責		秀吉家臣ヵ、美濃大垣城主3万石
里村紹巴	謹慎、知行没収	三井寺	連歌師
北野松梅院	赦免		

三河時代——岡崎城主・田中吉政

新行紀一

岡崎城古写真
江戸時代の岡崎城は明治六年（一八七三）から七年にかけて取り壊されるが、本写真は明治五年頃に撮影されたもの。東南方から天守閣と井戸櫓を望む。

吉政入部

天正十八年（一五九〇）七月五日、相模国小田原城主北条氏直は豊臣秀吉に降伏し、北条氏の関東支配は終りを告げた。十三日に行われた論功行賞で、徳川家康は旧領三河・遠江・駿河・甲斐・信濃の五ヶ国に替えて、武蔵・相模・伊豆・上野・上総・下総の六ヶ国を与えられ、十八日には江戸城に入った。

家康が転封されあとには織田信雄《のぶかつ》が転封された。おそらく七月十三日にその旨の申し渡しがあったであろう。尾張一国と北伊勢、および三河高橋郡の旧領と比較すれば、家康旧領五ヶ国への転封は大変な加増であった。しかし信雄は父祖の地尾張を離れることを拒否した。怒った秀吉は、下野国那須へ追放処分とし、二万石を給して身柄を佐竹義宣に預けた。

この結果、家康旧領は秀吉直臣に分割給与されることとなった。尾張には秀吉の甥秀次が封ぜられた。三河には田中吉政が岡崎五万石、池田照（輝）政が吉田十五万石を与えられた。小牧・長久手合戦後より秀吉に服属していた刈谷の水野忠重は、伊勢国神戸《かんべ》二万七二〇〇石に移封された。信雄旧領の三河高橋郡は、水野忠重旧領とともに秀次領となった。この時に旧水野領の碧《へき》海《かい》郡部分が高橋郡に繰り込まれたようである。これらの決定がいつ行なわれたかは、これまでのところ明らかではない。石高の決定はもう少し後のことである。

尾張・三河以外では、遠江浜松に堀尾吉晴、同掛川に山内一豊、駿河に中村一氏、甲斐に加藤光泰、信濃には仙石秀久ら五人が入部した。彼ら秀吉直臣の取り立て大名は、秀吉の奥羽仕置に従っていたから、各々家臣団を引き

表1　田中吉政・吉次関係文書（岡崎城主時代）

	年月日	文書名	宛先	内容	出典・所在
1	天正18年8月25日	田中吉政定書		岡崎残衆交名	専福寺5
2	天正18年9月17日	田中吉政？寄進状	正法寺	饗場郷、堀の内、みうち屋敷、寺中塩浜1枚	吉良町正法寺
3	天正18年10月13日	三田村直清書状写	宗心他3人、須郷町中	念誓屋敷2反8歩除地	松平甚助指出古文書18
4	天正18年10月20日	豊臣秀吉朱印状	田中兵部大輔	額田・賀茂57,400石宛行	田中文書2
5	天正19年3月10日	田中吉政定書写	福嶋本宗寺	福嶋寺内掟3か条	本宗寺1
6	天正20年正月11日	豊臣秀吉朱印状	田中兵部大輔	伊勢三重郡3,000石宛行	田中文書3
7	天正20年正月11日	豊臣秀吉朱印状（写か）	田中兵部大輔	上記知行方目録（村付略）	古案8-62
8	天正20年3月18日	田中吉政定書写	本宗寺	岡崎新田寺内掟3か条	本宗寺2
9	天正20年7月20日	石崎秀清、野村宗政連署書状	浄軍寺、本照寺、正満寺	新田寺内へ引越の件	上宮寺105
10	天正20年7月20日	上宮寺春知書状写	宮川佐渡守、石崎源五	上記への返事	上宮寺106
11	天正20年9月18日	辻重勝屋敷寄進状	禰宜深見久蔵	能見神明禰宜屋敷寄進	深見氏所蔵1
12	文禄2年正月29日	石崎秀清、野村宗政連署書状	湯次誓願寺	吉政母死去につき焼香依頼	誓願寺文書
13	文禄3年正月8日	豊臣秀吉朱印状写	田中兵部大輔	矢作川東堤築立	駒井日記
14	文禄3年正月9日	〃	田中兵部大輔	矢作川西堤築立	駒井日記
15	文禄3年3月6日	田中吉政書状	東かしやう村、なのうち村 両村庄屋百姓中	家臣知行替につき田畠指出提出せよ	個人蔵文書
16	文禄3年9月21日	豊臣秀吉朱印状（知行方目録）	田中兵部大輔	伊勢三重郡5か村3,009石知行方目録	田中文書4
17	文禄4年正28日	田中吉政書状写	念誓老	屋敷年貢扶助	松平甚助指出古文書26
18	文禄4年7月15日	豊臣秀吉朱印状（写か）	田中兵部大輔	知行方目録（村付略）、28,358石3斗、都合85,758石、内17,758石無役	古案8-61
19	文禄4年8月8日	豊臣秀吉朱印状（写か）	田中兵部大輔	蔵入地尾張知多郡3万石預置	古案8-63
20	文禄4年9月	田中吉政判物	石崎源五、坂本彦右衛門	吉良領台所分2,015石の代官申付	個人蔵文書
21	文禄4年10月11日	田中吉政書状	松応寺	寺領寄進	松応寺1
22	文禄4年10月15日	田中吉政判物	法寿院	寺屋敷諸役免除	大府市延命寺
23	文禄5年7月27日	豊臣秀吉朱印状	田中兵部大輔	知行方目録、高橋郡26村14,252石	田中文書5
24	文禄5年⑦月28日	田中吉政判物	石崎源五、坂本彦右衛門	幡豆郡6か村2,433石余代官申付	石崎家文書
25	慶長2年10月2日	六所大明神宮立書立写		奉加者目録、田中吉政、吉次、辻重勝ら	古案25-2
26	（慶長3）年10月9日	牧野康成書状	田中兵部太夫（ママ）	家康からの近況報告	松平甚助指出古文書23
27	（慶長元～3）年10月9日	徳川家康書状	田中兵部大輔	生白鳥の礼	田中文書6
28	慶長4年11月29日	田中吉政定書写	西瓦之本宗寺	西瓦寺内掟書3か条	本宗寺3
29	（慶長5）年7月朔	石川康通書状写	田民部	内府参着、佐久島馳走礼、会津出陣24・5日頃	田中文書（色川本）12
30	（慶長5）年7月朔	本多忠勝書状写	田中民部	内府無事参着、出陣20日頃	田中文書（色川本）3
31	（慶長5）年7月1日	西尾光教書状写	田中民部	二川参着、今切より先の様子問合せ	田中文書（色川本）16
32	（慶長5）年7月1日	榊原康政書状案	田民少	内府無事参着、出陣20日頃	田中文書（色川本）4
33	慶長5年7月5日	田中吉政黒印状	安藤太郎右衛門尉	上宮寺用材木の件	上宮寺115
34	慶長5年7月5日	田中吉政黒印（写か）	すまいたくみ衆	上宮寺用の竹の件	参州岡崎領古文書3
35	（慶長5）年7月6日	中村采女佐書状写	上宮寺	木竹の切手の件	参州岡崎領古文書4
36	（慶長5）年7月11日	永井直勝書状写	田民部	内府下向、会津出陣20日迄	田中文書（色川本）11
37	（慶長5）年7月26日	徳川家康朱印状	田中兵部大輔	佐和山城攻めの指示	田中文書7
38	（慶長5）年8月6日	池田照政書状写	田中民部大輔	内府より仰趣、路次にて待て	田中文書（色川本）8
39	（慶長5）年8月8日	堀尾吉晴書状写	田民部	「疵之事不苦」、岡崎宮川佐渡馳走礼	田中文書（色川本）17
40	（慶長5）年8月10日	加藤嘉明書状写	田民部	城下通行願	田中文書（色川本）10
41	（慶長5）年8月28日	徳川秀忠書状写	田中民部少輔	上田城攻直前の状況	中川文書8
42	（慶長5）年9月8日	堀秀治書状写	田中民部大輔	濃州表合戦勝利の祝	田中文書（色川本）14
43	（慶長5）年9月22日	徳川家康書状	田中兵部大輔	石田三成捜索について	田中文書9
44	年不詳、11月7日	宮川吉久判物写	西端村百姓中	上宮寺領の山相違なし	上宮寺177

（注）田中文書：柳川古文書館蔵　田中文書（色川本）：東大史料編さん所謄写本　古案：徳川林政史研究所蔵
その他番号のついた文書は『新編岡崎市史』6所収

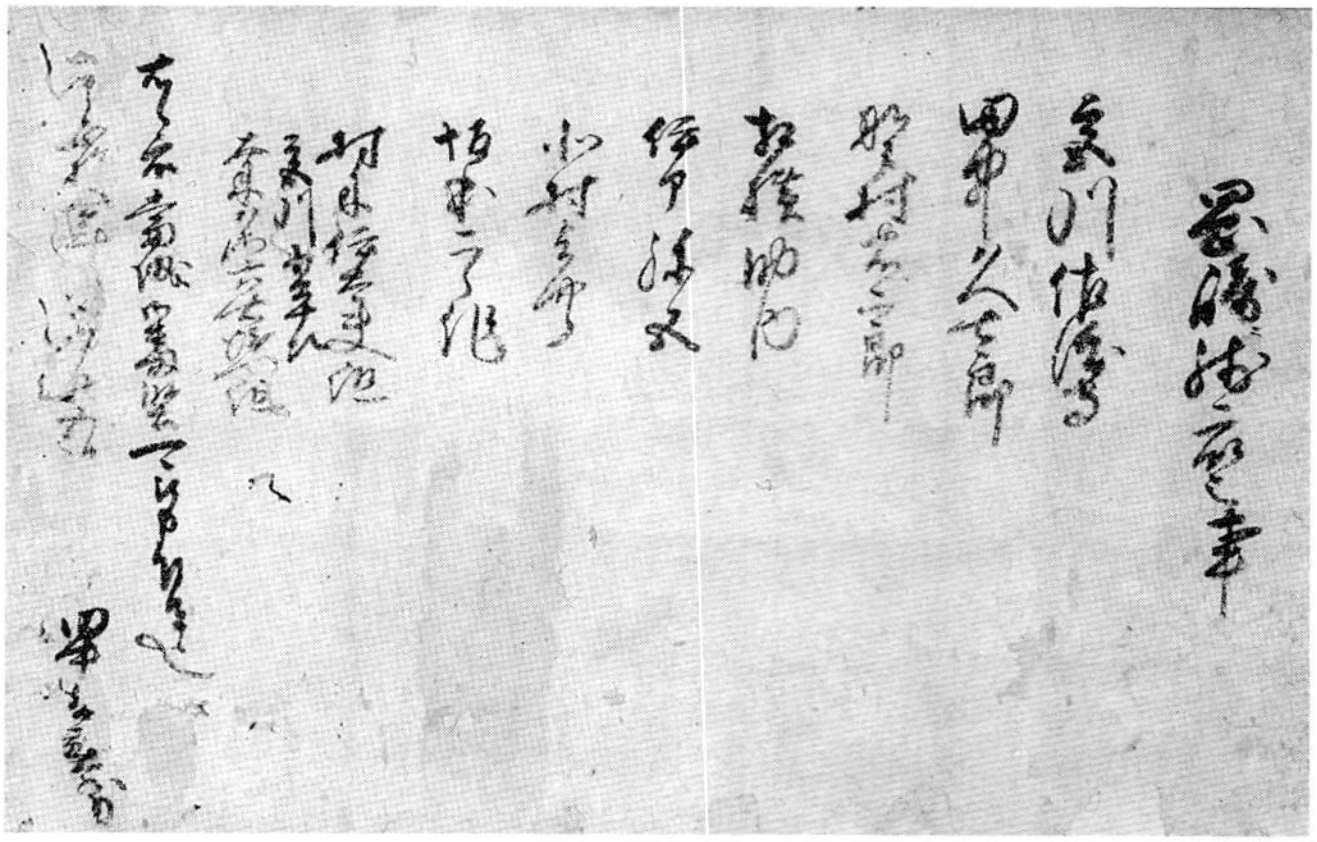

46　田中吉政定書　専福寺蔵
小田原陣後の天正十八年（一五九〇）八月下旬、田中吉政は岡崎城に入城し、城を守っていた吉川広家と交代して城を受け取ったとみられる。吉政は当時豊臣秀次の家老的立場にあり、すぐに秀次の尾張支配構築のために清須城に向かった。本書は、その時吉政が宮川佐渡守吉久ら八名と足軽二組に対して岡崎城での在番を命じたもの。表1—1の文書。

連れて領国へ入部したのは八月下旬以後であろう。秀吉は帰洛途中の八月二五日に岡崎城へ入り、留守役の吉川広家の饗応をうけた。吉政はこの時はじめて城主として入城したのであろう。

八月二十五日、吉政は家老宮川佐渡守吉久ら八名と足軽二組に対し、岡崎に残り「当城御番」をするよう申付けた（表1—1）。吉政家臣が吉川勢から城を受け取り、広家は秀吉に随って上洛したのであろう。吉政は尾張国主となった秀次の家老的立場にあったから、秀次に従って清須城に入り、八月末から尾張の支配体制構築にむけて活動し始めたことは前章にある通りである。

「田中文書」の総体

吉政は慶長五年（一六〇〇）十一月まで岡崎城主にあった。その期間の吉政の動向を知りうる文書史料は表1にあげたが、これには嫡子民部少輔吉次関係文書が十点含まれている。これは吉政関係文書資料の伝来の問題があるからで、若干説明が必要であろう。現在「田中文書」といいうるものは三種ある。第一は㋑柳川市所蔵「田中文書」である。吉政三男吉興末裔の旗本家（五千石）の家伝文書である。全十二点のうち三河関係の九点は小林吉光氏によって翻刻されており、『新編岡崎市史』3（近世）の第一章第一節「豊臣政権下の岡崎」の中心史料となっている。ところが今回の企画展準備の過程で、二種類の吉政関係史料群が明らかになった。㋺徳川林政史研究所所蔵「古案」所収の「田中関係文書写」と㋩「色川本田中文書」である。

「古案」の全体像と「田中関係文書写」十六点の細目は、『徳川林政史研究所所蔵「古案」収録史料細目』に詳しいが、内八点は㋑の写しである。したがって㋺は、近世のある時期に吉興系田中家の家伝文書を写した可能性が考えられる。現存はしないが、田中吉政の所領増大を知るための根本史料である秀吉朱印状写三点（表1—7・18・19）を含んでいるからである。

㋩は東大史料編さん所謄写《とうしゃ》本である。明治十九年に色川三郎兵衛蔵本を写したもので、二十四点が写されている。謄写時にすでに破損していたものも多いが、全点が書状で、内二十一点は吉政長男民部少輔吉次宛で、しかも

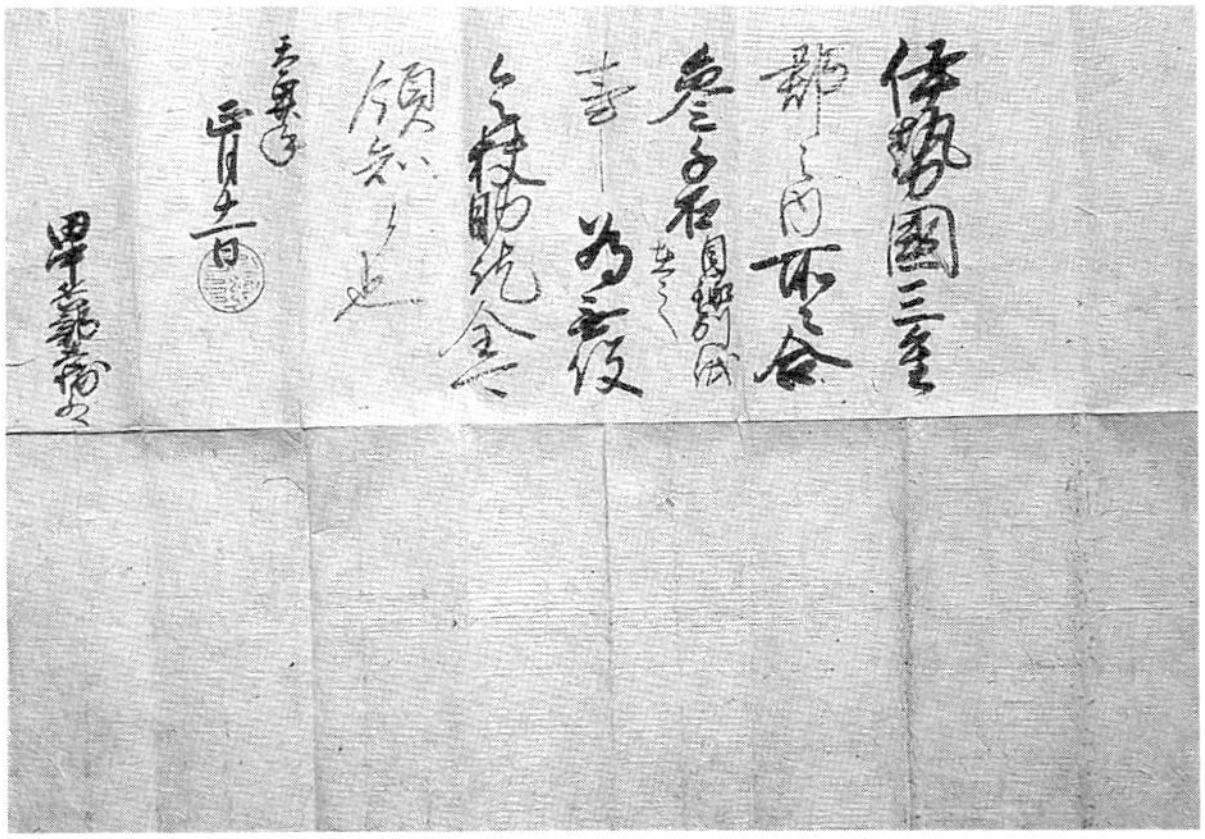

48　豊臣秀吉朱印状　田中吉政宛　柳川古文書館蔵
秀吉が田中吉政に伊勢国三重郡のうちにて3000石を無役（軍役賦課を免除）として宛行ったもの。同日付で吉田城主池田輝政にも伊勢三重郡で3000石が宛行われている。池田輝政の場合、在京の賄料として与えられたと伝えられるところからすると、吉政も京都・大坂への滞在費用として給付されたと考えられる。表1-6の文書。

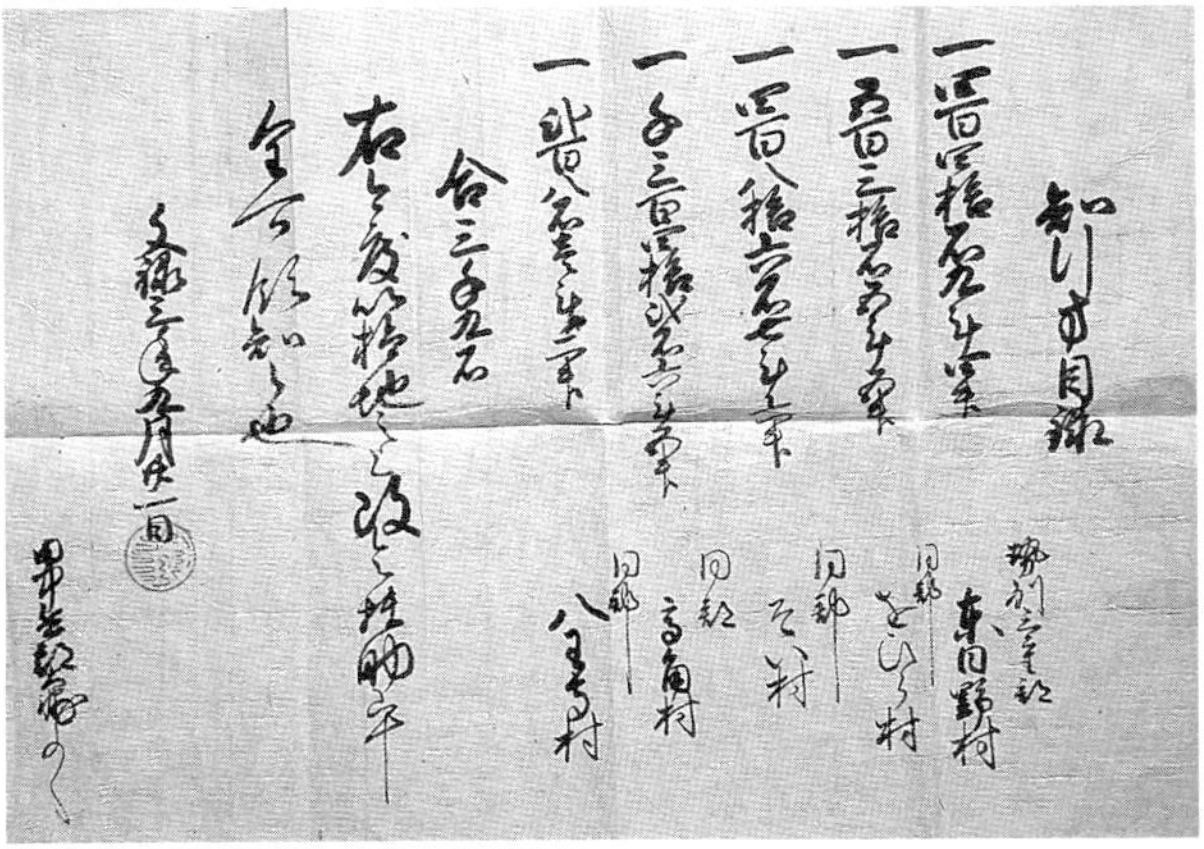

49　豊臣秀吉知行方目録　柳川古文書館蔵
天正20年（1592）に出された知行宛行の伊勢三重郡内3000石を、改めて所付けを以て示したもの。「今度以検地之上」とあるように、文禄3年（1594）7月から9月の伊勢国検地の結果を受けて出されたものとみられる。文書中の東日野村などの村々は現在の四日市市郊外の村である。表1-16の文書。

九点は慶長五年の岡崎在城時と推定されるものである。これは明らかに吉次系田中文書で、それが伝来した意味は充分考えてみなければならない。

周知のように吉次は筑後加転封後に吉政と対立して、四男忠政が継ぎ、吉次の子吉勝は旗本となった。それゆえ色川本は、吉勝系田中文書の写本ということになりそうである。吉政は慶長十四年に没して忠政が継いだが、元和六年（一六二〇）に没し、無嗣断絶となった。忠政に伝えられた吉政関係文書が吉興系に伝えられて、㋑を含む㋺となり、㋩は吉政関係文書のみが伝えられたということなのであろうが、慶長五年時点での吉政と吉次の関係に特別の意味があったのではなかろうか。そう考えて、あえて表1を吉政・吉次関係文書と題したのである。

『新編岡崎市史』編さん時に、岡崎市内をはじめ各種史料所蔵機関の調査で発見した吉政関係文書は、㋺㋩以外はごく僅かである。それらを併せて、三河時代の田中吉政の動向をたどってみよう。

所領の増加

天正十八年（一五九〇）十月二十日、

表2　田中吉政の所領拡大

年　月　日	石　　高	所　　　　在	
天正18年10月20日	57,400石宛行	額田郡29,975石、賀茂郡27,446石（57,421石―①）	田中文書2
〃　20年正　11日	3000石加増	伊勢国三重郡内、無役分、「村付略」（3001石6斗）	〃　3、古案8-62
文禄3年9月21日	3009石加増	伊勢国三重郡内5か村、上記の検地後再宛行	〃　4
〃　4年7月15日	28,358石3斗加増	「村付略」本知57400石、都合85,758石、内17,758石無役、軍役高68,000石（①と合計　85,779石3斗―②）	古案8-61
〃　4年8月8日	30,000石預り	蔵入地、尾張国知多郡	古案8-63
〃　5年7月27日	14,252石6斗加増	三河国高橋郡26か村、本知85,758石、都合10万石（②と合計、100,031石9斗）	田中文書5

田中吉政は三河額田郡で二万九九七五石、賀茂郡で二万七四四六石、都合五万七四〇〇石の所領を宛行われた（表1―4）。知行方目録が残っていないので知行地の詳細は不明であるが、両郡ともに入り組みであったらしい。額田郡東部には池田照政領があった。賀茂郡が田中領の四十八パーセントをしめているが、これは矢作川川東の東加茂が中心であったとみられる。後述のように西加茂は高橋郡であり、田中領でなかった。額田・加茂・高橋郡内には秀吉の蔵入地もあったであろう。

加茂郡における吉政領の一端を示すのは、カラー図版55ページの書状である（表1―15）。宮川助作知行分を脇坂右兵衛に宛行う件について指出を求められた「東かしやう村」は加茂郡東加塩村（現在の豊田市旭町東加塩）で、矢作川の支流阿摺川沿いの山間の村である。「なのうち村」は額田郡名之内村（現在の額田町桜形）である。両村は直線距離にして二十キロ隔っている。また、慶長二年（一五九七）十月の六所大明神宮立書立写（表1―25）には、再建の大檀那として吉政と子息吉次や家臣の名がみえている。同社は加茂郡宮口村（現在の豊田市坂上町）所在の松平氏ゆかりの神社である。

なお、所領宛行以前の幡豆郡饗庭正法寺に対する寄進状（表1―2）は、署名者ミヤせ九蔵・宮かわ文兵衛を田中家臣と判断したことによるが、表1―4とは整合しない。織豊期の幡豆郡の所領関係が判然としないが、91ページの秀吉朱印状によれば、幡豆郡東条の内一万二八五石は、十月二八日付で木全又左衛門・滝川彦次郎に与えられているので、表1―2の寄進状は両人にかかわる可能性は相当大であろう。

吉政の所領は表2のように増加し、やがて十万石を領するにいたった。このうち天正二十年の伊勢における三〇〇〇石加増は「無役」分であり、京都・大坂滞在中の費用支弁のための「在京の粮米」とみられる。

新出文書に見る加増

文禄四年（一五九五）七月十五日、吉政は約三万石の加増をうけた（表1―18）。さらに、八月八日には蔵入地三万石を預けられた（表1―19）。これは「古案」採録の文書で、まったくの新出であるので翻刻しておくが、共に村付

表3-1　文禄5年田中吉政加増地

	村　名	石　高	現在の行政地名
		石	
1	はしめ村	392.73	岡崎市、安城市、橋目町
2	山さき村	636.79	安城市、山崎町
3	上野村	2460.15	豊田市、上郷町
4	たて出し村	74.74	岡崎市、島坂町
5	西はた村	791.30	碧南市、油淵町ほか
6	ふつかま村	593.73	安城市、福釜町
7	西さか井村	337.60	刈谷市、西境町
8	あみたたう村	254.18	豊田市、畝部西町
9	たかむら	1042.17	豊田市、竹町ほか
10	中嶋村	153.05	豊田市、畝部東町
11	とかり村	353.47	豊田市、渡刈町ほか
12	と井村	726.06	岡崎市、土井町
13	こはり村	460.88	岡崎市、小針町
14	河野村	170.00	安城市、河野村
15	ゑの木津村	651.30	西尾市、米津村
16	寺領村	108.82	安城市、寺領村
17	なかね村	94.00	西尾市、南中根町
18	東はた村	899.58	安城市、東端町
19	いつみ村	494.02	安城市、和泉町
20	中きり村	366.78	豊田市、畝部東町
21	へつ所村	66.03	安城市、東・西別所町
22	おかき江村	1022.67	刈谷市、小垣江町
23	こもう村	201.76	岡崎市、昭和町
24	上条村	762.04	安城市、上条町
25	本地村	811.48	豊田市、本地町
26	今村	327.30	安城市、今本町ほか

（同前）

図-1　田中吉政と水野忠重の加増地

表3-2　文禄4年水野忠重加増地

	村　名	石　高	旧領主	現在の行政地名
		石		
①	下市場村	253.57	熊谷大膳	豊田市下市場町ほか
②	かなや村	92.35	〃	〃　金谷町
③	三ふね村	504.16	〃	〃　御船町
④	ちりう村	1000.00	栗野木工	知立市
⑤	うきかや村	1201.54	藤田玄蕃	三好町福谷
⑥	南あさふ村	190.82	〃	〃　莇生
⑦	あさふ村	966.10	〃	〃　莇生
⑧	とみた村	93.52	生田右京	豊田市富田町
⑨	西ひろせ村	344.15	〃	〃　西広瀬町
⑩	まつみね村	119.94	〃	〃　松嶺町
⑪	ふちさわ村	78.00	〃	〃　藤沢村
⑫	おしさわ村	91.35	〃	〃　押沢村
⑬	とわい村	65.60	〃	藤岡市上渡合

が省略されているのは残念である。

（表1―18）文書

　　知行方目録

　　　村付略ス

　都合弐万八千三百五拾八石三斗

右為加増令扶助訖、本知五万七千四百石、都合八万五千七百五拾八石、内壱万七千七百五拾八石無役、残六万八千石軍役相勤全可領知候也、

　文禄四年七月十五日

田中兵部大輔とのへ

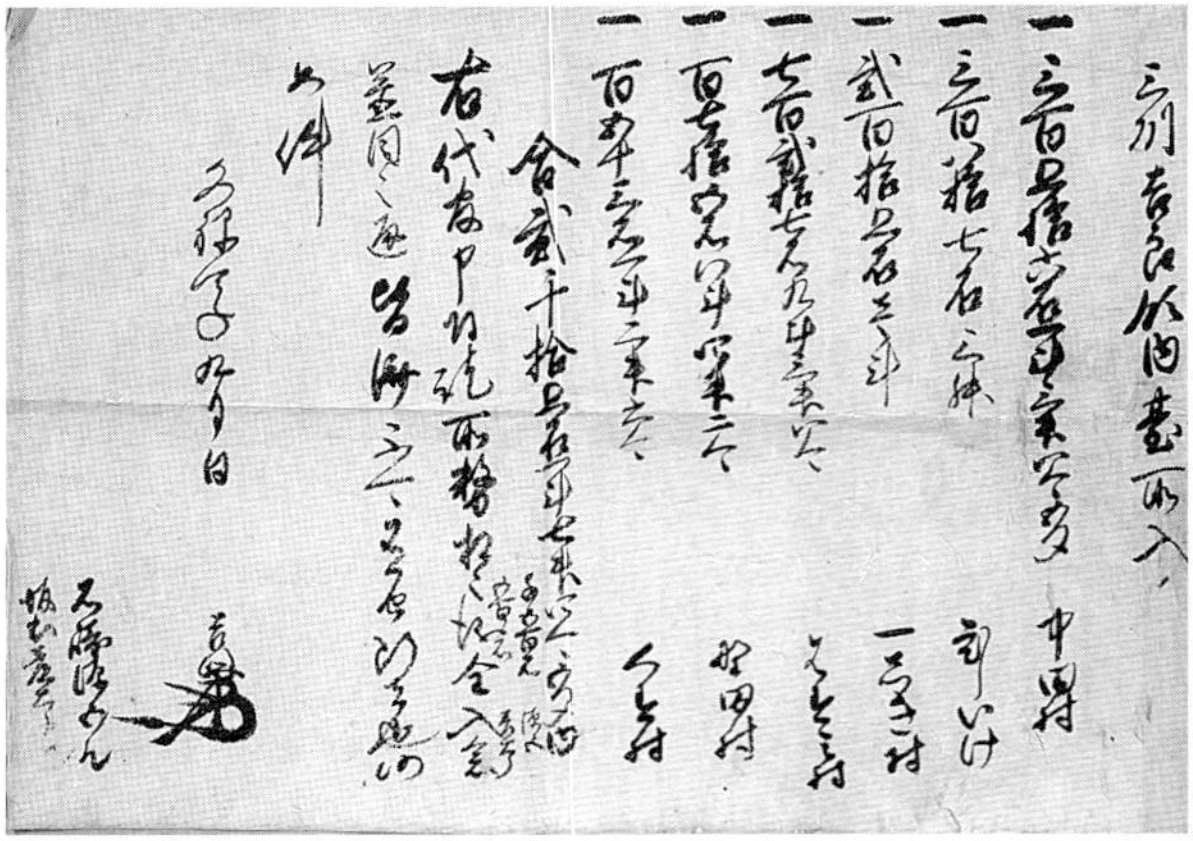

64　田中吉政判物

石崎源五・坂本彦右衛門宛　個人蔵

文禄4年（1595）9月、中田村（一色町）・菱池（西尾市）・一色村・羽角村（西尾市）・野田村（一色町）・楠村（西尾市）の6ヶ村2015石余を代官として所務することを、吉政が石崎源五・坂本彦右衛門に命じたもの。表1 -20の文書。

（表1―19）文書

文禄四年八月八日

尾州智多郡内蔵入帳

御代官田中兵部大輔

村付略ス

合三万石

右令執沙汰可運上候也

文禄四年八月八日

田中兵部大輔とのへ

従来、この二史料の内容が混同されて、吉政の所領について混乱を生じてきた。『寛政重修諸家譜』では、「八月八日同国西城をよび尾張国智多郡のうち三万石をあづけられ、そののち加増ありて、八万五千七百石余を領す」と記す。この混乱の追求は別問題として、この時に西尾城下をふくむ幡豆郡西条の地が吉政領となったこと、知多郡三万石は蔵入地の預置であったことが確定する。これは同年七月の豊臣秀次追放・切腹事件にかかわる、秀次領国配分等の一環であった。秀次の行状詰問が三日、八日には関白職を奪い高野山へ追放、十五日切腹という流れの中での加増であり、蔵入地となった秀次旧領の代官任命である。吉政が事件に一役かっていた可能性も考えられよう。

表1―20文書において、吉政は石崎・坂本に幡豆郡「吉良領台所入」の中田・菱池・一色・羽角・野田・楠の六か村合二〇一五石一斗七升四合五勺を、一五〇〇石は石崎、五〇〇石は坂本に代官を申し付けた。このあと表1―24文書においては、石井久作の跡役として、同じく石崎・坂本に市子・逆川・寄住・矢曽根・熱池の五村と西尾町の合二四三三石八斗五升八合の代官を申付け、伏見へ十一月二十日に皆済勘定を届けるよう命じている。いずれも西尾城下とその周辺であり、秀次旧領であることに間違いあるまい。

秀次旧領の配分は翌年にも行われた。表1―23文書による高橋郡二十六か村一万四二五二石六斗の加増である。これによって吉政は十万石の大名となった。この時の加増地の村付と石高、および同じく高橋郡十三ヶ村の五〇〇〇石を無役として加増され、都合二万石の大名として旧地刈谷に復帰した水野忠重分の村付と石高、および三十九ヶ村の分布図が表3と図1である。（前ページ参照）忠重への宛行状と知行方目録

西尾城跡　西尾市錦城町所在
西尾城は、三河国に入った吉政によって整備された。写真は、平成８年に再建された本丸丑寅櫓である。現在西尾城周辺は、二の丸表門である鍮石門《ちゅうじゃくもん》なども再建され、西尾市歴史公園となっている。

の朱印状は、「結城水野家文書」（茨城県歴史館寄託）に伝存する（『刈谷市史』三）。

三河における秀次旧領は、田中・水野となった以外にもあったと思われる。旧織田信雄家臣から秀次家臣となった沢井左衛門尉雄重は、秀次から文禄三年（一五九四）三月十三日に、「三州苅屋之内」で三三七石八升、「尾州海東郡中嶋村之内」で四一石七斗六升八合、「甲賀野間村之内」で六二一石、計千石を与えられていた（沢井文書、『木曽川町史』）。このうちの刈屋分について、『駒井日記』に次の記事がある。

一、田中兵部少（ママ）輔午前参州苅屋小物成潰方本文分、合六貫五百六拾七文、ゑもんのうえ渡、請取ヲ取、文禄二年分也（文禄三年三月十八日条）

一、参河苅屋小物成御指紙（同十九日条）

「えもんのう」が左衛門尉のことであれば、吉政は雄重への宛行以前に、秀次蔵入地の代官として刈屋における年貢収納にかかわっていたことになる。

このような秀次と吉政との関係は、今後さらに検討すべき課題である。

家臣団の形成

十万石大名となった吉政の家臣団の原型は、近江時代に形成されたものであろう。天正二十年の秀次軍団においては先手四番で、軍役人数は一五〇〇、吉政家臣で名が知られる人物は、表１にみえる三田村市蔵直清、石崎源丞秀清、宮川佐渡守吉久、辻勘兵衛尉重勝、野村吉兵衛尉宗政、中村采女正、坂本彦右衛門ら奉行、代官扱の上層家臣のほか、表１—１から田中久七郎、野村忠二郎、相模助内、河部弥五、北村与四郎、坂本二郎作、村木河太夫、宮川小平次、桑名六右衛門が知られる。村木・桑名は足軽組頭であったとみられる。ほかに表１—15文書に見える宮川助作と脇坂右兵衛があり、表１—25文書には辻重勝と子長松丸、中村伝左衛門尉と子忠助丸、門地三七郎と於土丸がみえる。

これらのうち宮川一族は最初の家臣とされており（『武家事紀』）、家老というべき地位にあり、同姓者も多かった。石崎秀清は天正十一年（一五八三）に

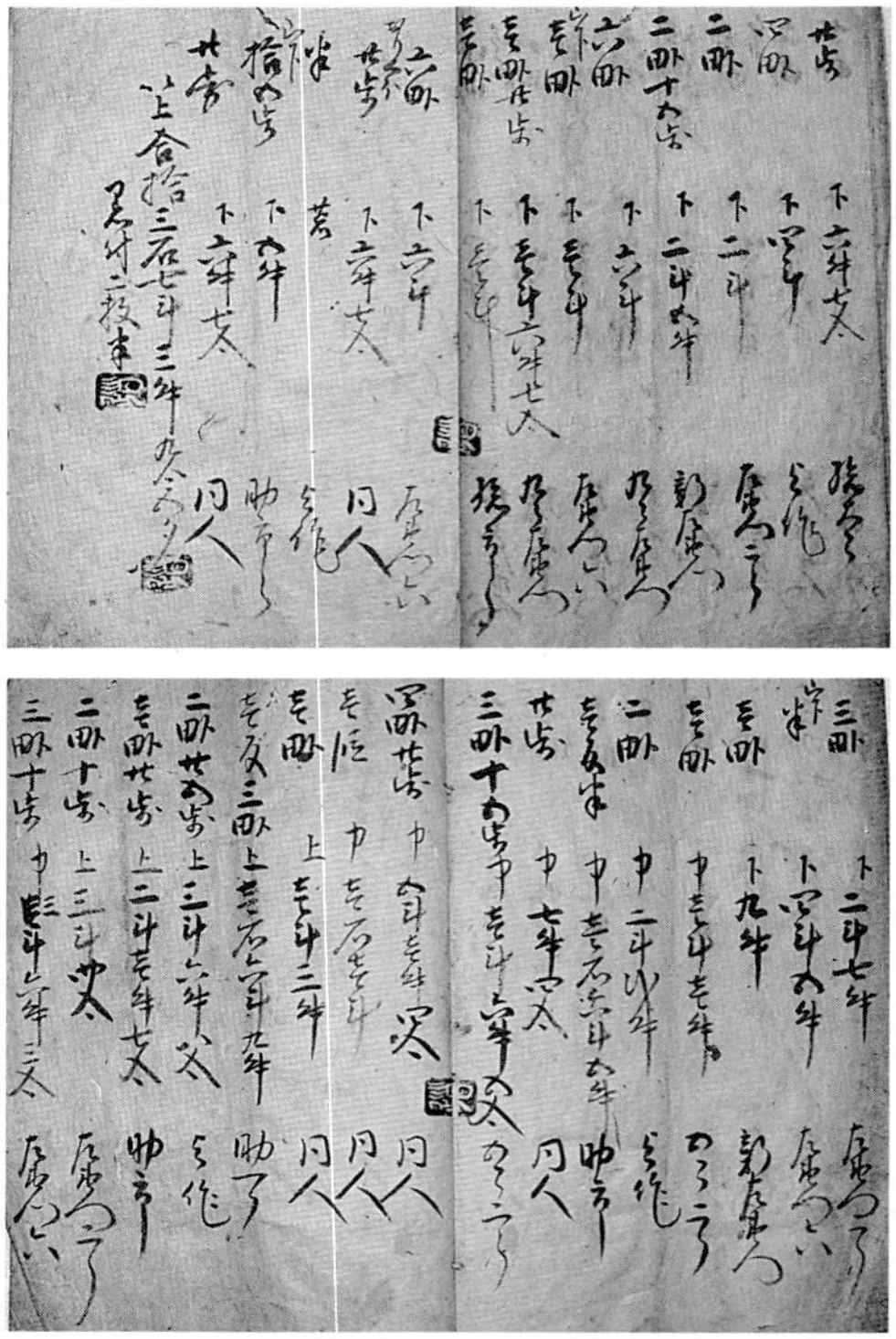

67　額田郡片寄村田方・畠方検地帳　天恩寺蔵
天正18年（1590）片寄村検地帳は田方（上方）と畠方（下方）に分かれており、田方は13石7斗余、畠方は65石8斗余の石高である。天正19年7月9日、池田照政は天恩寺に寺領として「片寄郷山林共」を安堵し、文禄4年（1595）には同寺新住持に片寄郷79石5斗余を安堵している。江戸時代も片寄村一村が天恩寺領であった。

丹羽長秀から近江で所領を給されているので（「石崎家文書」）、同十三年四月の長秀の没後、子長重が何度かの減封をうけている間に吉政に仕えたわけであろう。家臣団中枢にはこのような近江出身者が多かったのであるまいか。

　吉政家臣への知行宛行状が皆無に近いので、家臣団の所領のあり方などは不明のところが多いが、先出の表1—15文書にみるように、家臣知行地は分散的傾向が強い。これは秀次家臣団と同じとみられ、このことが秀次領国のみならず田中領国の分析を困難にしているところである。表1—20・24文書において吉政は、石崎・坂本の両人を台所入の代官としているが、その管轄地は特に前者の場合、相互に隣接する村々ではなかったから、知行地も当然分散性が高かったとみられる。その意味するところは今後の課題であろう。

三河の太閤検地

　田中吉政が岡崎城主であった十年間は、三河一国が徳川的体制から豊臣的体制に改編された時期である。一般に豊臣政権の政策として注目されるのは、太閤検地による小農自立策と一地一領主一作人関係の創設、刀狩りや身分法令による兵農・商農の分離、城破り（中世城郭の廃棄）と新城下町建設による武士・商人の集住、河川改修などによる農業生産力の向上などである。これら諸政策が日本全国において実行される過程は、各地域の直前の歴史的条件の差異によって、相当の偏差があった。三河は旧家康領国であったことによって、他地域とは異なる特徴をもった。

　吉政の入部決定から表1—4文書にいたる三ヶ月余りの間に、旧家康領国において秀吉家臣による、いわゆる太閤検地が行われた。三河においては天正十八年（一五九〇）と天正二十年＝文禄元年（一五九二）の検地が知られるが、現存する検地からは、碧海・額田・加茂・設楽《しだら》・宝飯《ほい》・渥美の各郡での実施が確認されている。天正二十年には高橋郡での実施がみられるが、これは同年に行なわれた尾張総検地すなわち豊臣秀次領検地の一環と考えるべきであろう。検地奉行として東三河では亀井茲矩《これのり》・宮部継潤（善祥坊）、西三河では宮部の名が伝えられている。天正十八

天恩寺　愛知県額田町大字片寄所在
片寄村の天恩寺は臨済宗妙心寺派の名刹である。寺伝では室町幕府の足利義満が祖父尊氏の遺命により、弥天永釈に命じて開創したという。国指定の重要文化財である仏殿は方三間の禅宗様建築である。

年検地の後に田中・池田による領国一斉検地が行なわれた形跡はない。

西三河の太閤検地においては、実施の時期や検地奉行の違いによって検地帳の記載方式に差異があるのみならず、同一領主・同一検地役人の検地でも、村毎で地字の記載方式、田・畠・屋敷等の項目の分類、出入作の記載などに違いがあることが明らかにされている。（北村弘子「西三河における太閤検地の研究」）

天恩寺の検地帳

額田町片寄の天恩寺に天正十八年九月十八日付の同寺領片寄村の田方・畠方の検地帳各一冊が残されている。地種別になっているので、野帳を整理して作成され、寺方に渡されたものであろう。両冊とも末尾に黒印が押されているが検地役人の名はない。品位は田畠ともに上・中・下の三等級で、適例みられる下々がない。地積は反畝歩であるが、一五〇歩を表す半も用いられている。各筆に分米が記されており、石盛は上田一石四斗、中田一石二斗、下田一石、上畠一石三斗、中畑一石二斗、下畑九斗である。なお「荒」地についても名請人が記され、畠方帳には漆十六本が登録されている。

織豊期の片寄は額田郡でありながら、田中領ではなく池田領であった。近世の天恩寺文書は「慶長九年御竿入、天正ノ頃是乗坊縄六尺五寸、寺ノ地ハ是乗坊ノ縄ノ儘《まま》ニ而、慶長之頃御竿ハ除かれ申す事」とある（「庚申年中留」）。検地竿の一間が六尺五寸と伝え、通常の検地竿の六尺三寸とは違っている。理由は不明ながら興味深い伝承である。

注目されることは、同寺には天正十七年（一五八九）十月二十八日・二十九日付の田畠の検地帳と二十九日付の屋敷の検地帳があり、これは徳川家康が行なったいわゆる五ヶ国検地のものであることである。同一村落に一年違いの両度の検地帳が残されているのは、現在知られるかぎり徳川旧領五ヶ国内における唯一の例である。しかも一年違いの検地でありながら、内容に大きな差異がみられることである。

太閤検地帳が五ヶ国検地帳の一反三六〇歩や地積表示における大半小制、また分米記載がないことなどと異なるのは、施行方法の差異によるものであり、当然ことである。しかし、字名・

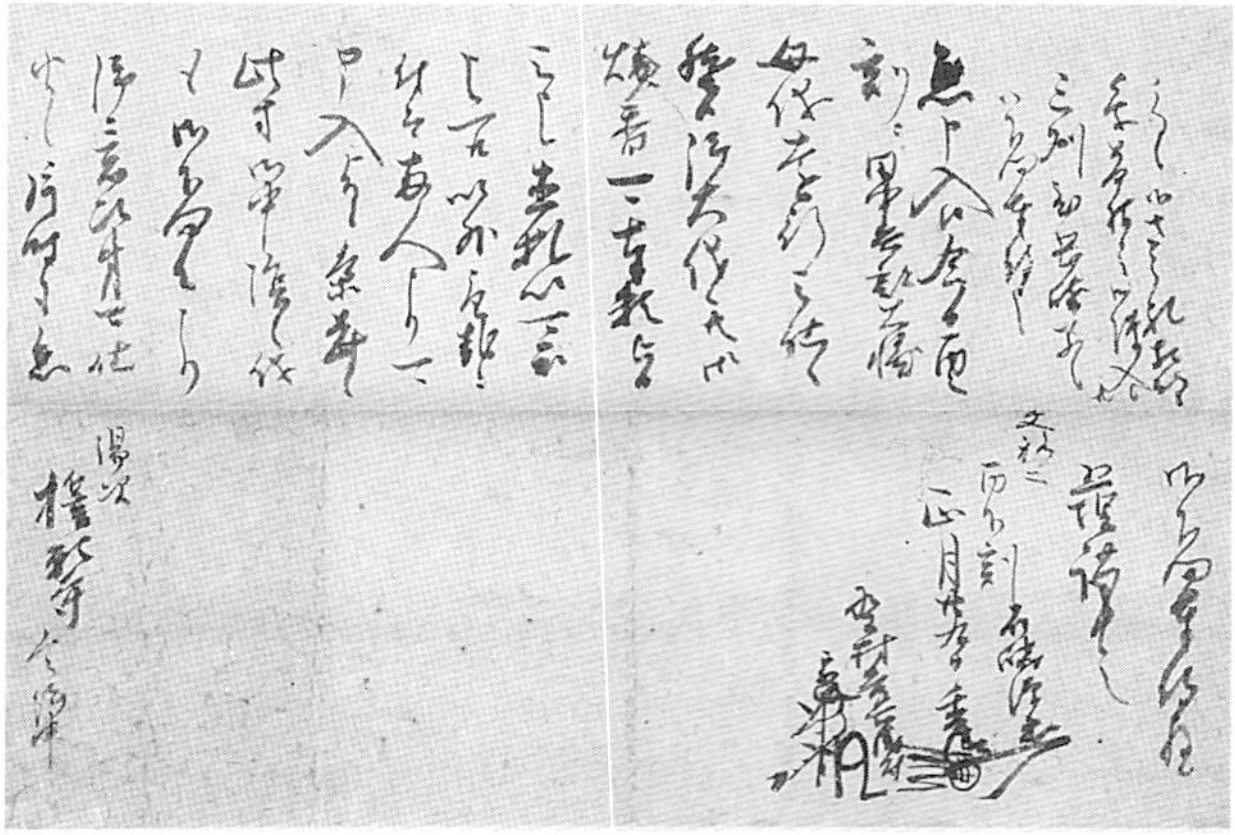

50　石崎秀清・野村宗政連署状

湯次誓願寺宛　誓願寺蔵

田中吉政の家臣であった石崎秀清（後の若狭守）と野村宗政が、文禄2年（1593）正月29日、吉政の母が本日死去したので、近江国浅井郡内保村（現在の浅井町内保）の誓願寺へ、焼香のため岡崎まで出向くよう依頼した書状である。吉政と誓願寺の深い結びつきを示し、吉政浅井郡出生説の大きな根拠となる。

人名・田畠の筆数に差異があるのは重大である。五ヶ国検地帳の字名は十六、名請人は三十、筆数は田方二十九、畠方二百三十五である。これにたいし太閤検地帳の字名は十七、名請人二十四、筆数は田方三十七、畠方百七十である。さらに、次のような内容上の差異がある。両年で地名が一致するものはわずか四ヶ所しかない。名請人の名前は二十人が一致するが、この内で田畠の総筆数が一致する者はなく、田方で一人、畠方で一人の筆数が一致するが、面積は大きく違っている。全体として、田方一町三反二七三歩が一町三反七五歩、畠方五町六反一四一歩が六町二反二八五歩と、検地竿の相違では説明できない増減がある。

　このような差異が生じた理由については議論はあるが、定見をみるにいたっていない。天正十八年の旧徳川領国における太閤検地は、元来は徳川五ヶ国検地の一環として準備されたもので、とりあえず一反を三六〇歩から三〇〇歩に改めて、入部間もない新領主に提出されたとする見解は、仲々《なかなか》説得的である（『静岡県史』通史編3　近世一）。遠江井伊谷の竜潭寺領は、五ヶ国総検地の結果「五町壱反半四拾弐歩」を下されたが、徳川氏国替えのため寺納しておらず、「右之五町壱反半四拾弐歩之処、三百歩壱反ニシテ合六町壱反七畝拾五歩に罷り成り、寅（天正十八）之御年貢、上様御蔵へ納所申候つる」とされている（『静岡県史』資料編10　近世二）。竜潭寺領の場合はまさにその通りであり、同様の例は多くあったとみられる。しかし天恩寺領では一反三〇〇歩制による変動とは無関係の増減である。

　駿河の場合、天正十八年検地以後の再検によって、地積は一・二倍の増加であるにもかかわらず、筆数・地積の増加と石盛の上昇によって、分米は約一・六倍となっており、大幅な収奪の強化がなされた。再検がなかったとしても地積と共に村高も一・二倍になったのであるから、程度の差はあれ、年貢増徴は間違いなく百姓の肩にのしかかったのである。

　太閤検地は中世的な重層的土地領有体制を廃棄して一地一領主一作人体制を創出し、兵農分離の基礎を確定したと一般に言われている。ただし三河、ひいては旧徳川領国においては、先行

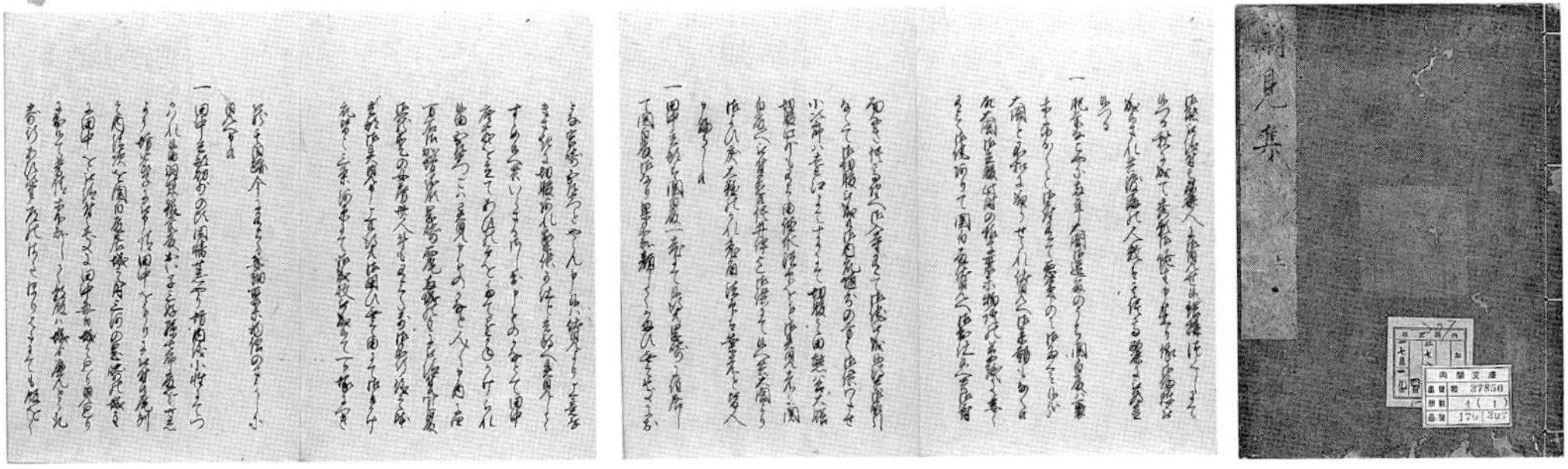

51　石川正西聞見集　国立公文書館蔵
松井松平家の家老石川昌隆（正西）（1574－1665）が藩主松平康映（やすてる）の命により、その生涯の見聞を記録して万治3年（1660）に提出したもの。田中吉政に関して、岡崎城主としての事績、秀次事件関連、関ヶ原合戦前の嫡子吉次との動向など、他史料にはない注目すべき記述があり、人物像を知る上でも参考になる。

する五ヶ国検地によって、すでにほぼ同一の体制が出来上っていた。五ヶ国検地は先行して近畿地方で行われていた豊臣氏の検地を一部改変しつつ踏襲したのであり、大筋で一致するのは当然であったともいえよう。

三河と兵農分離政策

兵農分離に関していえば、三河に関しては家康の関東移封につきるといってよいであろう。「兵」であろうとした者はすべて関東に赴いた。高橋郡地域では秀次あるいは池田照政家臣となった者がいた。田中の場合は家臣団構成が明らかになる史料がないので判然としないが、信長の高橋郡征服以前からの国衆の一群が信雄、ついで秀次の家臣となり、さらに田中家臣団となった者が少数ながらあったと推測される。

兵農分離政策の重要な一方策である刀狩りが、明確な法令として諸大名に命ぜられたのは天正十六年（一五八八）七月八日のことであった。しかしこの時点で家康領国三河において、農民からの武器没収がなされた形跡はない。田中・池田の入封後に刀狩りが実施されたとの史料や伝承は発見されていない。豊臣政権のすべての政策が家康領国においても実施されたかどうかは、注意深く検証していかねばなるまい。

吉政の農民支配

万治三年（一六六〇）成立の『石川正西聞見集』は松井松平家の臣石川正西の見聞録である。岡崎時代の田中吉政については、五話が記されている。

吉政は毎日「城の廻り見まハリに出候て、普請等下知して、朝飯は城よりべんとう取よせ、行あひ次第道のはた・ほりはたにても飯をくハれ」た。「けつこう《結構》のしたてハきらひにて、いかにもそさう《粗相》なるやう《様》」を好み、寺の門前の植木に代えて茶を植えて信者への贈物にせよと意見した。所領内をすべて見廻り、百姓屋敷の堀は埋めて田にさせ、畠になるところは開墾させた。秋になると自身に検見に出て収穫の良否を調べて免相（年貢率）を定めたので、百姓はよろこんだ（71条）。

また罪人の首を切るかわりに荒地の開墾をさせ（72条）、知立から西尾の間三里の野原である「にし野」に罪人を使って松を植えさせたので、広い柴野も皆松原になり、毎年枝を「しほ木《塩》」、

岡崎城天守閣
現在の岡崎城天守閣は、昭和34年の再建。江戸時代の岡崎城は徳川家康出生の城として神聖視され、家格の高い譜代大名が城主となった。

すなわち塩浜の燃料に売れるほどになった（73条）。矢作川の堤に柳を植えさせ、これも塩木に売った（74条）。さらに、三河の百姓が腰みのを着けて田打ちをして衣類に土・泥の付着するのを防ぎ、竹製のうちわのような「くわがさ」を鍬の柄にはめ土・泥を防いでいることに感心した（75条）。

たしかに吉政はこれらの逸話のように、農業技術や生産活動のあり方に深い知識と理解を保持した大名であったのだろう。それはまた彼が、農業生産力の向上すなわち年貢量の増加策を積極的に推進したことを示すものであるが、その背景には太閤検地と身分制の制度化による農民の土地緊縛、それと表裏の関係にあった新しい農民支配体制の創出があった。吉政自身による領国支配の実態を物語る史料は発見されていないが、幡豆郡や賀茂郡に分散的に知行地を保持していた原隠岐守長頼の二種の掟書を通じて、吉政の農民支配の実態を想定みよう。

原長頼の掟書

原長頼の詳細は後述するとして、長頼は文禄四年（一五九五）十月、幡豆郡大和田・脇・浅井の三村「惣百姓中」に十九条の掟書を発した。さらに慶長二年（一五九七）十二月十三日には「あさひ（浅井）村惣百姓中」宛に九ヶ条の掟を下した（参州岡崎領古文書）。ここに豊臣政権の目指した領主農民関係と村落のあり方の理想像がよくあらわれている。

文禄掟の第九条、慶長掟の第五条は百姓の土地緊縛を定めたものである。百姓は一切奉公に出てはいけない。長頼の許へ奉公した者も村へ帰す。他所へ奉公したり逐電の百姓は村で呼び返すように。もし還らない場合は公儀に届け出て返すようにせよ。隠していた場合は庄屋・年寄の罪とする、と。これは天正十九年定第二条の知行地への適用にほかならない。その上で、押買や借金の強制取立の禁止、博奕《ばくち》禁止、喧嘩両成敗など領主の秩序維持の役割を強調するとともに、代官下代の指示を重視することを求めている。

百姓の負担の明確化と小百姓保護のため、年貢割付は惣百姓の寄合で不公平なく行い、庄屋・年寄・「ありき」ら有力百姓の「小百姓」に対する恣意的支配を禁止している。また、門別役

挙母《ころも》（金谷）城跡　豊田市金谷町所在
現在の豊田市の中心部である挙母には金谷・佐久良・挙母と3つの城跡がある。この内、原長頼時代の挙母城は、最も古い金谷城であったと考えられている。

は家毎であるが、他国への夫役は持高に応ずることとしている。さらに農村保護策として、給人や代官が年貢以外の「非分横役」や各種の礼物・礼銭・上使銭・草鞋銭、あるいは定め以上の口銭の徴収を禁じ、非分ある場合の直訴を容認している。また給人や代官の山林竹木の伐採、家の「こほち（毀）取」を禁じている。

　これらの一方で百姓には年貢の皆済を要求し、そのためには皆済以前の借金取立を禁止し、隠田畠などの訴人には一作分の収穫を褒美と定めている。年貢増収のため、荒地の開墾を年貢率引き下げによって奨励し、不作地がある場合は自領以外の村への出作を認めず、他領からの移住百姓には三年間の諸役免除を認め、貧困百姓には夫食貸付を認めている。

　掟書にみる政策は、吉政も同様に実施したであろう農業生産力の維持・増大策であるが、農民を土地に縛りつける一方で、庄屋・年寄を中心とする「惣百姓」の自治を広汎に承認したものであり、江戸時代における農村のあり方に近いものであった。慶長掟第七条に

一、田地の儀者、当時五ツか六ニ高下之《これ》無き様に割符したし、田畠百姓ろくろくに仕組みいたし、組頭を付、其組頭として荒さざる様にきみ《吟味》候て、耕作いたすべく候事、

とあるのは、年貢収取に重点があるとはいえ五人組制度の前駆的形態とみてよいであろう。

　なお、近世岡崎藩領の非人頭は文禄年中に定められたとの伝承があった。豊臣政権における非人身分の確定の一例である（藤井寿一「岡崎領における下級警察機構」）。

原長頼の動向

　掟書を発した原長頼は美濃土岐氏の一族と伝え、初め彦次郎。織田信長、ついで前田利家に仕え、天正十三年（一五八五）より秀吉に仕えて隠岐守を名乗った。伊勢大田城主と伝えるが、明確な徴証はない。天正二十年の秀次軍団では、一柳監物・木下美作守と共に先手六番に属し、軍役人数は三人で二八三六人。

　ところが「岡崎古事伝」・「岡崎清水氏家伝」・「竜城中岡崎中分間記」など

の近世史書は、天正十八年（一五九〇）から十九年の二年間岡崎城代と伝える。前出のように田中吉政入部後であるから誤伝というべきであるが、天保六年（一八三五）の訴訟済口証文にも「天正年中城主原隠岐守様」（『岡崎市史』第弐巻）となると十分な検討が必要になる。同様に挙母城下においても「挙母の城主織田家の臣原隠岐守居城すと云説」あり「金谷村ニ古城址ト云伝」と「挙母記」にある（『豊田市史』七上）。おそらくこれらは、長頼の所領が岡崎城近辺や挙母城近辺にあり、その所領の検地に関係したこと、後述のように矢作川治水にかかわったことなどから、岡崎城代ないし挙母城主説が生じたのではなかろうか。

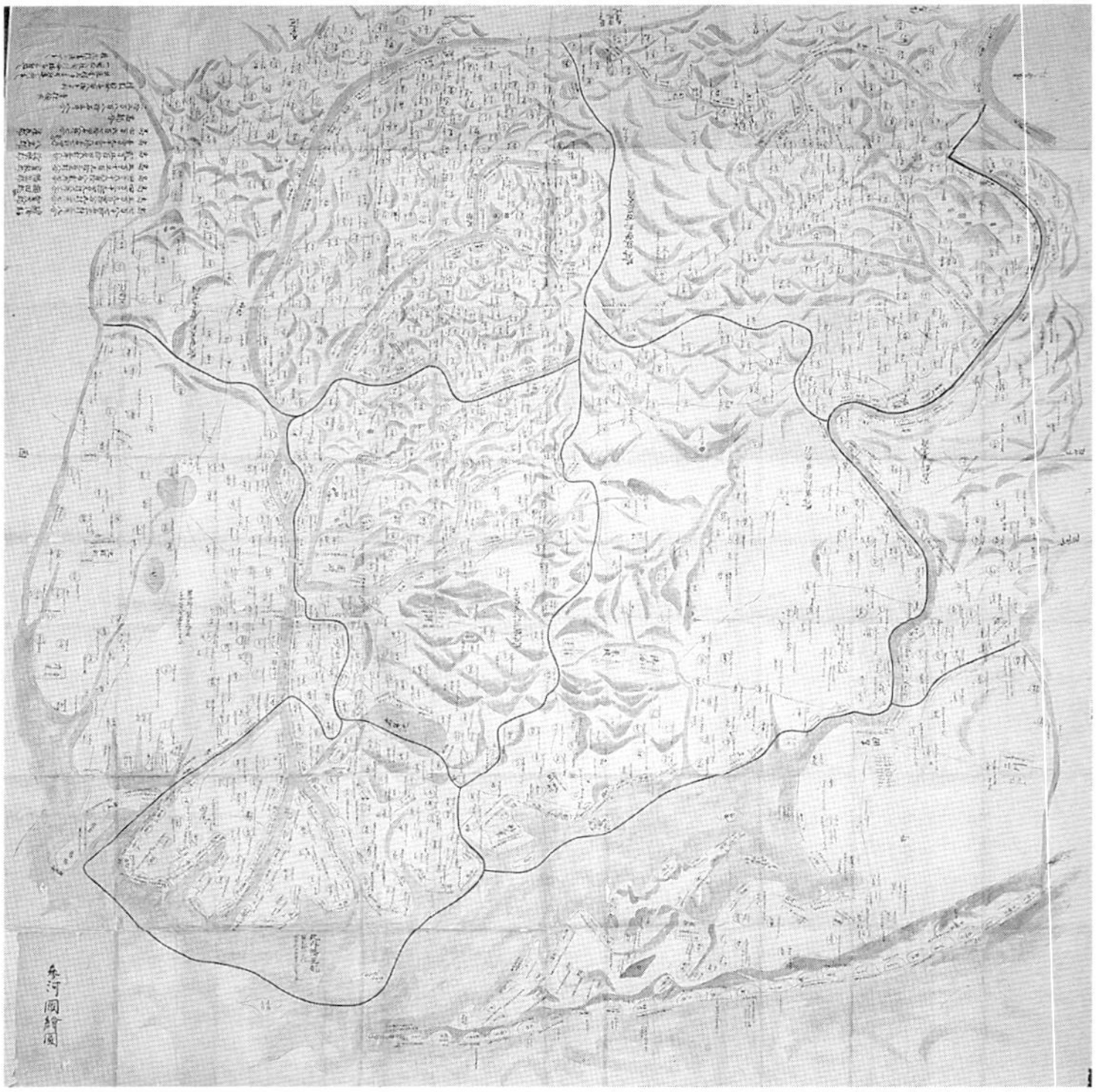

63　参河国絵図　岡崎市美術博物館蔵
正保年間（1644－1648）頃の国絵図。田中吉政による矢作川築堤工事で流路は一本化されたとみられるが、下流域の水はけが悪く、江戸時代に入り矢作新川、古川筋での開削が行われた。吉政時代以来の下流域の旧川筋である弓取川も堰《せ》き止められるが、本図はその閉鎖になる以前の状況を描く。

　同時代史料にみる長頼は、前出三ヶ村のほか高橋郡宮口村も領していた。三河における長頼の動向が知られるのは、寛政四年（一七九二）に御嶽堂伊保村の小出柳意が著した「伊保之記録」（同前所収）の記事である。

伊保本田御検地、天正十九年岡崎之城主原隠岐守様、卯ノ三月、四ヶ村一帳ニ成され、庄屋ハ吉兼武右衛門とて伊保ニ壱人有之支配する
　高千百五拾三石四斗九升壱合　伊保
　内高七百弐拾四石八斗七升七合
　　　　　　　　　　　　御嶽村
　（傍書）
　「――六斗壱升四合」
高四百弐拾八石七斗四升弐合　市場村壱
斗弐升八合高違イ也
高三百五拾六石八斗五升　伊保堂村
高五百六拾四石四升　殿貝津村
高四百弐拾九石九斗五升四合　下伊保村
　合弐千五百四石三斗三升五合也
其の年より隠岐殿領分ニ成、御免合五ツ八分ニ下され百性（姓）困窮、四か村

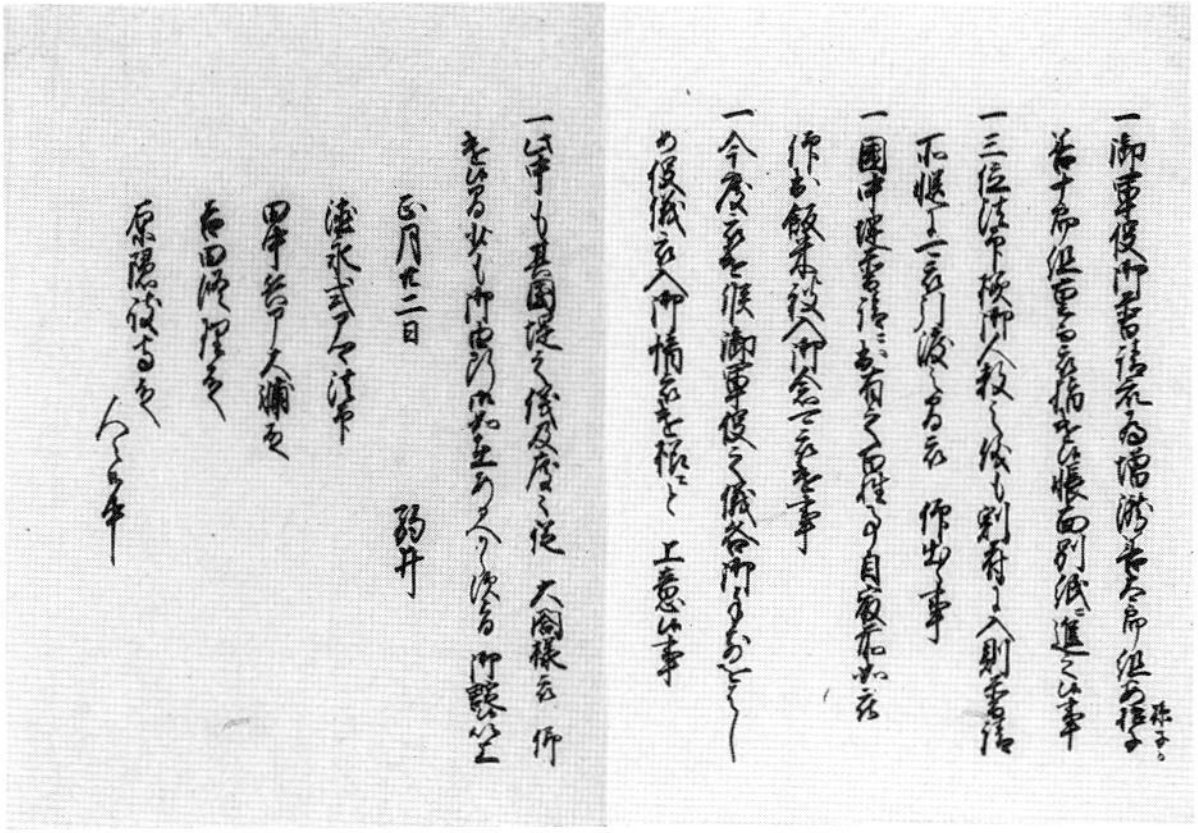

45　駒井日記　東洋文庫蔵
豊臣秀次の祐筆とされた駒井中務少輔重勝が文禄2年（1593）閏9月から同4年4月に記した日記。秀次関白在職中の動き、秀次家臣のこと、秀次と秀吉のやりとりなど豊臣政権内部を知ることのできる好史料。田中吉政の尾張築堤工事（写真部分）、伏見城普請に関する記述も散見される。

ニ而《て》男奉公人弐百三拾人殿様へ行き申す由、田畑も大分荒、夫《それ》より三年目に隠岐殿亡び、二月より霜月迄地頭之《これ》無、併びた御年貢ハ先蔵江納め置く所、十一月末ニ御蔵領ニ成、其の明年《（慶長四年）》丹羽様御在所ニ成、

五村でありながら四ヶ村とは「御嶽・市場ハ十九年御検地迄二ヶ村高二帳也、故伊保御嶽・市場ト号」したためである。天正十九年検地から「三年目」の慶長四年に亡びたとは何を意味するのか不明であるが、高い免率や大量の夫役徴収による田畑荒廃が伝えられているのは、農村支配の実際は二種の掟書の意図とは反対の方向に動いていたことを示すものであろう。

長頼が挙母城主かどうか確認はできない。その所領は一円的なものではなかったことは明らかであるが、吉政の所領も分散・入組み傾向にあった。それが別の意味で役立つのが治水の問題ではなかろうか。岡崎にも挙母にも「隠岐堤」が築造されていた。

矢作川築堤

明和五年（一七六八）頃成立の「土呂山畠今昔実録」は矢作川の治水工事について、田中吉政の関与を指摘している。年代に誤りはあるものの、大要はそのとおりであろう。

矢作川住者ハ堤ナシ、水除ケ斗ニテ常水流ル、十雨満水之節ハ川之東西一押シニ流落シ也、家康公岡崎御在城之節、堤御普請之思召有シト云、文禄四未年洪水損亡、依之《これにより》吉政入部、翌年未ノ年ヨリ東西ノ堤普請新ニ始シト、古老之申シ伝エナリ、

永禄三年（一五六〇）から天正十八年（一五九〇）までの三十年間、徳川家康は矢作川の中下部流域を支配下においていた。しかし家康による矢作川治水工事の記録や伝承は、これまでのところ一点も発見されていない。これは相次ぐ戦いのため治水にまでは手が及ばなかったためであろうが、家康が矢作川上流域を支配下に収めていなかったことにもよろう。上流域は高橋郡であり、永禄四年（一五六一）以来織田・豊臣の支配領城であった。矢作川の治水工事は家康の関東移封後に実施されていくことになる。

矢作川空撮
戦国時代から織豊期にかけて、矢作川上流には挙母（現豊田市）、中流には岡崎、下流には西尾にそれぞれ城が築かれ、西三河の物流の幹線として栄えた。写真は、現在の矢作橋周辺。

文禄三年（一五九四）正月七日、吉政は尾張・三河の河川の堤防建設を命ぜられた（『増補駒井日記』）。これは太閤秀吉の命令をうけて、関白秀次が命じたもので国中惣奉行は吉政のほか徳永寿昌、吉田好寛、原長頼。四人は尾張国中を分担して工事の監督にあたることとなり、吉政は丹羽・春日井、原は知多・海東・葉栗が担当であった。工事開始は正月十六日からと定められ、秀吉は五月には尾張に下向して堤防を見るとある。四月中・下旬にはほぼ完工した。

八日と九日、吉政は秀次から矢作川の堤防修築を命ぜられた。（表1―13・14）

一、三州矢作堤の儀に付き、田兵太ニ
　御朱印弐通下さるる安（案）
　三州矢作堤東通、山中在々、岡嶋より西おそね村を限り、蔵入分并びに諸給人知行所に寄らず、罷《まか》り出でつき立候様に申し付くべき也、
　　文三
　　　正月八日　御朱印
　　　　田中兵部大輔とのへ

　三州矢作川西の堤、あ（ぬ）かた郡の内、蔵入分并びに諸給人知行所為《た》ると雖も、堺川を限り、罷り出でつき立候様ニ申し付くべき也、
　　文三
　　　正月九日　御朱印
　　　　田中兵部大輔とのへ

矢作川の東側の堤防築造に関しては山中在々（額田郡山間部か）の村々、幡豆郡の岡嶋（西尾市）から西はおそね村（所在不明）の間の村々、西側の堤防については額田郡の堺川（地理的条件を考えれば、これは碧海郡を間違えたものであろう）までの村々は、蔵入分か給人知行所かを問わず、すべて人夫を出して築堤に参加するよう申し付けよ、と吉政は命じられたのである。矢作川の工事開始も尾張とほぼ同時期で、同時併行で進行したのではなかろうか。

工事人夫は、西三河南部の田中領、秀次家臣給地、秀次蔵入の村々から動員された。尾張の定めにならえば、百姓には一日に飯米五合が支給された。また一人につき鋤か鍬一丁、二人宛に

矢作川河床の井戸
岡崎市西蔵前町先の矢作川河床では埋没林とともに中世の井戸が発見され、現在の河床がかつては人の居住域だったことが知られる。

もっこ一丁（横二尺・長さ三尺）、家十軒ごとに桶一・鎌一、十軒より少ない村では桶一の道具持参の定めがあった。

　この時の矢作川治水の詳細は伝わっていないが、基本は、網状に広がっていた河道の一本化と洪水防止の築堤であろう。その際、場所によっては川筋の変更が行われた。岡崎市岩津町から高橋町地先までの十数キロの河床中で六基の井戸跡が発見されている。河川改修によって、旧来の集落の強制立退きが行われた何よりの証拠である。

隠岐堤と矢作橋架橋

　田中吉政が総責任者であったにもかかわらず、矢作川の堤防と吉政の関係についての伝承は、前出の「石川正西見聞集」くらいで、田中堤とか兵部堤とかは見られない。それにたいし、「清水氏家伝」が、原長頼が岡崎城代であった頃、「矢作ヨリ下青野迄、藤井・木戸村ハ川替る、右川通ニ柳を植候由、此故ニ堤ノ字ヲ隠岐堤トハ云ナリ」とし、「岡崎東泉記」が「天白ノ堤ト云有リ、之ハ原隠岐守ト云者岡崎ニ有る時、築かれ候由申し候」とするのは何故であろうか。おそらくは文禄三年（一五九四）の堤防がその後の洪水で損害をうけ、原長頼を総責任者とする補修工事が行われたためであろう。長頼の慶長二年（一五九七）掟の第二条に、次のようにある。

一、来共（春カ）は、堤丈夫ニ申付つかすへく候間、他郷より相《あい》越し候者共をはめし寄セ置くべく候、然《しか》る上は、居屋敷壱ケ所宛遣わし候、其上一切成らざる者ニハ、作食少宛《ずつ》遣わすべく候、相越す者ニハ、三ケ年之間諸役令免許の事（後略）

　慶長三年の堤防工事の実状は不明であるが、隠岐堤は岡崎周辺にかぎらなかった。矢作川改修をめぐる矢作川右岸の挙母・梅坪両村と左岸寺部村の天和年間（一六八一～八四）の争論文書中に、右岸側は「隠岐堤」を改修して新しい堤防（曲尺手堤）を築いたという寺部村の主張がある。したがって矢作川中下流の全域で工事が再度行われたのであろう。近世前期の挙母下町の三宅氏陣屋（桜城）は、隠岐堤によっ

現在の矢作橋
秀吉と蜂須賀小六の出会いの場という話はあまりにも有名。その当時は橋はなく、架橋は吉政の岡崎城主時代に準備が始まり、慶長5・6年（1600・1601）頃に完成したという。

て矢作川の分流が廃されて、右岸の連続堤防である隠岐堤が完成してはじめて建造しえたのである。原長頼の金谷城は、南方台地上にある中世以来の城館であった。

　矢作川築堤は水害防止と耕地増加を目指したものであったが、岡崎周辺では十分な成果があがらなかった。当時の矢作川下流部は現矢作古川～弓取川を流路としたため、川幅が狭く、大水になると二里上流の矢作まで水が逆流して堤防が決壊したという（『百姓伝記』）。徳川政権による矢作新川開削によって、ようやく水はけが良くなるのである。

　堤防築造によって可能性が出現したのは矢作川の架橋である。慶長三年（一五九八）十月九日の田中吉政宛の牧野康成書状（表1―26）に、吉政は橋普請を仰せ付けられたことを聞き、家康も当然の事と申しているとある。矢作橋の完成は慶長五年とも六年ともいわれているが、すでにこの段階から準備がはじまっていたのである。秀吉はこの年八月十八日に没しているが、豊臣政権の意志としての架橋命令であろう。

吉政と家康

　秀次付き年寄として、朝鮮出兵中も京都にあって秀次を補佐した田中吉政以下池田照政・堀尾吉晴・山内一豊・中村一氏は、秀次没落に際して特に咎められることはなかった。彼らはともに旧家康領国に所領を得たのであるが、関ヶ原合戦時にはそろって東軍に属した。その選択にあたって、家康が十年間東海道を、したがって旧領国の地を通って江戸と京・大坂を往来していたことは、何の意味ももたなかったであろうか。田中吉政の場合、家康の故地岡崎に在城したことは、家康との関係で微妙なものがあったようである。

　天正十八年（一五九〇）十月、吉政家臣三田村直清は、念誓の屋敷二反八歩は除地とする旨を岡崎城下の須郷（菅生）の町中に伝えた（表1―3文書）。この屋敷はかって家康から与えられたもので、同じく家康から与えられた額田郡土呂の町屋敷三畝については、文禄四年（一五九五）になってから、天正十八年にさかのぼって除地とされた（表1―7文書）。念誓は俗名松平清蔵親宅。家康長子信康に仕えたが、その悪業を諫めて致仕し、出家して念誓を名乗った。家康領国時代には「三河目代」とか「三河代官」とか称され、家康蔵入地から年貢や棟別銭の徴収に従事し、関東移封時には従わなかった。このような念誓が、随時岡崎や三河の状況を家康側近に通報していたらしい。矢作橋の件も念誓から牧野康成に伝えられ、康成から家康の意向が、他の情報類とともに吉政に伝えられていた。家康故地を媒介して交された情報の一端が顔を出している。

81　伏見城図（部分）　西尾市岩瀬文庫蔵

カラー図版104ページの伏見城図について、大名屋敷部分を拡大したもの。田中吉政（田中筑後守）屋敷は城の近くにあり（「田中筑後守」と表示。2ヶ所）、同じく城周辺にあった徳川家康との行き来は頻繁に行われたであろう。

慶長五年（一六〇〇）八月八日、浜松の前城主堀尾吉晴は、吉政の長男民部少輔吉次に書状を送り、岡崎で宮川佐渡守に世話になった礼を述べ、「疵の事苦からず」を伝えた（表1—39文書）。吉晴は七月十九日、地鯉鮒の宿舎で刈谷城主水野忠重、美濃加賀野井城主加賀野井秀望と酒食を共にした。その席で秀望が忠重を殺害し、吉晴を負傷させて、本人は死んだという事件がおこった。詳細については諸書の伝えが相違して定めにくい。負傷した吉晴は隠居所の越前府中へ行く途中であったが、急遽子忠氏の浜松城へ帰った。後世加賀野井騒動と称された事件の唯一の同時代史料である。

東下する家康を吉次は七月二十一日に佐久島で饗応した。その事にふれた礼状が石川康通書状（表1—29文書）である。会津攻めから関ケ原合戦にいたる間の慌しさの一端が伝わってくるところである。

三河時代——城下町の建設

堀江 登志実

ここでは三河時代の吉政の城下町建設について、岡崎と西尾の事例を通してみてみよう。

さらに、城下町建設とも関連するが、吉政による寺社領没収の問題を併せて記したい。

岡崎城の拡張と城下町建設

田中吉政は岡崎城主として近世岡崎城郭の原形をつくりあげたことで知られる。城郭の拡張、城下町造成、東海道の城下への導きなどにより岡崎城下繁栄の基礎を築いたのである。

岡崎に入部した吉政にとって五万石の大名として家臣団を居住・生活させるため屋敷が必要であり、そのためにまず城郭拡張と城下町建設が実施された。

近世の地誌類では吉政の城郭建設について、「慶長（天正の誤記）十九年辛卯《かのとう》春大ニ城郭ヲ啓ク、新ニ矢倉城門ヲ営ミ、数仭《じん》ノ堀ヲ鑿リ、数間ノ土居ヲ築キ、當城ノ堅美往昔ニ踰エタリ」（「岡崎歴代記」）、「同（天正）十九年三月、御城之西沼田を埋め候て町家と成る、田町是なり、東西総堀出来る、并に矢倉門修復」（「岡崎雑記」）、のように、城郭拡張、惣堀（惣構）、矢倉門築造を伝えている。

また、地誌には伝えられていないが、天守台造営も吉政が行ったのではないかと最近考えられるようになっている。（コラム「田中吉政と石工集団」参照）。吉政とともに東海道沿いに配された豊臣大名である池田輝政の吉田城、堀尾吉晴の浜松城、山内一豊の掛川城などでも天守造営が指摘されている。とくに、東三河の吉田城では、池田輝政により城の拡張と城下町の大規模な整備が行われ、本丸天守造営の意図があったことが発掘調査で確認されている（『吉田城いまむかし』）。これらの、同時代の状況をみれば吉政による天守造営の可能性は高い。

吉政が入部した当時の岡崎城は、惣構はなく、のちの本多康重によって築造される城東の馬出、大林寺南の堀もない。白山曲輪も本多康重代に沼だったのを埋めて曲輪にしている所である。稗田曲輪も白山曲輪との関係からすると、吉政入部時にはなかったと思われる。すると、入部当時の岡崎城は、本丸・二の丸・坂谷・東の丸程度となり、三の丸・浄瑠璃曲輪を含めると、城郭内外の明確な区分が見られないことになるが、たぶん沼地・沢など自然地形を利用して城の外周防備をしていたのであろう。（85ページ図参照）。吉政は、この城郭の廻りに侍屋敷と町家を配し、それを惣構（惣堀）で囲むことにより城

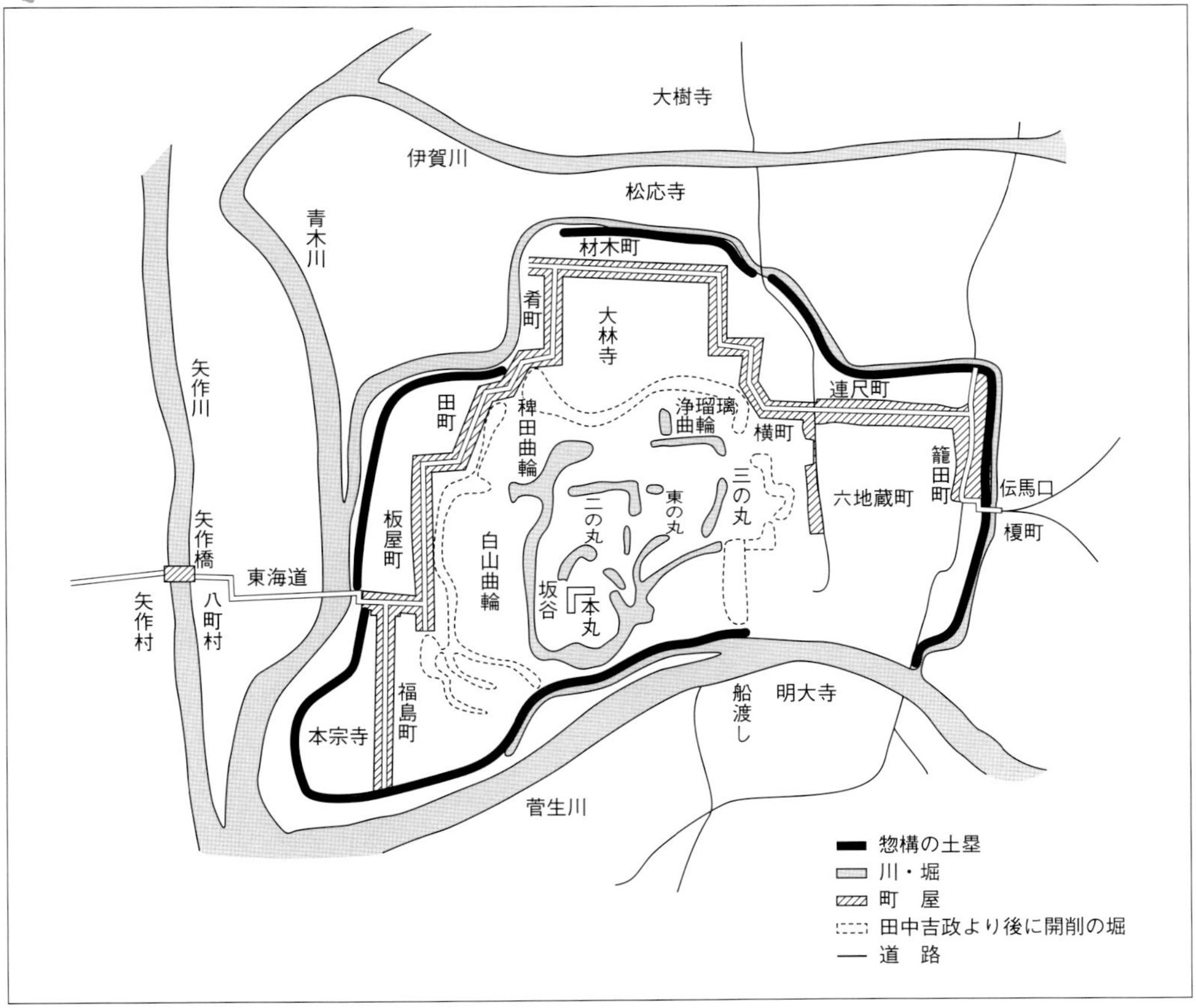

田中時代の岡崎城下

の内外を区分したのである。

城下町の建設については、「岡崎領主古記」など近世地誌類は、そろって天正十九年（一五九一）三月に吉政が城西の沼田を埋めて町屋を造り、田町《たまち》としたことを伝える。『岡崎市史』第三巻によれば、材木町にあった天神山を開き、その土で城西の沼地を埋め、伐りだした材木で町屋をつくったのが田町・板屋《いたや》町のはじまりという。また、材木町は吉政が町家を建てる材木を伐りだした所より呼ばれた名称とも、天神山の材木を伐りだして積み置たるより付けられた名ともいう。『参河名勝志』には、岡崎の地は、往古は稲前《いなさき》神社の社地にして巨大の樹木林をなしていたが、樹木は悉く伐りはらい、匠の手を経て売り払ったところが、材木町、板屋町であるという。

これらの新しい町へは中世都市矢作宿を構成していた八町村《はっちょうむら》などから商人を移住させたとされる。

吉政以前の岡崎城下には連尺町、六地蔵町が城東にあったとみられている。なかでも連尺町は、家康出陣のときに菅生《すごう》口御門堅めを連尺町八人のものに仰せつけられて以降、諸役免許の

本宗寺　岡崎市美合町平地所在

特権を得た町であったという。連尺町はのちの江戸時代には町年寄を出すなど、城下町政の中心的役割をなしてゆく町である。六地蔵《ろくじぞう》町は菅生川舟運と街道との物流に関わる町であったとみられる。

吉政はこれらの旧来の城東の町に新しく造成した城西の町を繋げることにより、城を取り巻く一大城下町をつくりあげたのである。なお、これらの城と城下町建設のなかで、城域に古来より位置した稲前神社、総持尼寺《そうじにじ》、萬徳《まんとく》寺《じ》などの寺社が移転・領地没収を受けた。このことは、吉政の寺社政策とも関連しており後述する。

さらに、吉政は城と城下町を囲む惣《そう》構《がまえ》を構築した。惣構というのは城郭と城下町をとり囲む堀・土塁である。吉政が築いたとされる惣構は、北から東にかけては堀を掘削して土塁を巡らし、西から南は河川を堀として利用して土塁を築いたものと見られる。惣構の区域は、東西約一・五キロメートル、南北約一キロメートルに及ぶ。また、北から西にかけての惣構をなす惣堀は築造者吉政にちなんで、「田中堀」と呼ばれ、吉政の時代は空堀であったが、十七世紀半ばの水野時代からは水堀となる。また、惣堀の幅は、籠田惣門《かごたそうもん》の惣門橋が長さ三間とあるので、約六メートル程度とみられる。

城と城下町を囲繞《いじょう》する惣構にはどんな意味があったのであろうか。城下町の惣構に関する研究のなかには、軍事的な防衛上の意味とともに、都市の特権区域を示すものであるとの考えがある。新しく造成された城下町への商人移住を図る上で諸役免除、地子免除、伝馬役免除など特権を有する町区域の確定が必要であり、吉政の惣構の設定もこの特権を有する町区域の確定にあったとみたい。吉政の時代まで、伝馬役を負担した榎町《えのきまち》（現在の岡崎市祐《ゆう》金《きん》町あたり）、八町村はいずれも惣構の外側に位置し、のち伝馬役を負担する伝馬町が惣構外に設定されるのも、惣構の内と外の違いに基づくものであろう。

さらに、吉政は惣構内の町屋部分に東海道を通すことを行った。それまでの東海道は、「龍城中岡崎中分間記」に「此の時鎌倉道替る、藤川・浜松より是迄ハ明大寺より渡里村の上へ通ル」とあるように、菅生川南の明大寺を通っていたようで、それを城下に導き入れたわけである。

この惣構と東海道の関係、とくに惣構の内に街道を通すという城と街道の構図は、当時、東海道沿いの豊臣大名の城では山内一豊の掛川城に例がある。惣構の内側に東海道を通すことは、城郭の軍事面から防衛策を必要とする面はあるが、有事の際に出入口を閉鎖することにより通行規制を行い、関所的

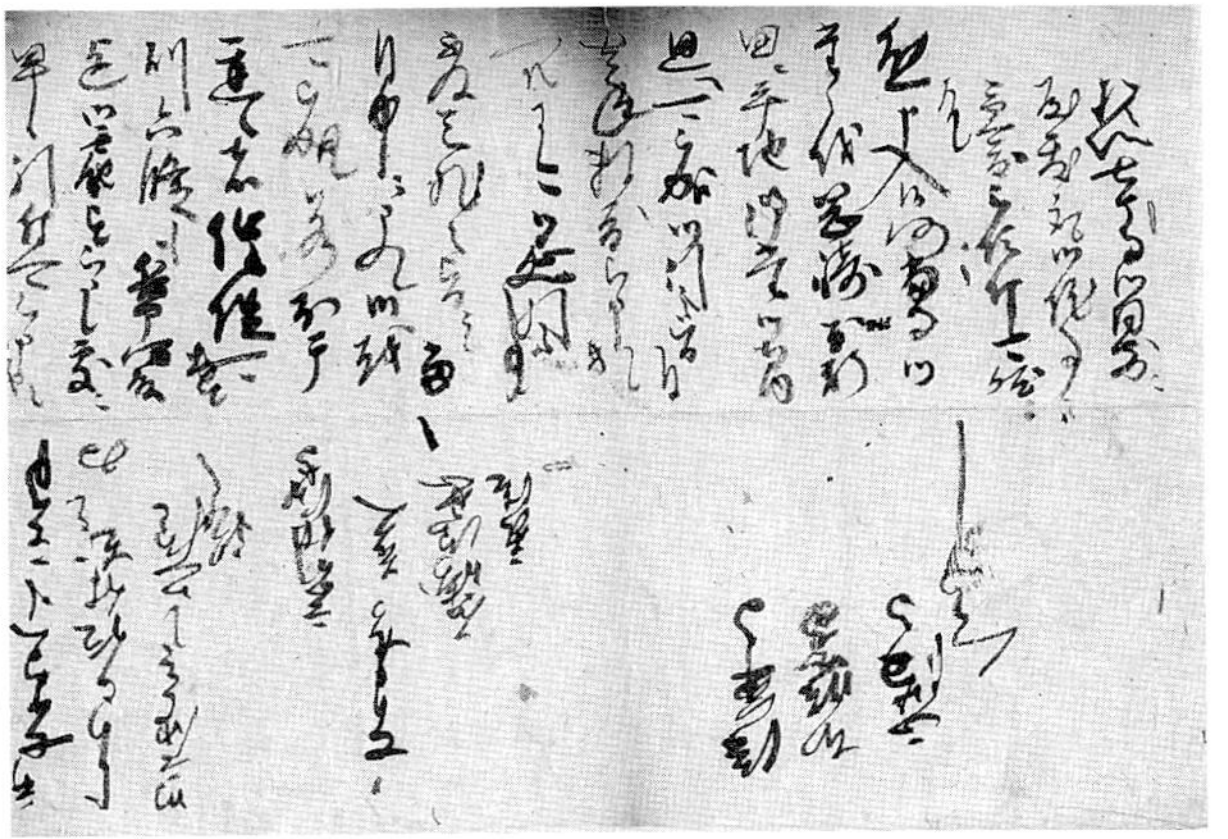

56　石崎秀清・宮川吉久連署状案　上宮寺蔵
田中吉政家臣の石崎・宮川両氏が、真宗寺院の三河三ヶ寺（上宮寺・勝鬘寺・本證寺）に対して、岡崎城下の本宗寺寺内廻りへの移転を催促したもの。当時、福嶋の本宗寺周辺は埋め立てにより造成された新田であった。移転は天正19年（1591）以来数度の要請にもかかわらず、寺側の抵抗により延引していたようである。

な機能をはたすことも可能となる。実際、関ヶ原合戦を前に岡崎城下道通行の規制に言及した資料がある（色川三郎兵衛氏所蔵文書）。東海道の城下引き入れは、結果的には江戸時代の岡崎城下町の経済的繁栄をもたらすことになる。

吉政の城下町建設では、城と街道・河川との関係が重視され、流通・交通を意識した城郭建設が進められた。城を武士と町人の居住する支配の拠点であるだけなく、町に街道を引き入れることにより、物流・交通の拠点とすることを意図したのである。吉政により矢作橋架橋が構想されたのもこの理由による。吉政の時代、城は戦いのみならず、生活・経済の拠点にもなるのである。

本宗寺と寺町構想

岡崎の城と城下町整備のなかで、吉政が意図したものに本宗寺《ほんしゅうじ》を中心として三河の主な真宗寺院を城下の一角に集める寺町構想があった。本宗寺は本願寺の一家衆寺院《いっけしゅうじいん》で、もとは土呂《とろ》（岡崎市福岡町）の地で寺内町を形成し、三河一向一揆では一揆方の拠点であった。家康により破壊されたが、天正十三年（一五八五）、馬頭野《ばとうの》（平地《ひらち》）（現岡崎市美合町）に復興された。この本宗寺を吉政は、天正十九年（一五九一）、城下繁栄のために、福嶋と呼ばれた岡崎城下の一角に移転させた。福嶋は吉政が沼地を埋め立てて造成した田町・板屋町の南部で、菅生川・伊賀川に挟まれた島状の地であった。田町造成にあわせるかのように、天正十九年三月十日吉政は福嶋本宗寺宛てに、①福嶋寺内の儀は、前々平地のとおり、②平地の屋敷跡は家康判物のとおり異儀はない、③福嶋へ移った旧平地居住者の他所移住禁止、の三か条の掟書を出し、福嶋本宗寺に保護を与えた。

さらに、吉政はこの福嶋の本宗寺寺内廻りに、真宗寺院である上宮寺《じょうぐうじ》・勝鬘寺《しょうまんじ》・本證寺《ほんしょうじ》のほか、青野《あおの》慈光《じこう》寺《じ》・中之郷《なかのごう》浄妙寺《じょうみょうじ》・長瀬《ながせ》願照寺《がんしょうじ》・平《へい》坂《さか》無量寿寺《むりょうじゅじ》の三河七ヶ寺と呼ばれている諸寺院を移転させようとした。その地は、福嶋の周りを埋め立てた「岡崎新田」と呼ばれた地であった。

吉政は天正二十年三月十八日、本宗寺同宿中に宛て、①諸役免許、②寺内で法度に背いたものの処罰、③旧平地居住町人で岡崎新田へ移住した者の他所移住禁止、以上三か条の岡崎新田寺内掟を出している。新田寺内居住者に保護を与えて、上宮寺など三河七ヶ寺の移転を促したものとみられる。

吉政の目的は、本宗寺を核にしながら、その廻りに三河七ヶ寺の真宗寺院を配する一大寺町をつくり、さらにそこに商人を移住させて寺内町をつくることにあったようである。

寺内町のもつ活力を城下町繁栄に利用するためである。この吉政の政策で思い浮かぶのが、豊臣秀吉による大坂城北側への本願寺移転である。秀吉は天正十三年（一五八五）、大坂城惣構の外側、淀川を挟んで北側の天満《てんま》の地に寺地を与え本願寺の再建と寺内形成を許可している。一時、大坂から退去し紀伊鷺森《さぎのもり》、和泉貝塚に移転した本願寺であったが、依然として多くの新興商工業者や農民に支持を得ており、秀吉はその本願寺勢力を味方に付けることで、地域の安定を確保することをねらったのである。

以上のように、秀吉と吉政には政策面での共通点があるわけであるが、福嶋の地が河川から城郭を守備するところに位置するという点にも注目したい。秀吉は、天正十九年（一五九一）閏正月から京都の町に御土居を構築し京都改造を行うが、御土居に沿うように鴨川の西岸の南北に細長く市中の寺院を強制移転させて寺町を作った。この寺町は、軍事的な防衛線であるとともに鴨川の河川氾濫から市街地を守る堤防の役割を御土居とともに課せられていたとみられる。水害を受けやすい福嶋における寺町形成には、秀吉と軌を一にする吉政の意図があったにちがいない。

しかし、吉政の政策は、本宗寺は移転したものの、上宮寺などの三河三ヶ寺が岡崎新田への移転には反対し、思うようには進まなかったようである。石崎秀清・宮川吉久連署状案（「上宮寺文書」87ページ参照）によると、去年より数度にわたる催促にもかかわらず新田への移転は延引し、天正二十年七月二十日段階でも移転に応じていなかったことが知られる。

七ヶ寺移転は、結果実施されなかったようであるが、本願寺坊官下間頼龍

教如像　勝鬘寺蔵

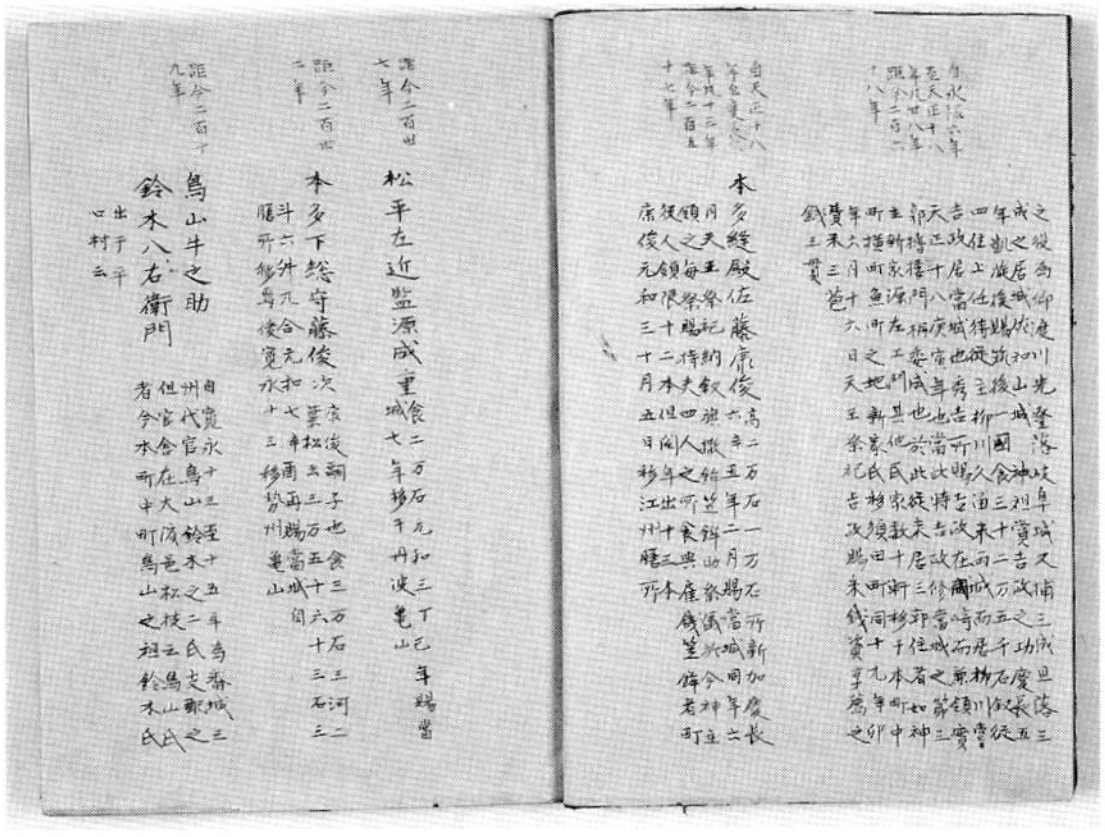

61　鶴城紀　西尾市岩瀬文庫蔵
西尾城主の歴代ごとに治績を記したもので、天正18年（1590）、吉政による西尾城三の郭・櫓・楼門・柵の構築を記す。従来から三の郭の場所に住んでいた新家源左衛門など数十軒は、本町・中町・横町・魚町・須田町の地に移住したと伝える。

下向に際し、上宮寺など三ヶ寺が新田・池鯉鮒《ちりゅう》での賄いを行うとしているので（文禄二年閏九月二十五日付、三ヶ寺連署書状案「上宮寺文書」）、岡崎新田の地に本宗寺への出仕の掛所《かけしょ》が設けられたと見られる。

当初、三河七ヵ寺が福嶋本宗寺廻りの地への移転に抵抗した理由には、石山以来の本願寺内部における対立に起因する要因があるとみられる。とくに、文禄元年（一五九二）に顕如《けんにょ》が没すると、長男教如《きょうにょ》が跡を継いだが、翌年秀吉の命令で退き、三男准如がこれにかわったものの、教如が活動を続けたので、門末も分裂傾向を示した。三河の地では、上宮寺など三ヶ寺が教如を支持し、本願寺一家衆寺院である本宗寺は秀吉が推す准如を支持するという対立構図を生んだ。慶長二年（一五九七）八月、教如の下向に三ヶ寺では下坊主に連名誓書を出させて、福嶋本宗寺への参詣を制止している。

その後、本宗寺は慶長三年には碧海郡鷲塚《わしづか》村（碧南市）へ、慶長四年には矢作《やはぎ》郷西瓦（西河原）、さらに慶長五年には平地へと移転する（『岡崎市史』第七巻）。慶長三年移転となった理由は定かでないが、同年家康上洛の際、本宗寺の洪鐘の音が城中へ響き、時の鐘と混じるというので替地を命じられ、鷲塚に移り、この時、善宗寺（善秀寺）と改めるように命じられたという。しかし、あまりにも辺鄙なのと末山門徒のなげき、吉政の招きにより西瓦に本院を建立したという。

慶長四年（一五九九）十一月二十九日に出された吉政の掟書によれば、鷲塚から西瓦に移転した本宗寺に対して、吉政は法度を出し、鷲塚の時と同様諸役等免除、家中の者どもを門徒に申し付る旨を示した。西瓦の地については、現在の矢作町西河原とみられるが、はっきりとしたことは不明である。

西尾城と城下町整備

田中吉政は岡崎城主とともに西尾城主も兼帯し、西尾城では三の丸を増築し、従来三の丸にあった町屋を移転させたという。西尾城は古くは西条吉良《きら》氏の居城で、永禄四年（一五六一）家康の吉良攻めにより家康の領有となり、家臣の酒井政家（正親）が城主として入る。その後、天正十三年（一五八五）に秀吉との対立が深刻化するなかで、岡崎城とともに西尾城も改修が徳川氏により行われた（『家忠日記』）。この改修により西尾城が近世城郭としての形を整えるとされるが（『愛知県中世城館跡調査報告書』）、本格的な修築は吉政時代をまたねばならないものとみられる。

『西尾町史』では「吉政の西尾城を領するや、工を起して三之丸を増築し、繞らすに塹壘《ざんるい》を以てし、中町口・本町口に楼門を建てたり。而《しか》して彼は岡崎城に居りて、重臣宮川宮内をして西尾城を守らしめ、後長子民部少輔長顕に一万石を分与して宮内に代らしめたり」という。西尾城代の宮川、民部少輔長顕の件はさておき、吉政が三の丸を修築したことは確かなようである。

吉政により作られたとされる三の丸にあった大手門は出枡形の形態をとり、出枡形は当時の大坂城本丸桜門に採用された最新鋭の縄張りであり、出撃の大手口として格式のあるものとされる（『愛知県中世城館跡調査報告書』）「鶴城紀」では、「田中兵部太輔 橘《たちばなの》 吉政朝臣、嘗《かつ》て吉政当城に居す也、秀吉に賜る所、吉政岡崎に在て兼領す、実に天正十八年庚寅年也、此の時吉政当城の第三郭を修す、櫓門柵委（悉）成也、是に於いて従来三郭に居す者、神主新家源左衛門の如く、其の他民家数十軒、本町・中町・横町・魚町の地に移る云々」とあり、三の丸修築による町屋の移転を伝えている。三の丸の地にあった町屋を三の丸の外側に出したのであろう。これにより本町、中町、横町、肴町などが形成され、古くからの町屋である須田町とが結ばれ、主要な通りが体裁を整えたものとみられる。

岡崎城と同様、吉政による西尾城整備のなかで移転・没収となった寺社がある。浄賢寺は吉政の城郭拡張の際に須田町の現在地に移り、城前の石原にあった厳西寺は今川村に移ったという（『西尾町史』）。御剱《みつるぎ》八幡宮は、「豊公の時に縄を入れ、田間の広狭を正し、八幡宮の供料六百石、此時没失す、六院の社僧も大判亡失せり」（「西尾城主代代由来書」『西尾町史』）とあり、社領没収を伝えている。鶴ヶ崎天満宮、西尾城天満宮でも、天正十八年岡崎城主田中吉政西尾城兼領の際の社領没収を伝えている。

吉政による西尾城の三の丸修築、町屋・寺社の移転に関する一連の記述のなかで、問題となる点は、これらを天正十八年からとしていることである。『寛政重修諸家譜』の記述によれば、「文禄四年八月八日同国（三河）西城および尾張国智多郡のうち三萬石をあづけられ、その、ち加増ありて八萬五千七百石余を領す」とあるから、吉政が西城と呼ばれた西尾一帯と関係をもつようになるのは、豊臣秀次事件のあとの文禄四年（一五九五）八月からのはずである。

天正十八年徳川家康の関東移封により、家康家臣団もそれに従い三河を去るが、西尾を領していた酒井重忠も関東に移る。三河は豊臣秀吉の領国となり、東三河四郡全域と額田郡の一部が池田輝政に、矢作川以東の加茂郡東部と額田郡が田中吉政に、加茂郡西部や碧海郡など矢作川以西の地（高橋郡）は尾張の豊臣秀次領に組み入れられ、残りの幡豆《はず》郡などには太閤蔵入地が設けられたとされる（『愛知県の歴史』）。天正十八年十月二十日付秀吉朱印状（大阪・丸山家蔵）は、幡豆郡東条の内一万石余を秀吉蔵入地として、木全又左衛門・滝川彦次郎に管轄することを命じたものであるが、西尾城を含む

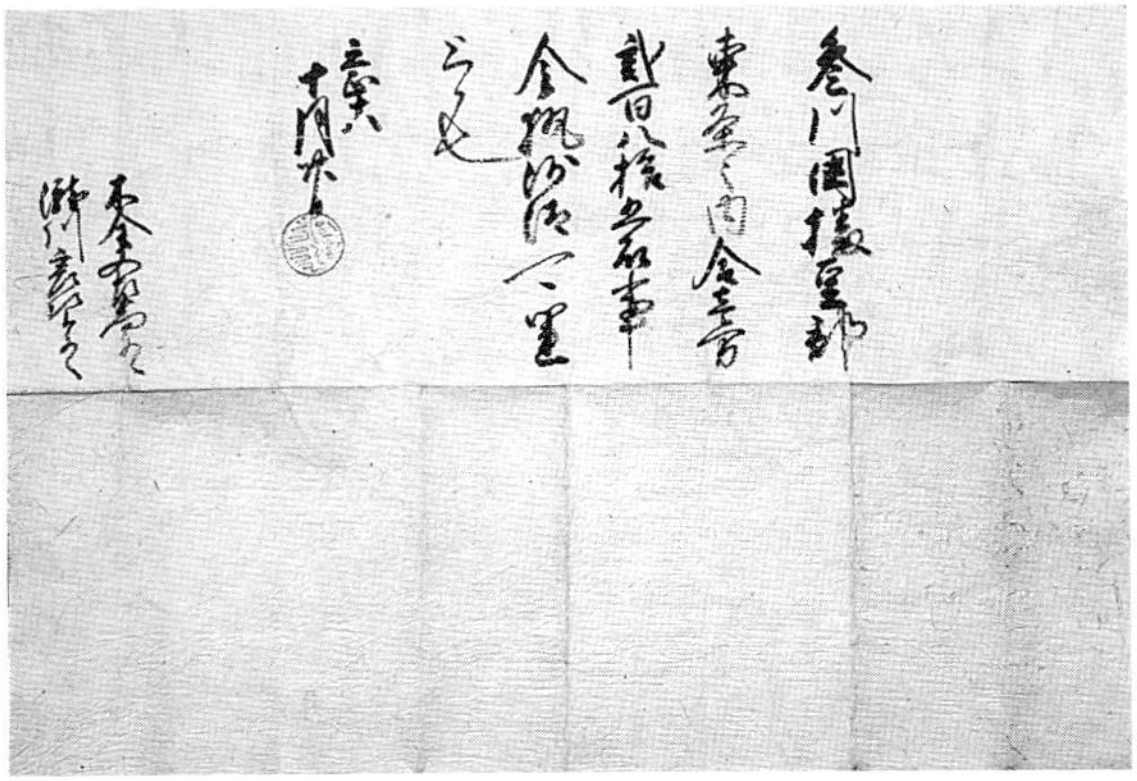

66　豊臣秀吉朱印状
木全又左衛門尉・滝川彦次郎宛　丸山家蔵
小田原陣後、三河国には秀吉部将の田中吉政、池田輝政が大名として封ぜられたが、秀吉の蔵入地も設けられた。本書は尾張衆の一人である滝川彦次郎（のちの忠征）とその父に対し、三河国幡豆郡東条地内１万石余の秀吉蔵入地を代官として所務することを命じたもの。

幡豆郡西城の地も秀吉蔵入地となった可能性がある。たぶん、秀吉蔵入地として文禄四年八月、吉政に預けられるまで存続し、その間、吉政が代官として管理していたのであろう。そのために、天正十八年まで遡り吉政の事績が伝えられることになったのではないか。

吉政は文禄五年閏七月二八日、石崎源五・坂本彦右衛門に幡豆郡六ヶ村（市子《いちご》村・逆川《さかさがわ》・寄住《よりすみ》村・矢曽根《やそね》村・熱池《にいけ》村・西尾町）二四三一石余の代官を申しつけている（中川家文書）が、そのなかで留意すべき点は、西尾町の石高として九三一石余が表記されていることである。西尾町のこの石高数値は、寛永高附の一六二六石余、「天保郷帳」の一六七一石余、など江戸時代の石高と比較すると約六割近い数値である。文禄五年では、まだ造成されつつある段階と考えられるが、すでに江戸期西尾城下町の半分以上が形成されていたとみられる。

吉政領国においては、岡崎城と西尾城が二大拠点となる。『藩翰譜』には「此時西尾の城修し築き、子息式部少輔長顕五萬石わかちて守らしむと云ふ」とあり、西尾城は吉政嫡男長顕（吉次）をして守らしめたとある。吉政の領国支配における西尾城の位置づけについては今後の課題であるが、海上交通へのアクセスの利便性をみるならば、文禄四年の加増により西尾城を吉政が得た意味は大きいものがあったといえよう。

寺社領の没収

岡崎の寺社のなかには田中吉政により領地を没収されたと伝える寺社が多い。なかには吉政により破壊される寺社もあった。この寺社弾圧ともいうべき政策ゆえ、岡崎において吉政は悪者扱いをされている。

吉政による寺社領没収伝承をどのようにとらえるのかは難しい問題である。これを旧領主であった徳川氏のもとで庇護を受けた寺社への弾圧策、徳川色の払拭と単純にとらえることはできないだろう。そのことは、寺社領没収が、大樹寺《だいじゅじ》・信光明寺《しんこうみょうじ》など徳川氏ゆかりの寺社では伝えられていないことをみてもわかる。「寺社領ハ此代ニ多ク取上ケラレ候故、古証文紛失」（「龍城古伝記」）のように、寺社領没収は吉政領全体に及んだと考えるべきかもしれないが、領地没収伝承のない寺もあり判然としない。

寺社領没収の問題を、ここでは、一つは城郭拡張との関連、二つ目には吉政の寺社政策としてとらえてみよう。

吉政には五万石の知行高に匹敵する家臣団を抱え城下に集住させるための侍屋敷が必要であり、そのための城郭拡張・城下町建設が行われたが、その影響を受けたのが城内近辺に領地を有した寺社である。

材木町と連尺町の境あたりの「久後《くご》」と呼ばれた地には式内社の稲前《いなさき》神社があったが、同社は神領を取り上げられ、山を切り払い平地にして路がつくられたという。「三河聰視録」によると、吉政は城郭を広げるためにここの木を伐採し、住民を菅生川南に移し、その地を久後村と称したという。稲前神社は、一時菅生天王社に合祀されたといい、のち稲熊《いなぐま》の地に移される（「稲熊拝見」）。稲前神明社にて行われていた御火焼神事は吉政の天正十九年（一五九一）の本社破却のため、それより菅《すご》生《う》稲荷《いなり》大明神にて行ったといい、又慶長年中よりは天王社にて行うようになったという（「三河聰視録」）。

なお、能見《のみ》神明宮は、もとはこの久後の地にあった稲前神社の後身ともされ、吉政が稲前神社の社領を没収したので、現在地に再興したものであると伝えられる。天正二十年九月十八日に、吉政家臣の辻勘兵衛重勝が神官深見六蔵に能見村神明禰宜屋敷寄進状を出している。

城東の亀井戸《かめいど》と呼ばれた地にあった万徳寺は、「萬徳寺縁起」によると、吉政が同寺境内まで城郭を築かんとして縄張りしたとき、寺では高越後守《こうえちごのかみ》師《もろ》泰《やす》より寺領付属の寺なる由緒を述べたところ、吉政は怒って寺門を滅却し僧を追放したという。「堂宇を破却し剰へ大神君御所屬の圭田を執上け、暴行苛政謂んかたなし」と同縁起は吉政の寺社弾圧の苛政を伝える。

また、惣構内に広大な敷地を有した大林寺《だいりんじ》に対しては、惣構外側の明大《みょうだい》寺《じ》村の地に同寺を移転させようとしたという。大林寺旧記によると、大林寺を移転する期限前夜、吉政は城中に鐃鉢の響く音、僧衆読経の声に悩まされ、

稲前神社　岡崎市稲熊町所在

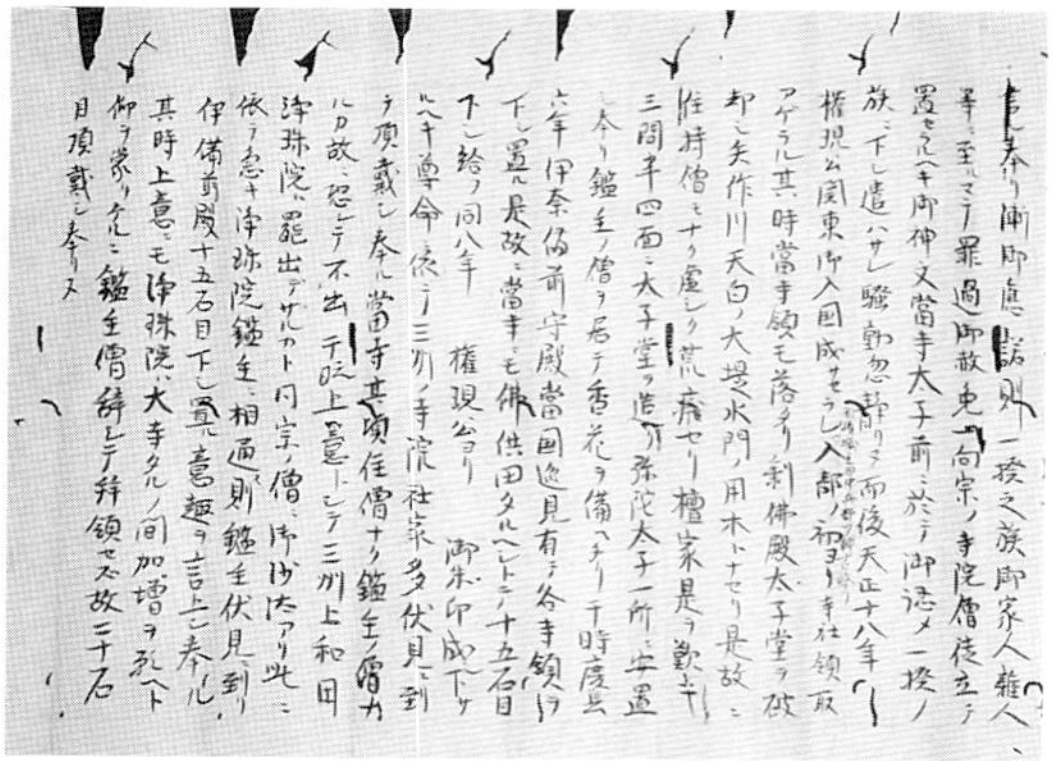

58　浄珠院縁起　浄珠院蔵

上和田の浄珠院では、田中吉政により寺領没収、さらに仏殿・太子堂を破却されたと伝える。仏殿・太子堂の材木は矢作川天白の大堤水門の用木となったという。浄珠院の建物が吉政により破壊行為を受ける理由は不明である。

寺の所替を思いとどまったという。このほか城東の地に位置した総持寺・宝福寺も寺領没収の伝承がある。

こうした城域拡張にともなう寺社の移転・領地没収は西尾城においても先述したようにみられるが、吉政の寺社領没収は岡崎・西尾の両城域にとどまっていない。

上和田村《かみわだむら》の浄珠院《じょうしゅいん》は「天正十八年権現公関東御入国成サセラレ、岡崎城主田中兵部少輔吉政ナリ、入部ノ初ヨリ寺社領取アゲラル、其時当寺領モ落タリ」（同寺縁起）、菅生村《すごうむら》の満性寺《まんしょうじ》は「天正十八年家康公関八州へ御国替、太閤之御代ニテ当城え田中兵部少輔吉政十三万石ニ而入部、此時領内寺社領悉く落候、当寺も無縁地と相成り、寺内除御座候処、」（「当寺記録」）、菅生村遊伝寺は「天正十八年神君様関東へ御入国遊され候節、太閤様御代にて岡崎の御城えは田中兵部少輔殿入部致され候、其の砌寺社領残らず三州の内落ち申し候、則ち遊伝寺も同断に候」（「菅生村遊伝寺由来記」）という。

これらの伝承によると、吉政の時にいずれにも寺社領が落ちる、すなわち没収されたことが強調される。なかには、領地没収だけでなく、寺社の破壊にまで及んだ例がある。

上和田の浄珠院では寺領没収の上、仏殿・太子堂を破却し、その材を矢作川天白の大堤水門の用木にしたという（同寺縁起）。森越《もりこし》の長瀬八幡宮では、当社を破壊し、その破壊した材木・石垣を岡崎城に利用したという（寛永十二年板倉内蔵助吉次の由緒書）。高隆寺《こうりゅうじ》では往古よりの守護不入の権利を理由に吉政の求めを拒否したために戦いとなり、寺僧龍達坊の活躍があったが防ぐことができずに、天正十九年（一五九一）正月十日、当山に火が放たれ堂塔坊舎が焼き払われたという。以後、十二坊は退転し観音堂一宇と一坊を残すのみとなったという（高隆寺縁起）。

この寺社の破壊の問題は別に考えなくてはならないが、寺社領没収というのは寺院の境内廻りを残して領地を没収するもので、寺社の存在を否定するものでないと考える。随念寺では、家康より寺領の寄進を受けた判物三通のうち、東三河・遠州内での領地寄進を受けた判物二通は吉政により没収されたが、境内廻りの寄進安堵状は没収されずに残ったという（「三州額田郡岡崎村菅生村随念寺由緒書」）。松応寺でも吉政判物（文禄四年十月十一日）では境内とその寺廻り合わせて三石八斗の領地寄進を受けているが、この数字はのちの慶長七年家康朱印状の百石と

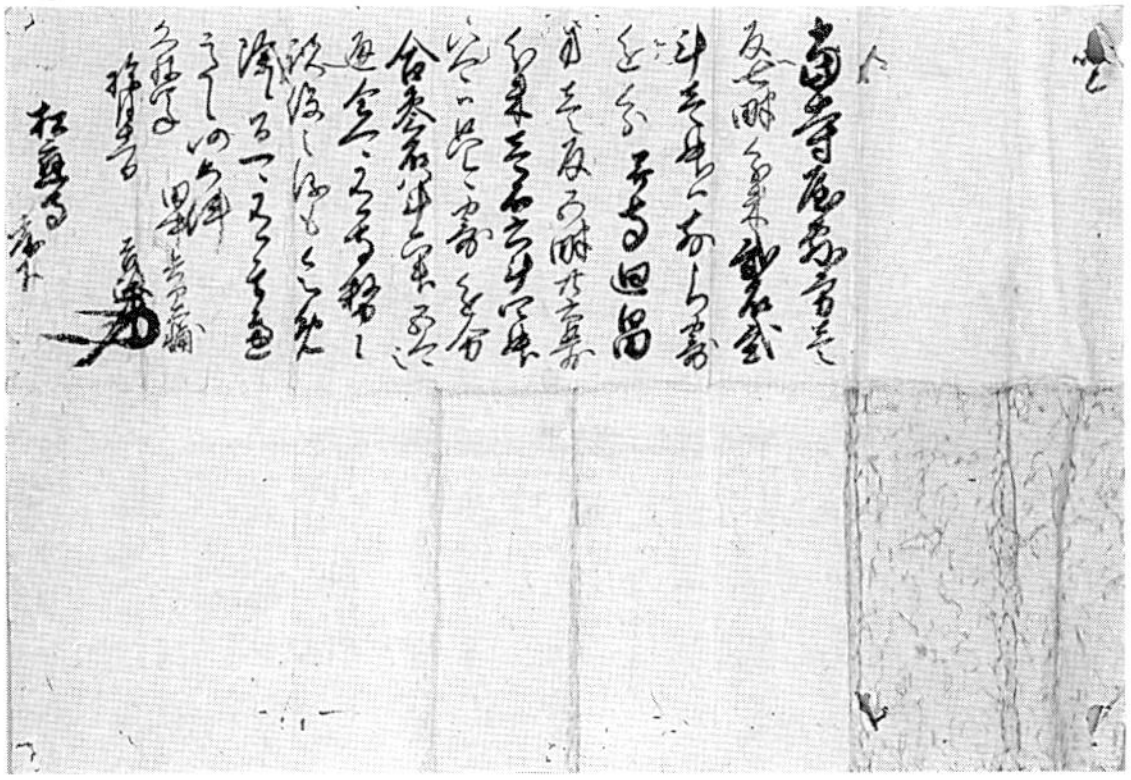

55　田中吉政判物　松応寺宛　松応寺蔵

吉政が松応寺（岡崎市松本町）に対して、以前寄進分の境内地に寺廻り畠を追加して寄進するとしたもの。松応寺は徳川家康により父広忠菩提のために創建された由緒ある寺院である。吉政が安堵した寺領３石余というのは、江戸時代の朱印高100石と比較すると極端に少なく、吉政による寺領没収の度合いが想像できる。

高隆寺　岡崎市高隆寺町所在

比較するとかなり少なく、吉政により没収領地の度合いが想像できる。

　経済的基盤である領地を削減され、衰退・退転となった寺社もあった。菅生の満性寺では、寺僧三珠坊以下五坊は方々へ散り、東泉坊・蓮珠坊二ヶ所のみ相続するという状況になったという。（満性寺文書「当寺記録」十三代寂如の項目）

　吉政による寺社領削減をどこまで吉政の政策として一般化できるかは、領地削減の伝承をもたない寺社もありなお検討を要するが、慶長六年（一六〇一）、吉政は入国した筑後においても、寺社への領地宛行において「田中高」とよばれるものを設定し、実質的な勘《かん》落《らく》を行ったことが報告されていることからすると（『豊臣政権の対外侵略と太閤検地』）、寺社政策としてある程度認めることができよう。

三河の寺社領安堵

　額田郡桑原村（岡崎市）龍渓院でも寺内廻りの一〇石程に寺領が減らされたようで、秀吉のもとに寺領高不足の不満を申し入れたようである。このことで、秀吉のもとの長束大蔵正家が、田中吉政家臣の石崎源丞秀清にその決定の内容を伝えた手紙がある（『新編岡崎市史』6「龍渓院文書」）。

　手紙は、天正十九年七月三日と推定されるもので、前年の秀吉奥羽仕置きの出陣の際に、「御朱印を成され候筋目」、すなわち秀吉朱印状を下付される寺格を以って、寺が秀吉に申し入れたことに対する返答であった。当時、長束は豊臣政権の蔵入・知行方の算用、財政面の担い手として活躍した人物であり、寺社領の確定にも携わっていた。

　手紙の内容は、長束が龍渓院領は一〇石程でご容赦を願うように田中吉政に申し入れたので、吉政から寺に仰せ入れるように指示するとともに、山林以下のことも従前のごとく、吉政の折り紙で安堵するように石崎に伝えたものである。このことは、吉政の寺社政策に対する豊臣政権の関与を示すものであるが、本来秀吉朱印状で安堵がなされるべき格式のある寺にも、吉政による判物で安堵するように指示されている点に注目したい。

　遠江・駿河のおもな寺社には、天正十八年十二月二十八日付で秀吉から寺社領安堵の朱印状が出されている（『静岡県史』資料編9近世一）。遠州浜松城主堀尾吉晴に宛てた長束正家・増田長盛連署状（天正十九年閏一月二日付、「鴨江寺文書」（前掲『静岡県史』）には、「仍て其の国寺社領の儀、家康御判形を以て寄附せらるる分は、今以て相違無く下さるべき旨、去年御馬を納めらるるの刻、駿府に於いて仰せ出ださるるに付いて、今度社人坊主衆罷り上り、御目見え仕り候処、家康判を以て当知行分下され候旨、御朱印成さ

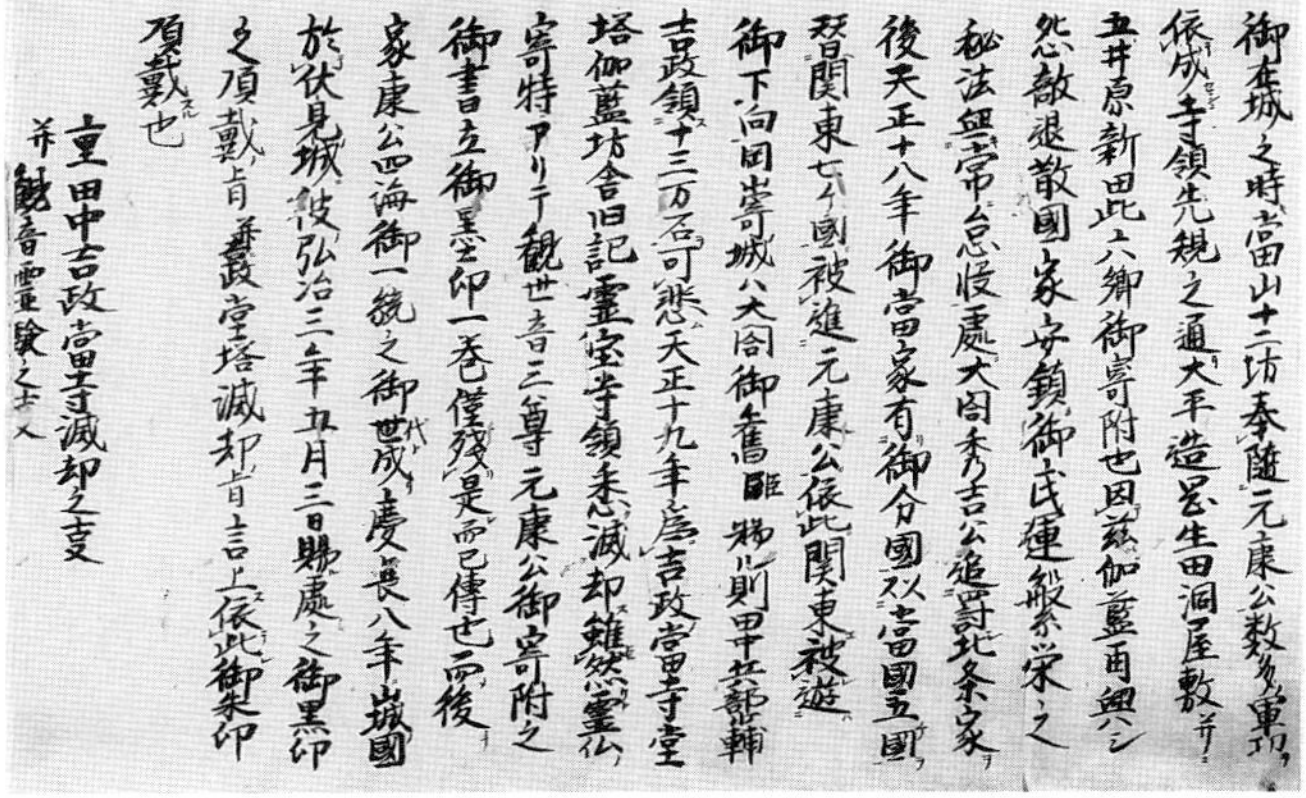
御在城之時当山十二坊奉随元康公数多軍功
依成寺領先規之通大平造岡生田洞屋敷并
五井原新田此六郷御寄附也因茲伽藍再興シ
怨敵退散国家安鎮御武運繁栄之
秘法無常怠慢処大閤秀吉公追討北条家
後天正十八年御当家有御分国以当国五国
替関東七ヶ国被進元康公依此関東被遊
御下向岡崎城ハ大閤御舊臣将ハ則田中兵部輔
吉政領十三万石可悲天正十九年為吉政当寺堂
塔伽藍坊舎旧記霊宝寺領悉滅却雖然霊仏
寄特アリテ観世音三尊元康公御寄附之
御書立御黒印一巻僅残是而已傳也而後
家康公四海御一統之御世成慶長八年城国
於伏見城被弘治三年五月三日賜処之御黒印
之頂戴旨并義堂塔滅却旨言上依此御朱印
頂戴也
右田中吉政当寺滅却之事
并観音霊験之

高隆寺縁起　高隆寺蔵
高隆寺は足利氏の保護を受けるなどした天台宗の古刹で、家康も弘治3年（1557）、太平・造岡・生田・洞屋敷・五井原・新田の地を同寺に安堵している。これらを田中吉政は没収したと見られる。高隆寺は、慶長8年（1603）、伏見で家康に吉政の破壊行為などを言上して、35石の朱印地を高隆寺村内にて得る。

れ候」とあり、秀吉が天正十八年奥羽仕置からの帰陣の節、駿府で示した朱印状下付の基準は、徳川氏領国時代に家康から受けた領地判物の有無であった。遠州鴨江寺・頭陀寺・大窪寺・安寧寺・中泉八幡・見付惣社などの寺社が、「尚以家康折紙これ在る分、寺社領下さるべきとの御意付て罷り上られたる事に候」とあるように、領地安堵の秀吉朱印状を求めて上洛したのである（天正十八年十二月二一日付「長束正家・増田長盛連署状」）。

龍渓院が秀吉に朱印状を求めた背景には、こうした遠江・駿河の寺社の動きがあるかもしれない。三河では秀吉により寺領安堵の朱印状を受けた例は、秀吉蔵入地内に位置したとみられる幡豆郡宝珠院宛の天正十九年十一月二十六日付の例をのぞき、他例をみない。家康判物を所持しながら、なぜ三河の諸寺社に秀吉朱印が出されなかったのか。三河の地域性とともに吉政など諸領主とのかねあいから考えねばならない。

三河で吉政により没収された寺社領が復活するのは、関ヶ原合戦後に家康が天下統一し支配権を及ぼすことになってからである。慶長六年（一六〇一）の伊奈備前守黒印状、さらに慶長七・八年の家康朱印状により多くの寺社領が安堵される。

家康の朱印状発給時に参考にされたのが、吉政以前に家康より出された領地判物であった。これらを根拠に慶長七年と八年には三河の寺社が伏見で朱印状拝領を願った。

高隆寺も慶長八年八月、三十五石の徳川家康朱印状を得るのであるが、朱印状拝領の時、その根拠として言上したことは、家康の寺領安堵状の存在とともに吉政による堂塔滅却のことであったという（高隆寺縁起）。衰退した寺社のなかには再興のために、吉政による寺社弾圧、寺領没収の苛政を強調したことは十分考えられる。破却にも及んだとされる寺社の存在を否定するような伝承には多分に誇張があると思われ、吉政の寺社に対する江戸時代の伝承は、この視点からも考えなおさなくてはならない。

コラム

田中吉政と石工集団

堀江登志実

岡崎城の天守閣は、元和三年（一六一七）、本多康紀《やすのり》が「修造」「再建」したものであることが、文献により伝えられているが、その天守閣を創建したのは田中吉政ではないかと現在考えられるようになっている。

岡崎城天守閣については、すでに藤岡通夫氏が昭和十七年（一九四三）、建築史の視点から元和天守閣が再建のものであるとの指摘をし、さらに天守台石垣の築き方が文禄以前の様式であることなどから、天守閣築造者を田中吉政と結論づけた。最近では城郭史研究の側からも、吉政による天守閣創建説が主張されている。同時期、東海道筋の豊臣系大名の城では、発掘調査により瓦の採用、石垣、天守の構築が確認されていることをみれば、田中による天守閣創設は十分考えられよう。

田中堀とよばれる惣堀や櫓門の建設とともに、天守閣構築も吉政により工事が行われたのであろう。天守を構築するには天守台を築く必要があり、重量のある構築物に耐える石垣を積む技術が必要とされる。吉政にはその技術力があったとみなければならない。

吉政の石垣普請技術を論ずる時に、石垣職人として知られる近江穴太《あのう》衆と吉政の接点を伝える次の史料は注目されよう。

『駒井日記』文禄三年（一五九四）三月十七日に記載される、太閤様（秀吉）に仕える穴太「駿河」・「参河」と、関白様（秀次）に仕える穴太「出雲」の出入り（争い）について、秀次祐筆駒井が上意の決定を田中吉政に伝えた書状である。その内容は、当時は秀吉と秀次による入り交じりの御普請も多いので、今後は穴太の駿河・参河に出雲を加えた三人が一緒になって秀吉・秀次の御用を勤めるようにせよと吉政に伝えている。吉政が穴太衆を差配する立場にあったことがうかがえる。この穴太出雲というのは、『駒井日記』文禄二年十二月二十六日条から、伏見城普請に携わっていたことがわかり、本件は伏見城石垣普請でのこととみられる。

岡崎においても吉政の指示で穴太衆が活躍したことは想像に難くない。近江出身の吉政が穴太衆と接点があり、岡崎入部にあたりこうした職人集団を伴ったことは十分考えられよう。

岡崎は花崗岩の産地と知られ、現在も石工業が盛んであり、日本三大石都の一つとして知られる。岡崎石工業界の間では、その起源は吉政が石工を河内・和泉から招き、城の石垣普請に従事させたことにあると伝える。近江穴太衆との直接的な関係は伝えられないが、吉政と石工職人集団との深い関わりを物語る伝承でもある。岡崎城内各所に石垣が構築されるようになるのは、十七世紀前半である。城下近くの小呂《おろ》・箱柳《はこやなぎ》などから石材が切り出され、石垣普請が本格化する。そして、城郭普請が一段落したあとの十七世紀末の元禄期からは、岡崎石工職人在銘の石鳥居・石仏が見られるようになる。吉政によりもたらされた石工技術は現在にも引き継がれている。

岡崎城天守台石垣（昭和三十四年再建以前）
城内の石垣のなかでも天守台石垣は古く、文禄期以前という。

70　豊臣秀吉像（複製） 高台寺原蔵

原本は数ある秀吉像の中でも最も著名なもののーつ。唐冠を被《かぶ》り、衣冠姿で右手に檜扇を持ち、繧繝縁《うんげんべり》の上畳《あげたたみ》に座る。上部に南化玄興の賛があり、田中吉政の求めに応じて記されたことが分かり、この画像自体が吉政発願によるものとみられる。賛の慶長3年（1598） 8月18日は秀吉の忌日であるが、没後間もなく描かれたと考えられる。

74　聚楽第行幸図屏風　堺市博物館蔵

聚楽第は豊臣秀吉が関白公邸として平安京大内裏の故地、内野に築いた城郭風の大邸宅である。天正14年（15
から造営され、竣工となった聚楽第へは同15年９月、秀吉が大坂城から入った。天正16年４月には後陽成天皇の
幸が盛大に行われ、秀吉の権勢を天下に誇示した。本図はその時の様子を描いたものである。『太閤記』巻十一に
れば、この聚楽第行幸の行列には田中吉政も加わっている。

76　聚楽第城下大名屋敷出土金箔瓦
京都府教育委員会蔵

75　聚楽第出土金箔瓦　京都府教育委員会蔵

右の軒瓦、軒平瓦は、聚楽第の東堀で出土したもの。当地から出土した瓦は、軒丸瓦・軒平瓦・飾り瓦・熨斗《のし》瓦など、棟を飾る瓦のほとんどが金箔瓦であり、その数は千数百点に及ぶ。本丸中で使用されていたものが、埋土と共に堀中にすてられた。左の軒丸・軒平瓦は、聚楽第東方の大名屋敷からの出土遺物。城下の大名屋敷にまで、金箔瓦を使わせた背景には、京都を天下人の城下町として再生させることを秀吉が強く意識したためであろう。

71　大政所像（模写）　大阪城天守閣蔵
大政所は秀吉の生母で、名はなか、天瑞院と呼ばれる。摂政・関白の夫人を北政所、母親を大北政所、略して大政所という。秀吉は大坂城に上洛して臣従の礼をとらない家康に大政所を人質として岡崎に送り、家康の上洛を実現させる。本図は京都大徳寺本の写し。

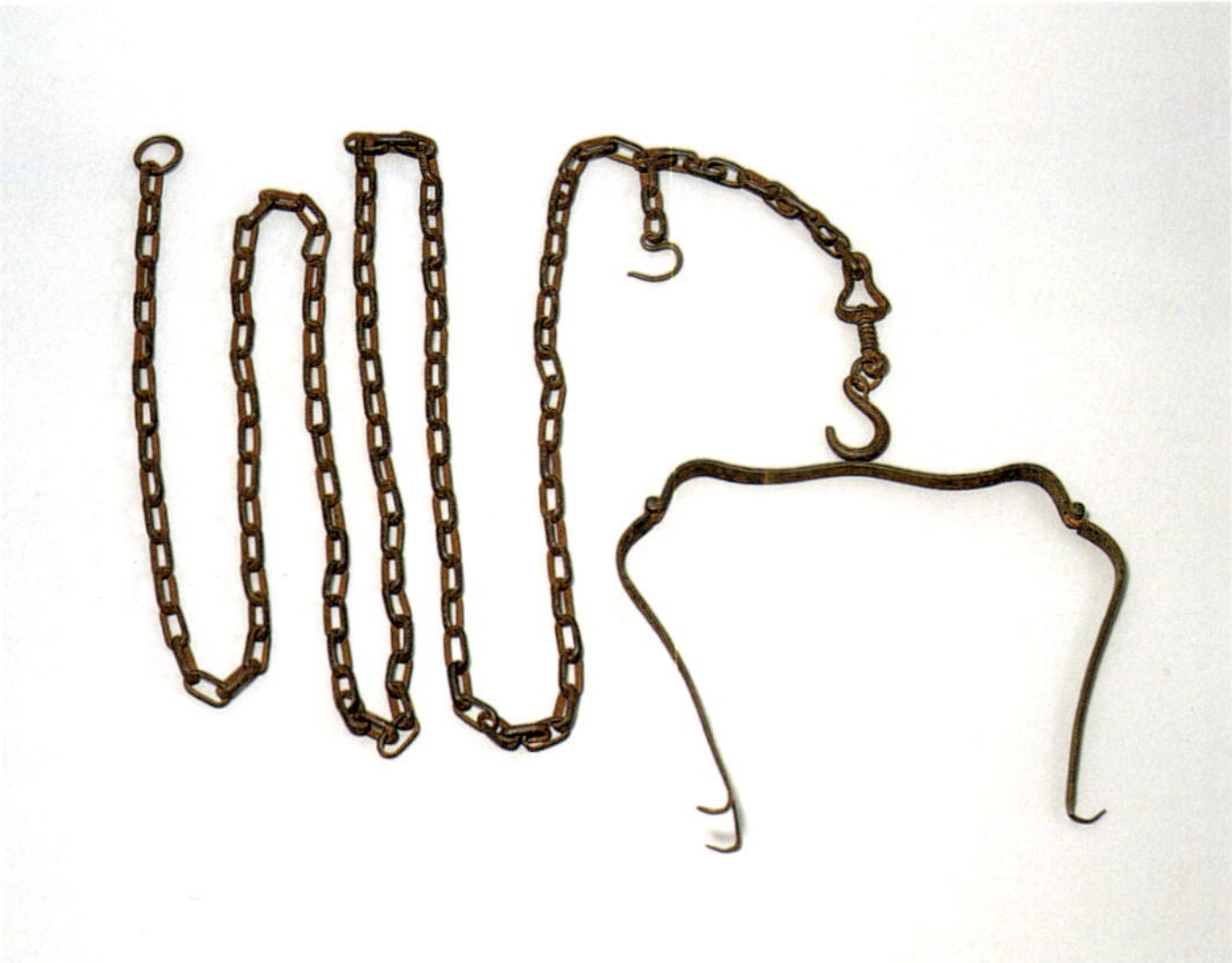

78　手取釜　附　鎖・釣手　良恩寺蔵
豊臣秀吉愛用と伝えられる茄子形の手取釜で、鎖と釣手が付属する。さらに、秀吉の朱印状から、この手取釜が実際に秀吉のもとに届けられ、その輸送に田中吉政が関与していたことが知られる。この手取釜は、付属する江戸中期の茶人・堅田友庵の由緒書によれば、京都粟田口に住む善補という茶人が持っていた釜を、利休が伊勢の鋳物師に依頼して作らせた写であるという。善補は秀吉の召上を拒んで、釜を砕いてしまったとある。

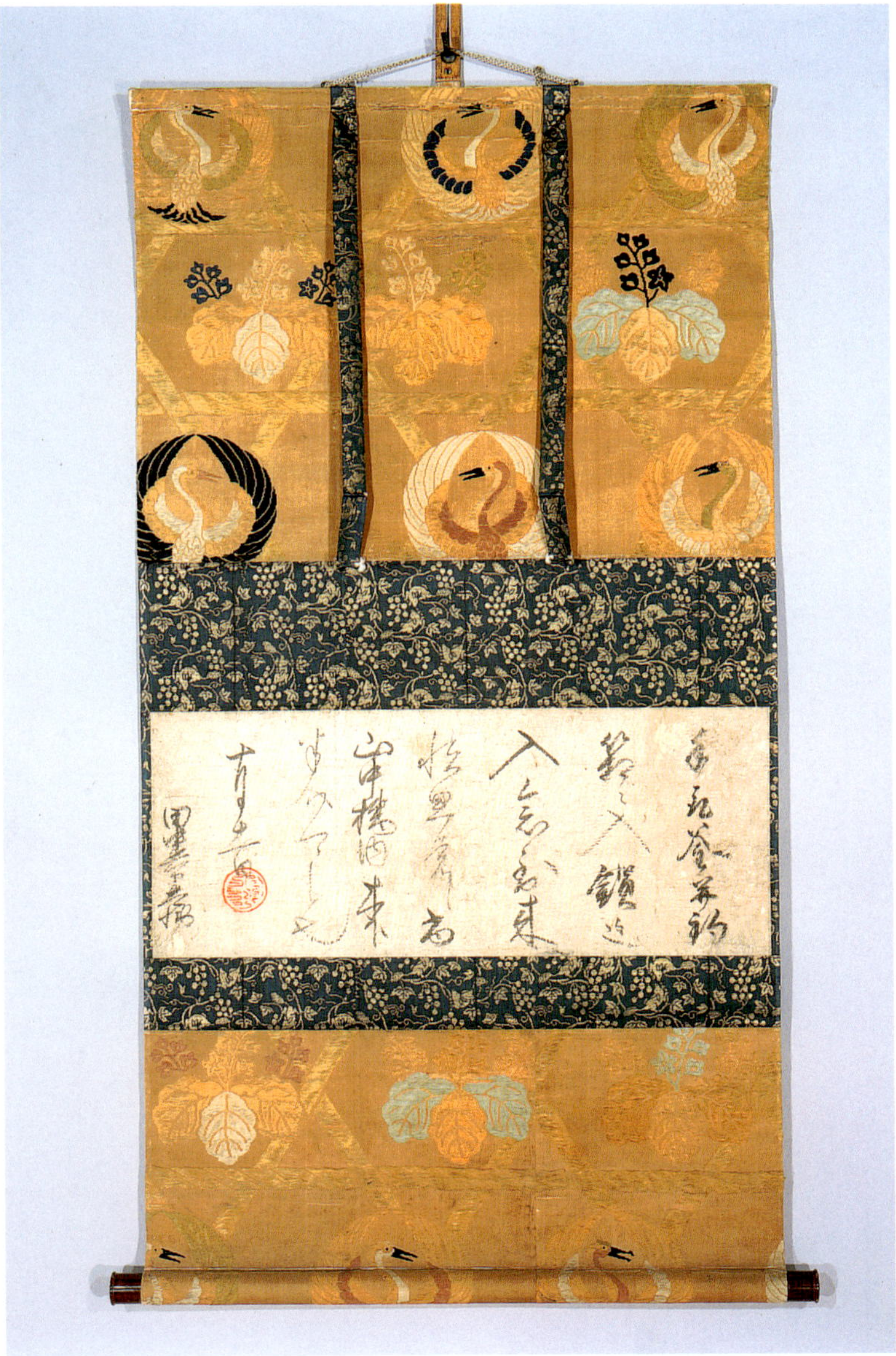

79　豊臣秀吉朱印状　田中吉政宛　良恩寺蔵

秀吉が吉政に、手取釜の到来を謝した朱印状。使者が山中橘内・木下半介となっているので、天正二十年（一五九二）の文書ではないかと推定されている。この時、秀吉は大坂から肥前名護屋に赴く途中で、聚楽第の秀次に近侍し、京都にいた吉政に対して、釜の輸送を依頼したものと推定される。肥前への途次で、茶会でも行ったのであろうか。

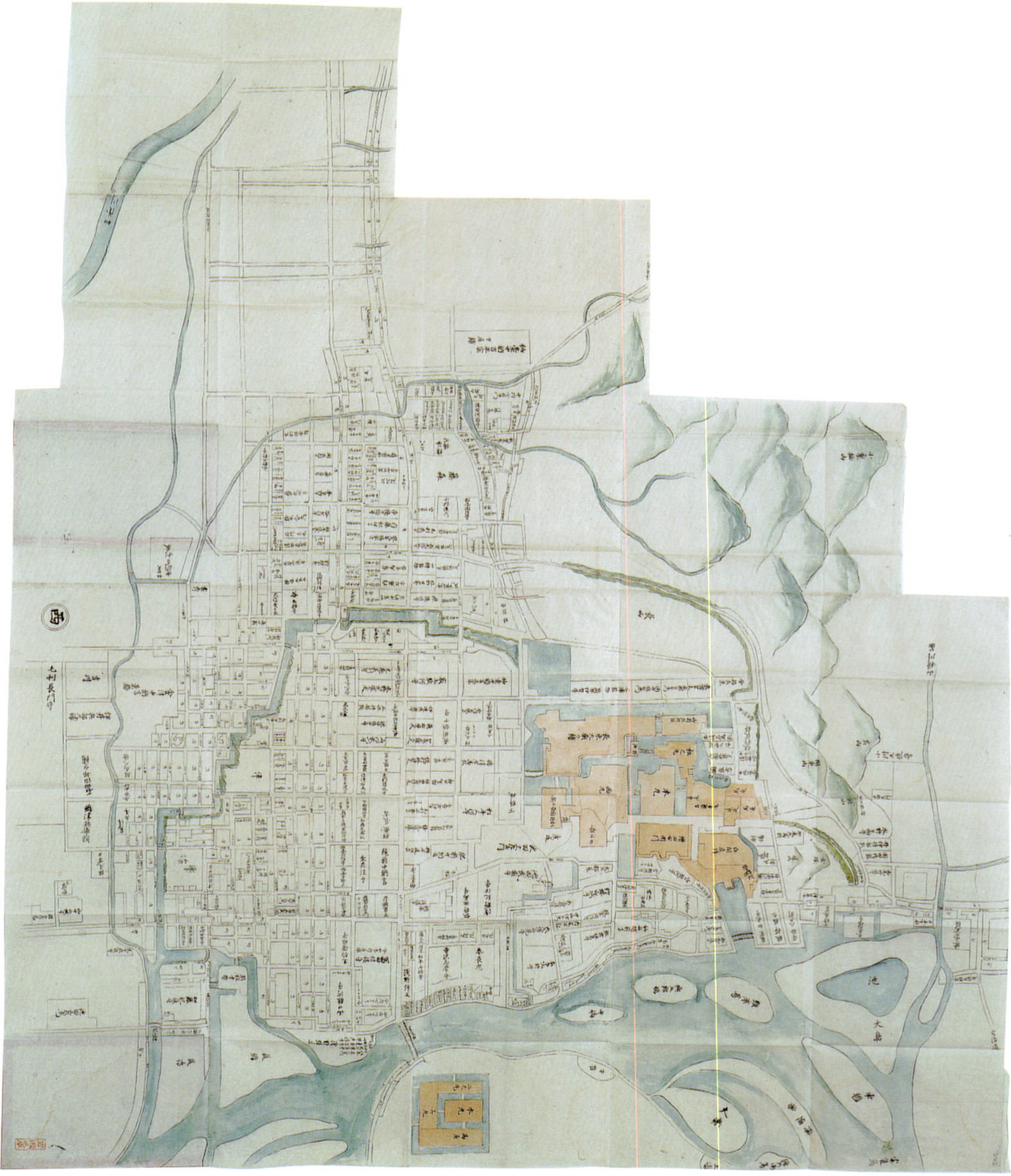

81　伏見城図　西尾市岩瀬文庫蔵

伏見城とその城下を描き、多くの大名屋敷が見られる。田中吉政の屋敷も「田中筑後守」の表示で２箇所ある（83ページ参照）。伏見城は文禄元年（1592）、秀吉が伏見の指月《しげつ》に築城を開始、文禄３年には本格的城郭建設が行われた。吉政もこの築城に関わったが、同５年の地震で倒壊、その後、北東の木幡《こはた》山に再築された。本図はこの再築の伏見城を示す図である。

秀吉政権下の武将として

小和田　哲男

宮部城の跡と伝えられる宮部神社
虎姫町宮部所在
宮部は、宮部継潤の出身地で、三川村の南隣の集落。吉政は若年期は継潤の家臣であったが、出身も宮部とする説もある。

宮部継潤の配下から秀吉の直臣へ

『寛政重修諸家譜』によると、田中吉政の経歴は、「はじめ宮部善祥房に従ひ因幡鳥取にあり、のち豊臣太閤の命により、三好孫七郎秀次に属し、五千石を知行す。」とあり、宮部善祥房（善祥坊とも書く）、すなわち宮部継潤に従っていたが、秀吉の命で秀吉の甥である秀次付となったとしている。

しかし、これだけの記述では、どうして宮部継潤から秀次付になったのかといった経緯はわからず、また、宮部継潤のもとからいきなり秀次付となったのか、一度、秀吉の家臣とされた上で秀次付とされたのかといったことがらについても不明である。

史料としての信憑性の点ではかなり低く、書かれていることがそのまま史実とは思えないが、そのいきさつについてふれているものがあるので、ここで紹介し、少し検討しておきたい。その史料とは『朝野雑載』である。そこにつぎのような記述がある。やや長文にわたるが、興味深い内容なので、煩をいとわず引用しておきたい。

田中兵部大輔吉政は、近江国田中村の小農人なり。初名久兵衛、十八歳の時、みづから思へらく、農夫にて身を終らん事口惜、今戦国なり、吾れ仕官して功を立て、富貴を取り名を立てんとて、其の妻に暇をやる。妻の云く、我れ何の罪有りて出さるゝや。久兵衛が曰ふ。汝《なんじ》に罪なし、我れ大なる志有り、明日出で去るべし。飯を多くかしぐべしとて、有る所の米数升悉《ことごと》く飯にたかせ、平生したしき友を呼びて饗《きょう》し、我が志を語り、終《つい》に去りて、宮部善祥坊に仕へん事を求めて、草履取と

竹生島奉加帳（宝厳寺蔵）**にみえる宮部継潤の署名と花押**
竹生島奉加帳は、長浜城主秀吉の家族と家臣の寄付目録。他に、浅野長吉や山内一豊の名も見える。

なる。善祥坊此の時弐万石を領す。他行する時久兵衛を見て、是れは草履取に仕ふ者にあらず、他の者をつれんとて、久兵衛を其の儘《まま》置き、他日帰つて、久兵衛を歩行の士とし給ふ。其の後才力有る事を知りて家老とし、二千五百石を与ふ。秀吉公因幡の垣屋摂津守が城を攻め給ふ。城已《すで》に破れ、垣屋自害せんとしける処に、田中久兵衛、一番に城中に乗込んで、垣屋が居たりし処に突いて掛り垣屋鎗を取りて防ぎ戦ひ、いまだ勝負決せざる処に、秀吉公が使来り、此の間垣屋が城を持ちこたへし手柄比類なし、其の科《とが》を宥《ゆる》し、本領十二万石安堵せしむる由仰せ遣さる。垣屋田中互に戦を止めにける。垣屋秀吉公に謁見し、田中が功をのぶ、秀吉公大に感じて召出れ、其の後三州苅屋の城主となり、四万石を領す。其の後関ヶ原の戦功により筑後国を賜はる、十八歳にて江州を出でしより四万石を領せし迄、其の年数六年斗《ばか》りの間なり。

田中吉政が宮部継潤に仕えるようになったいきさつ、さらに、秀吉に見出され、宮部継潤から直接秀吉に仕えるようになった経緯が書かれているわけであるが、問題点もいくつかある。

まず一つは、吉政の出自を「近江国田中村の小農人なり」としている点である。小農人という表現は、歴史学上の名辞でいえば近世の小百姓に該当する。しかし、『寛政重修諸家譜』によれば、吉政の母は宮部継潤の家臣だった国友與左衛門の姉だったということで、田中氏も国友氏と同じような土豪だったのではないかと思われる。当時の通婚の慣習からいっても、土豪である国友氏の女性が小百姓に嫁ぐということは考えられない。吉政は、田中という苗字をもつ、れっきとした土豪の倅だったのであろう。

そのころ、近隣で、羽振りのよかったのが浅井長政の家臣宮部継潤で、前述『朝野雑載』の記述に従えば十八歳のとき、天文十七年（一五四八）生まれの吉政が十八歳のときといえば永禄八年（一五六五）であるが、そのころ、継潤に仕えることになったものと思われる。

そのまま継潤が浅井長政の家臣であり続け、浅井氏の滅亡まで浅井方としていれば、その後の田中吉政はなかったかもしれない。吉政が継潤に仕える

秀吉軍によって攻められた因幡鳥取城内の様子（『絵本太閤記』より）
世に言う「鳥取のかつやかし殺し」で、城内は死人の肉を取り合うという惨状を呈した。

ようになったすぐ後、その継潤が秀吉の勧降工作を受け、浅井長政から織田信長に寝返っているのである。

　継潤が秀吉の説得を受け容れ、信長方に寝返ったのは元亀二年（一五七一）十月のことである。実は、このとき、秀吉は、まだ幼い秀次を継潤の養子としている。そのあたりのいきさつを記した史料がないので何ともいえないが、名目は養子でも、実質は秀吉から継潤に差し出された人質だったのではなかろうか。何としても浅井氏重臣の継潤を寝返らせなければならないと考えた秀吉が、姉夫婦を説得し、甥の秀次を継潤のもとに送りこんだのではないかと思われる。

　のち、吉政は秀次の年寄の一人となるが、すでにこの時点で二人は顔を合わせていた可能性がある。

　さて、問題点の二つ目は、吉政が秀吉軍の一員として因幡攻めに従軍したときのエピソードに関してである。

『朝野雑載』は、秀吉軍が因幡に攻め込んだとき、垣屋摂津守の城を攻め、そこで、垣屋摂津守と田中吉政の一騎討ちの場面を描き、垣屋摂津守の本領を安堵した秀吉が、垣屋摂津守の口から田中吉政の武勇譚《たん》を聞かされ、秀吉を召し出したとする。

　継潤配下の田中吉政が継潤に従って因幡攻めに従軍していたことはまちがいない。しかし、良質な史料には当時の因幡国に垣屋摂津守という部将がいて、秀吉軍の攻撃をはねかえし、その結果、本領を安堵されたという事実が確認できない。

　では、このエピソードは荒唐無稽な話なのだろうか。因幡戦国史を詳細に調べていくと、意外なことに、人名もちがい、石高もちがっているが、類似したケースが実際にあったのである。

　人名は垣屋摂津守ではなく垣屋播磨守、石高は一四万石ではなく一万石であるが、秀吉に降参し、因幡国岩美郡浦富の桐山城を守っていたことが『日本城郭大系』第十四巻の桐山城（鳥取

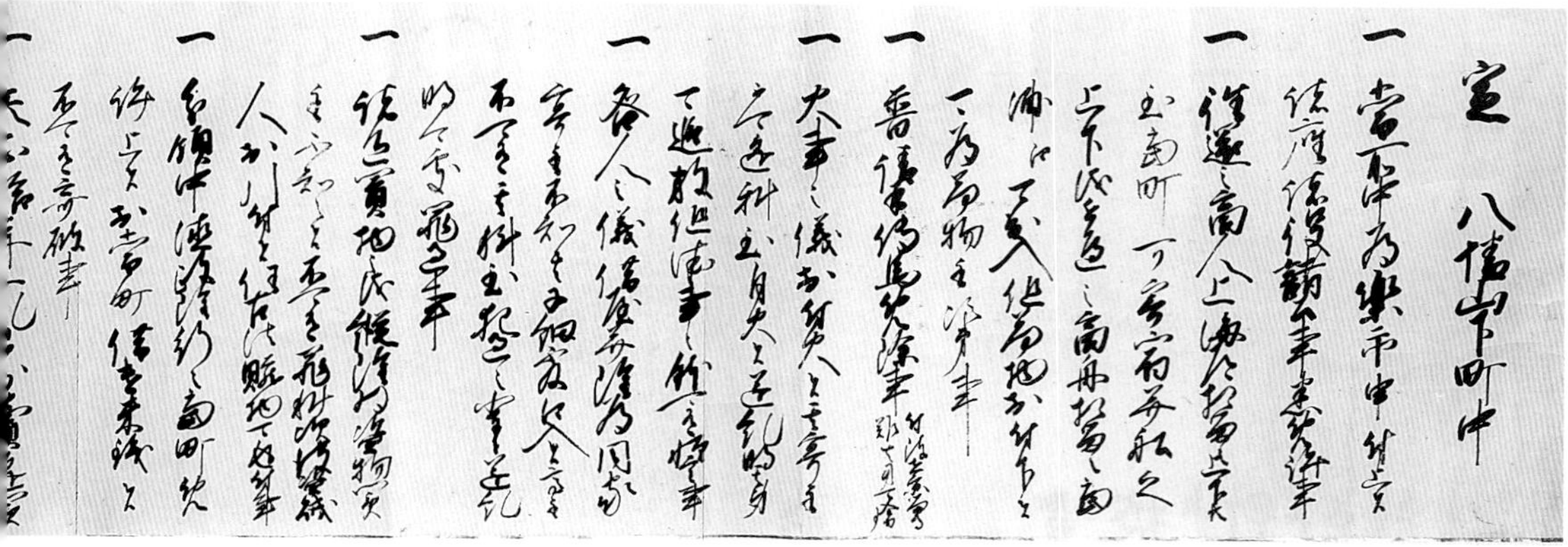

県岩美郡岩美町浦富）の項に書かれている。そこには田中吉政との一騎討ちのエピソードはみえないが、おそらく、このときの天正八年（一五八〇）から翌九年にかけての一連の因幡攻めの吉政の働きを秀吉は総合的に評価し、継潤配下から、秀吉直臣の列に加えたものであろう。

　なお、『朝野雑載』に記述されている問題点の三つ目は、秀吉に召出されたあと、「其の後三州苅屋の城主となり、四万石を領す」としている点である。吉政が苅屋（苅谷）の城主になった事実はなく、「其の後」という書き方もやや曖昧である。秀次付の年寄となっている経歴部分を省略してしまっている。

　そうした問題点をいくつか含んではいるが、この『朝野雑載』が物語るエピソードは、吉政が宮部継潤配下から秀吉直臣に転じた経緯と時期を考えていく上での一つの情報ではあると思われる。

秀次付の年寄となる吉政

　この後、本能寺の変、山崎の戦い、賤ヶ岳の戦いを経て、秀吉の時代を迎える。吉政も秀吉の家臣として栄達していき、天正十三年（一五八五）閏八月、秀次が近江八幡城主として二十万石を与えられたとき、吉政は秀次付の年寄の一人に指名され、三万石の大名となっているのである。

　このとき、秀次付の年寄となったのは田中吉政のほか、つぎの部将たちで、居城地と石高も掲げておく。

中村一氏　近江水口城主　六万石
堀尾吉晴　近江佐和山城主　四万石
山内一豊　近江長浜城主　二万石
一柳直末　美濃大垣城主　二万五〇〇〇石

　ほかに、文書等から、渡瀬《わたせ》良政（繁《しげ》詮《あき》）、宮部宗治の二人も年寄になっていた時期もあるが、一般的には、田中吉政・中村一氏・堀尾吉晴・山内一豊・一柳直末の五人をさすことが多い。ちなみに、年寄は、「老」あるいは「宿老」と書かれることもあり、『石川正西聞見集』には田中吉政のことが「関白殿一老にて候《そうろう》」と記されているので、吉政が筆頭年寄だったことがわかる。

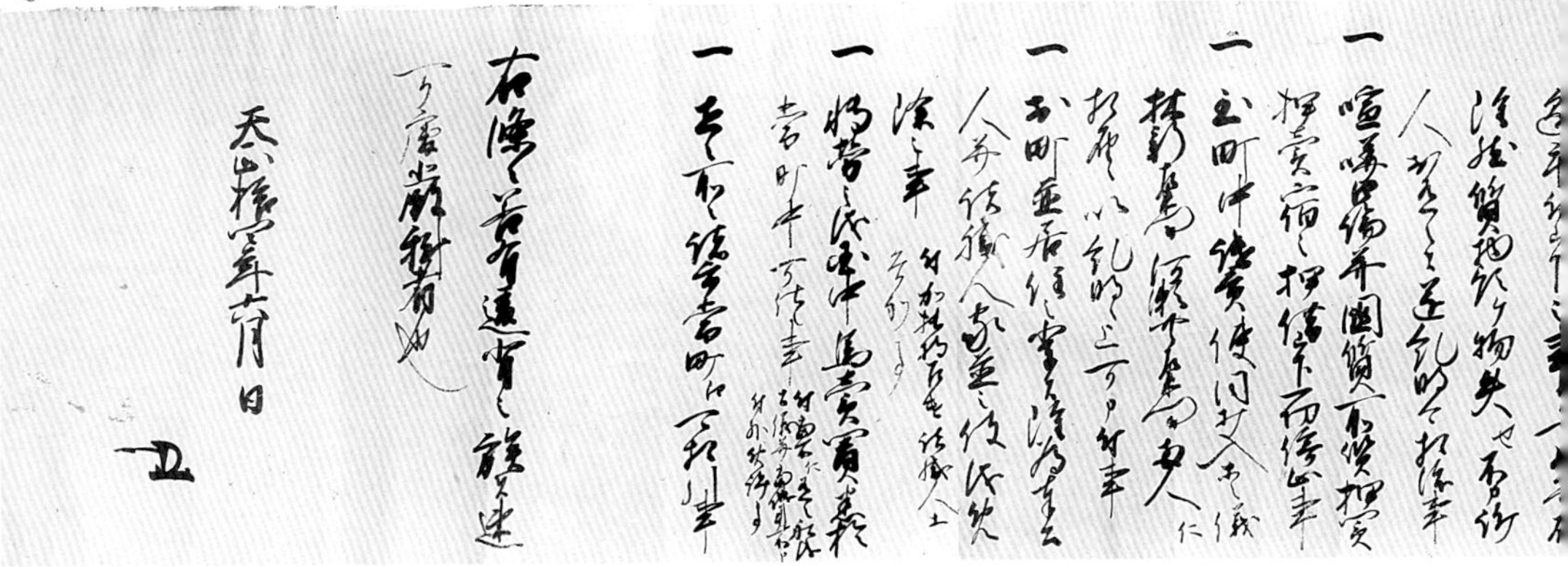

24　八幡山下町中掟書　近江八幡市立資料館蔵
天正14年（1586）に、現在の近江八幡市街地に出した掟書。楽市文言をはじめ天正5年（1577）の信長安土山下町中掟書の内容を踏襲している。

また、五人の年寄のうち、四人まではそれぞれ自己の居城地をもらっているのに、吉政にはそれがない。つまり、秀次の居城である近江八幡城に秀次とともにいたことを示しており、文字通り、常時、秀次の輔弼《ほひつ》にあたっていたことがうかがわれる。

吉政らが年寄に指名された時点では、秀次はまだ「二代目関白」になることが約束されていたわけではない。しかし、秀吉に実子がなかなか生まれず、後継者候補として秀次が次第に有力視されるにつれ、年寄たちの位置づけも高くなっていった。特に、「一老」として、常に秀次の側にいる田中吉政の役割は大きなものがあったのである。

秀吉政権下での吉政の働き

秀次付の年寄になって一年少したった天正十四年（一五八六）十月、吉政

22　八幡城秀次館跡出土遺物　近江八幡市教育委員会蔵

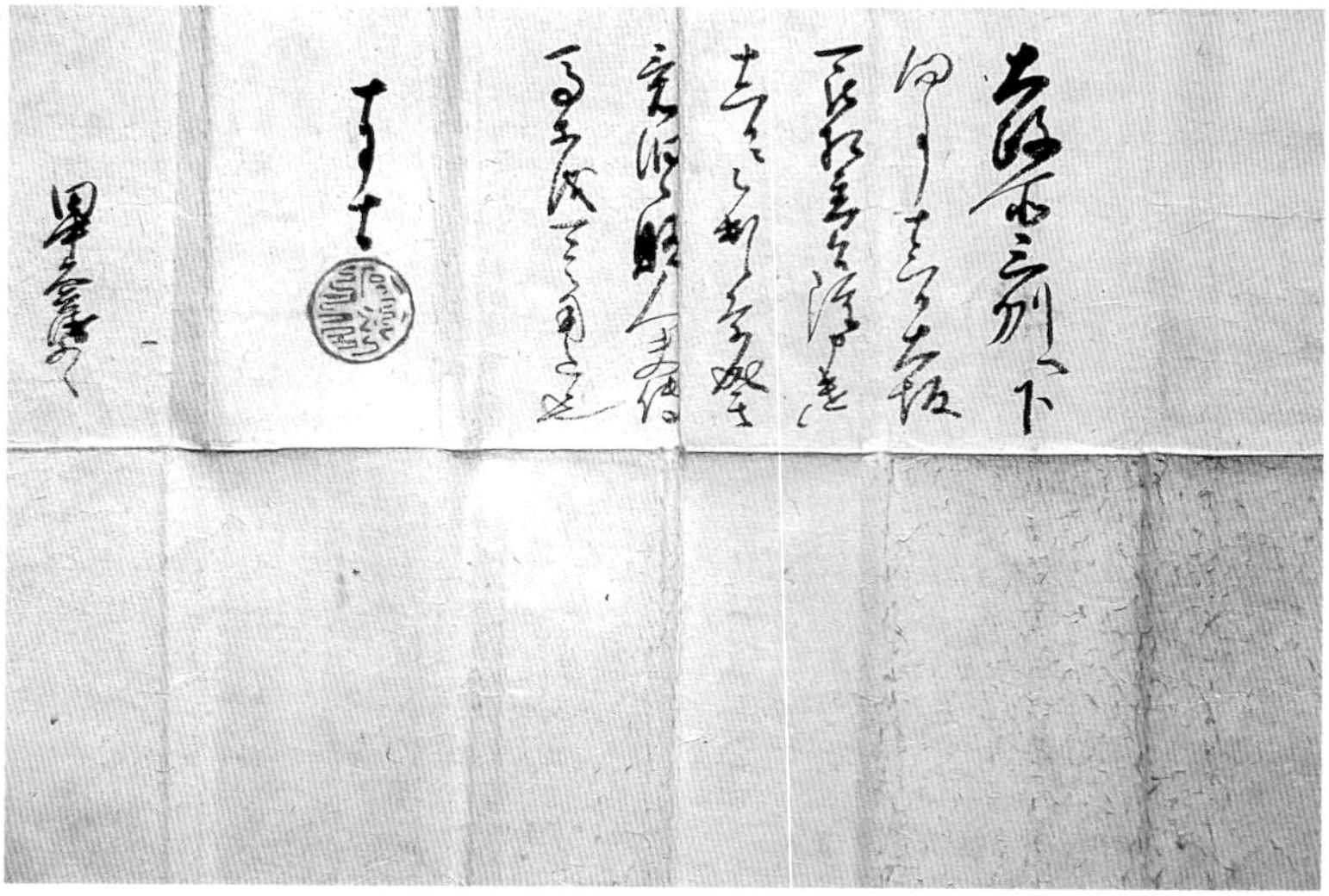

72　豊臣秀吉朱印状　田中吉政宛　柳川古文書館蔵
秀吉が生母大政所を大坂から岡崎に遣わすにあたり、出発予定日の変更を知らせ、宿泊や賄い人夫・伝馬などの用意を吉政に命じたもの。小牧・長久手合戦後、秀吉は家康に服属の証として上洛をしきりに求めるが、家康が頑強に拒み続ける。業を煮やした秀吉は、切り札として大政所を家康のもとへ送りこんだ。これにより家康は上洛する決意をする。秀吉と家康、両雄のかけひきの政治情勢のなかに吉政が関係したことを示す興味ある資料である。

は秀吉から重大な任務を与えられている。そのことを示すのが柳川古文書館所蔵の「田中家文書」の次の一通である。

大政所三州へ下向の事、十三日大坂へ相立たるるの旨申し遣わし候と雖も、十二日ニ出でられ候条、其意を成し、泊の賄人夫伝馬等の儀、用意せしむべく候也、

（秀吉朱印）

十月十日

田中久兵衛とのへ

この秀吉朱印状は「十月十日」とだけあるが、秀吉の生母大政所が三河へ下向するという内容から、天正十四年十月十日付のものであることがわかる。

周知のように、織田信長生存中は、秀吉は信長の家臣、家康は信長の同盟者という関係で主従関係とか上下の関係とは次元のちがうものであった。天正十二年（一五八四）の小牧・長久手の戦いで両者は一度戦うことになり、局地戦では家康が勝ったものの、全体的には圧倒的な軍事力の差もあり、秀吉の優勢勝ち状態で講和が結ばれている。

その後、秀吉は家康に再三上洛を求めるが、上洛すれば臣従を誓わされることを承知している家康はそれを拒み続けていたのである。結局、苦慮した秀吉は、他家に嫁いでいた妹の朝日姫（旭姫）を離縁させ、正室のいなかった家康に再嫁させ、家康の上洛を求めている。しかし、家康はそれでも上洛しようとしなかった。

そこで秀吉は、奥の手を使い、生母大政所を朝日姫の病気見舞いのため三河に下すことを決意したのである。表向きは病気見舞いであるが、これは誰が見ても人質である。もちろん家康もそう考え、これ以上の上洛拒絶はむずかしいと判断し、渋々、上洛に応じたというわけである。

つまり、大政所の三河下向にはこうした重大な意味があり、その大政所を無事三河に送り届けることは大きな仕事であった。この文書は、田中吉政が、この仕事にかかわっていたことを示し

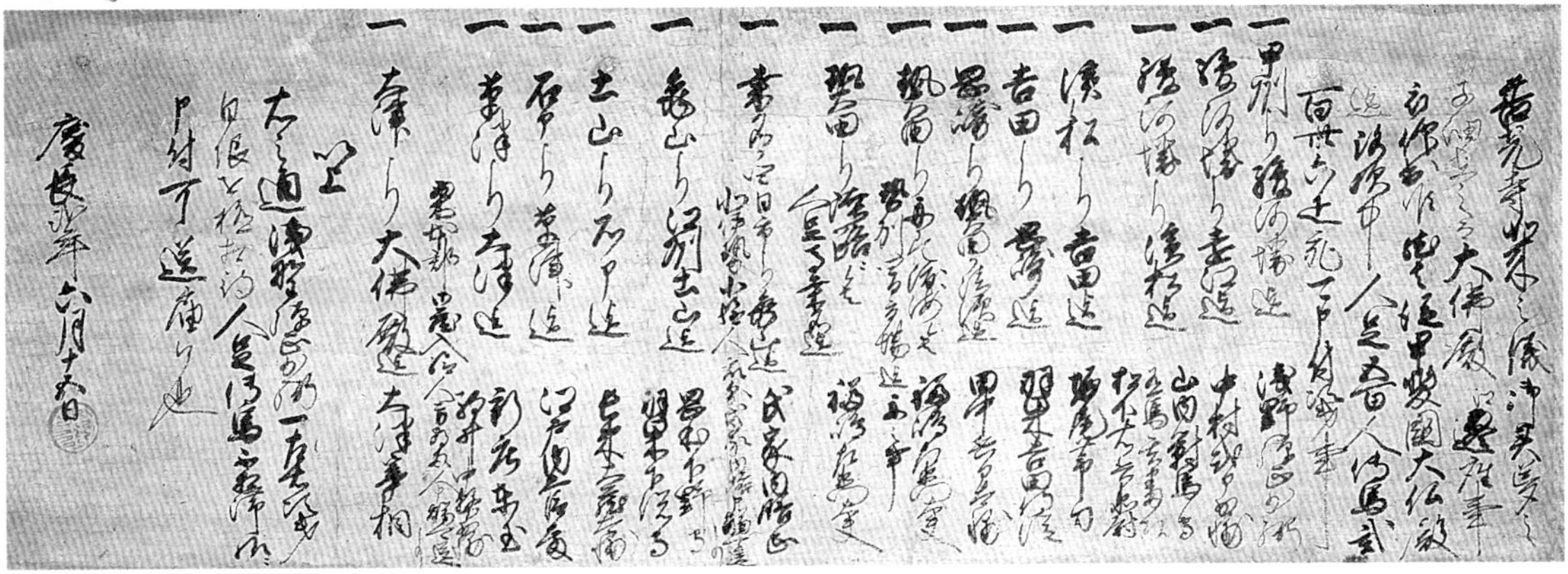

82　豊臣秀吉朱印状　甲斐善光寺蔵

慶長２年（1597）７月、秀吉は前年の畿内大地震で倒壊した方広寺大仏殿を再興するに際して、その本尊に善光寺如来を甲斐より奉請した。本書は、東海道筋の大名がリレー式で移送するに際し、人足500人・伝馬236疋の準備を命じたものである。岡崎より熱田・清須までを田中吉政が担当することになっている。

ている。

　これだけの文言では、大坂から三河までの全行程を吉政が差配していたのか、近江の秀次領内だけのことなのかは判然としないが、いずれにせよ、吉政がこのことに関与していたことはまちがいなく、大政所は無事十月十八日、三河の岡崎城に着いており、人質を得た形の家康が、それと入れかわりに二十日に岡崎にたち、二十六日に大坂に到着し、翌二十七日、家康は大坂城で秀吉と謁見をしているのである。以後、秀吉の天下統一に家康が協力する態勢ができあがり、家康も関白豊臣政権に組みこまれる形となったわけで、その条件作りともいうべき大政所の三河下向の仕事に吉政がかかわっていた事実は重要である。

　ところで、秀吉は天正十三年（一五八五）七月十一日に「万機巨細、宜しく内大臣に関《あず》かり白《もう》さしむべし」との宣下があり、史上初の武家関白となっている。秀吉の居城として大坂城はかなりできていたが、秀吉は京都に関白の政庁を新しく造営することを考えていた。それが聚楽第である。

　聚楽第の周囲に豊臣大名の武家屋敷が建てられ、秀次邸はもちろん、田中吉政邸・中村一氏邸といったように年寄たちの屋敷も甍を並べていた。それだけでなく、秀次は、秀吉が九州攻め、さらには朝鮮出兵で京・大坂を留守にしたとき、秀吉に代わって聚楽第で政務を執る形となり、吉政ら年寄は、近江八幡をはじめとする近江・美濃のそれぞれの居住地で生活するより、聚楽第に居ることが多くなっていたのである。

　天正十八年（一五九〇）の秀吉による小田原攻めに際し、秀次は山中城攻撃の大将となり、吉政ら年寄も従軍し、数時間の激しい戦闘ののちこれを落とし、さらに小田原城にせまり、約一〇〇日間の攻城戦の末、北条氏直が降服したことにより、北条氏の遺領は徳川家康に与えられた。

　このとき、家康の所領だった駿河・遠江・三河・甲斐・信濃の五ヵ国は織田信長の次男信雄に与えられるはずだ

山中城跡　静岡県三島市所在
天正18年（1590）3月29日に、秀吉軍の攻撃を受けた小田原北条氏の城。短時間で落城したが、田中吉政以下秀次の軍団は攻城隊の中心であった。秀次宿老の一柳直末は、ここで討死にしている。写真は岱崎《だいさき》出丸の障子掘（右）と二ノ丸虎口（左）。

36　山中城出土遺物（甲冑小札《こざね》）
三島市教育委員会蔵

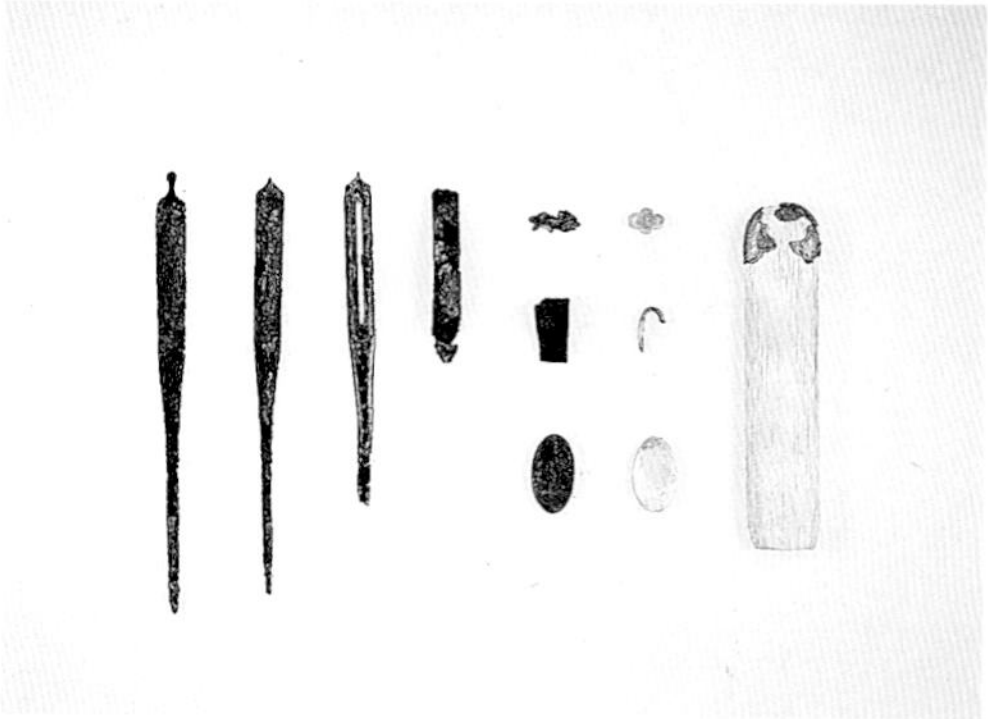

36　山中城出土遺物（刀装具）
三島市教育委員会蔵

った。ところが信雄が尾張清洲城からの転封を拒んだため改易されてしまい、本来は信雄に与えられるはずだった家康遺領の五ヵ国に、秀吉の家臣たちがそれぞれ加増転封の形で移ってきたのである。特に東海道筋には、秀次付の年寄たちが封ぜられているのが注目される。すなわち、つぎのような配置と石高である。

駿河国
中村一氏　駿府城　一四万五〇〇〇石
遠江国
山内一豊　掛川城　五万石
渡瀬繁詮　横須賀城　三万石
堀尾吉晴　浜松城　一二万石
三河国
田中吉政　岡崎城　五万七四〇〇石

この転封で、秀次も近江八幡から尾張清洲城に移っており、何人かいた年寄の内では三河岡崎城の田中吉政が秀次に一番近いところに配置されたことがわかる。筆頭年寄としての吉政の立場は転封後も変わらなかったわけである。

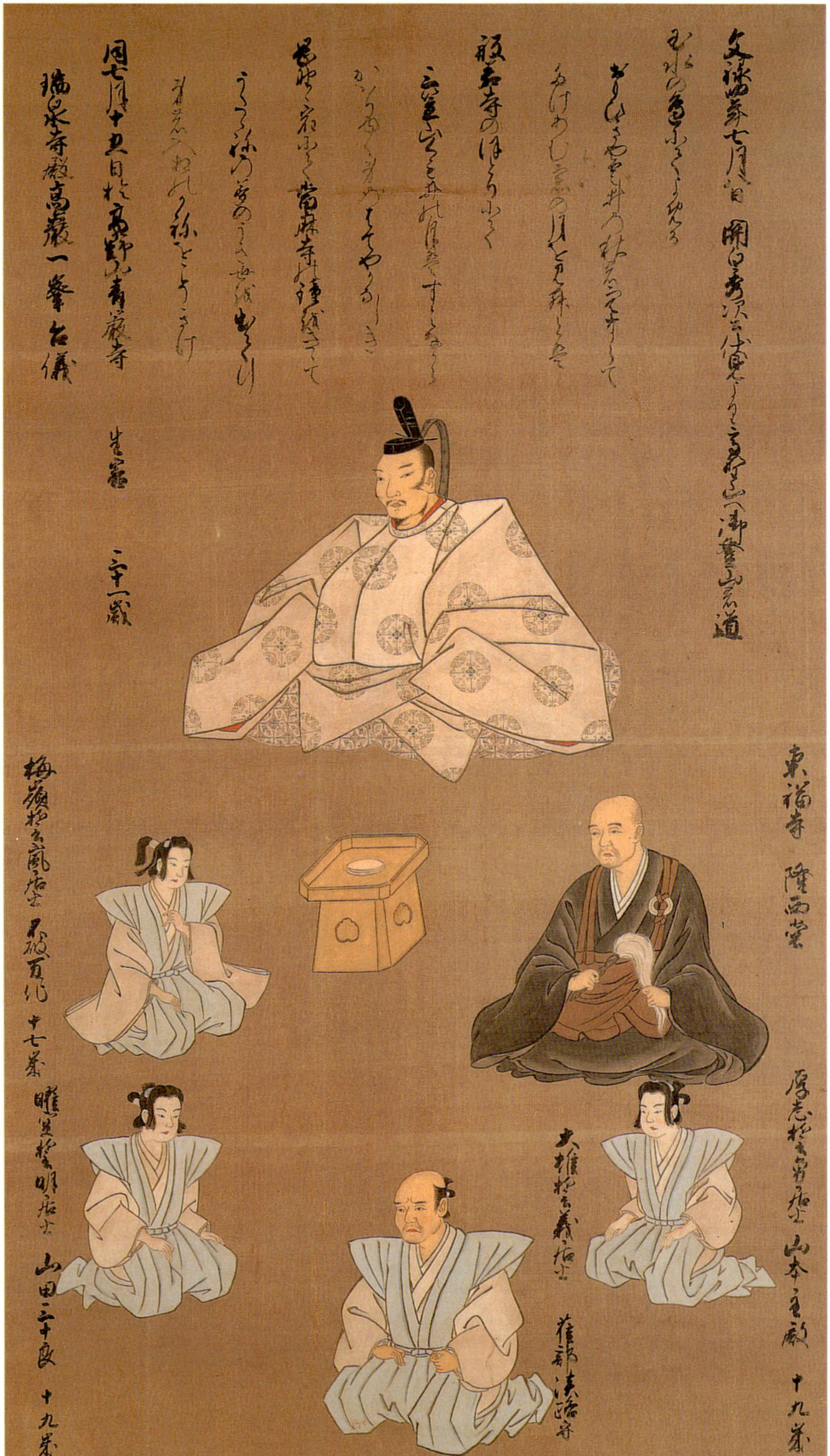

83　豊臣秀次及び五士像（複製）　瑞泉寺蔵
豊臣秀次とともに高野山で殉死した東福寺隆西堂・不破万作・山田三十郎・山本主殿・雀部淡路守の五士を描く。上部には高野山登山の際の秀次の歌を書き添える。

（第１図）秀次は秀吉に釈明のために聚楽第を発ち伏見城へ行ったものの対面できなかった。

85　関白殿御草紙　正法寺蔵

文禄４年（1595）７月、秀次の高野山への追放から自害、さらに、８月の妻妾子女たちの処刑までを記したもので、詞書８段と絵７図で構成される。

（第２図）高野山へと落ちてゆく途中の荒れたる茶屋での風景。供は東福寺の隆西堂・山田三十郎・山本主殿・不破万作のみ。

（第３図）高野山の秀次に、秀吉使者の福島正則らが自害の命を伝えに夜到着するが、木食応其の配慮で翌朝申し渡される。

（第４図）７月15日朝、最初に山本主殿、次いで山田三十郎、不破万作の順に自害するのを秀次が介錯した。４番目に秀次が自害し、さらに隆西堂、秀次の介錯をした雀部淡路守が最後に自害を遂げた。

（第５図）８月２日、秀次妻妾と子女34人が聚楽第を出て車に乗せられて京三条まで赴く。

（第６図） 検死の役人である石田三成・増田長盛・長束正家・前田玄以が見守るなか、秀次の首が三方に載せられた前で、最初に３人の若君、母親３人が処刑されてゆく。２番目には尾張国山口少雲娘おたつの方、３番目おちやうの方、４番目には菊亭殿娘の一の台が辞世の和歌を詠み、以下、31番目の東までが処刑される。

（第７図） 死骸を埋め、10丈四方の廟所を築き、塔を建てた。

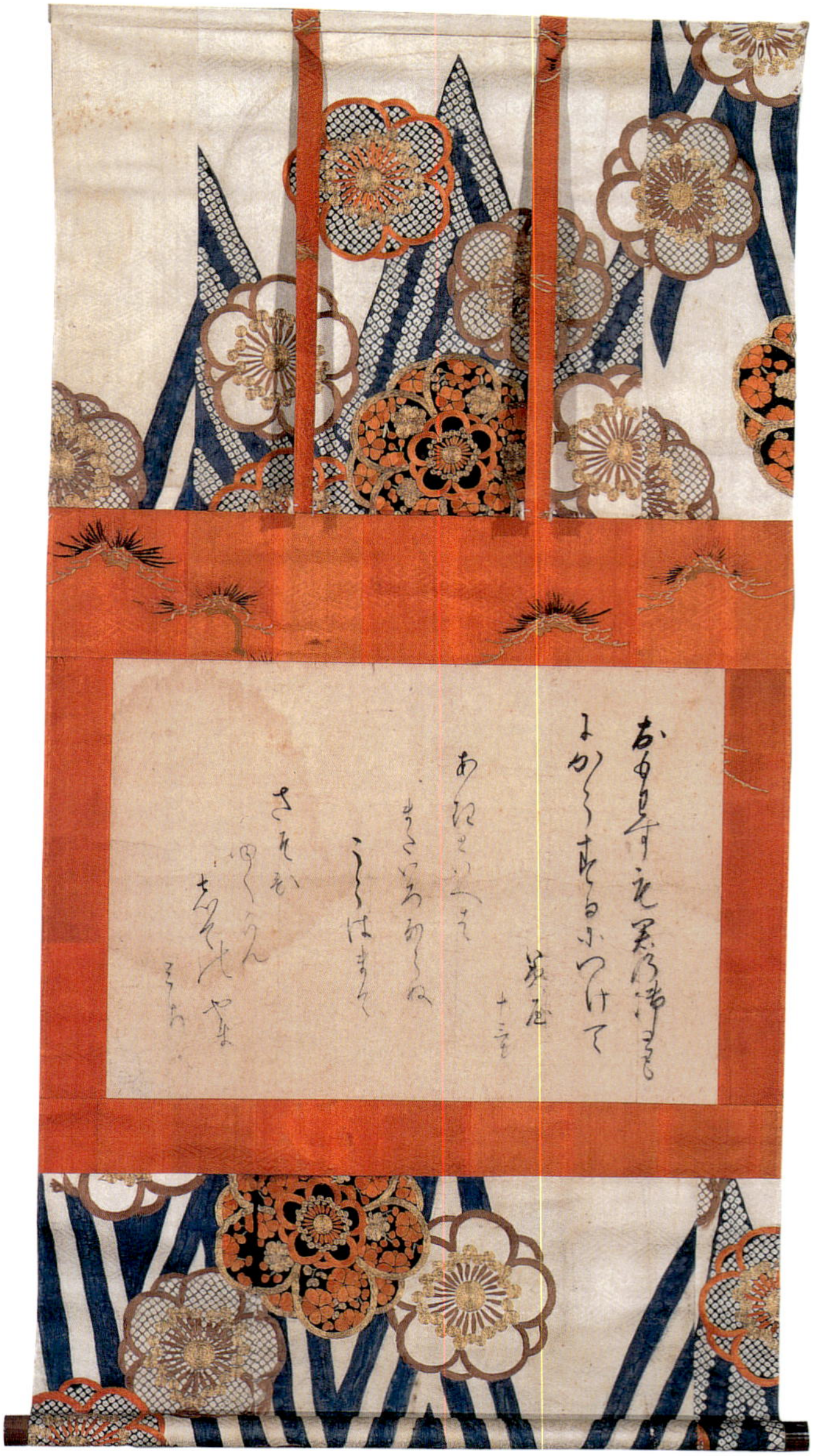

87　おみや辞世和歌懐紙（瑞泉寺裂表具）　瑞泉寺蔵

おみやは、秀次の正室一の台と前夫との間に生まれた娘である。連れ子として母といっしょに暮らしていたがために事件の犠牲となった。瑞泉寺に伝わる秀次妻妾の辞世和歌二〇幅は妻妾たちの最後の時に着ていた打掛等の裂で表装されたもので、世に「瑞泉寺裂」と呼ばれる。

88　一の台辞世和歌懐紙（瑞泉寺裂表具）　瑞泉寺蔵

秀次の正室一の台は、公家の菊亭（今出川）晴季の娘。「関白双紙」では武田信玄の孫だという。最初、三条顕実に嫁いだとされる。処刑の時に取り乱したる躰もなく、その覚悟のよさに、諸人はさすが武田信玄の孫ゆえと感心したという。父晴季は、事件に連座し越後に流された。

89　桐唐草文蒔絵矢筒　雀部家蔵
秀次より雀部淡路守重政が拝領した矢筒。重政は秀次の近臣で秀次自害の時、介錯をつとめ、自らもその場で自害し果てた。本品は、鳥取藩主池田家に仕えた重政の兄・六左衛門の子孫宅に伝来したもの。

（部分拡大）

豊臣秀次事件

小和田　哲男

83　豊臣秀次像（部分）　瑞泉寺蔵

豊臣秀次と田中吉政

宮部継潤の養子となった秀次が、いつ秀吉のもとにもどされたのかについては不明である。ただ、この継潤のところへの養子入りは、秀吉が継潤を調略するためのものであり、その役割が終わった時点で、養子関係は解消された可能性がある。

具体的には、信長が浅井長政を自刃に追いこんだ天正元年（一五七三）九月一日には、解消されていたのではないかと思われる。というのは、このころ、秀吉が浅井長政の遺領北近江三郡（伊香・東浅井・坂田）十二万石と長政の居城だった小谷城を与えられ、それまで与力の形で付けられていた継潤ら浅井方から織田方に寝返ってきていた部将たちが秀吉の家臣とされているからである。

秀吉としても、継潤を寝返らせる一つの手段として秀次を養子に送りこんだが、家臣となった継潤にそのような優遇措置はもはや必要なかったものと思われる。秀吉は翌二年に居城を小谷城から琵琶湖畔の長浜に移しているので、そのころには、秀次は秀吉のもとにもどされていたのではなかろうか。

秀吉のもとにもどった秀次は、今度は阿波の三好康長の養子とされている。このときも、秀吉が三好康長を懐柔するための養子送りこみ戦略の駒として使われている。その時期については諸説あり、早く考える説だと天正三年（一五七五）四月、遅く考える説だと天正十年（一五八二）六月二日の本能寺の変以降、同年十月二十二日以前ということになる。しかし、本能寺の変後だと、秀吉が三好康長に秀次を養子に送りこんでまでして懐柔する必然

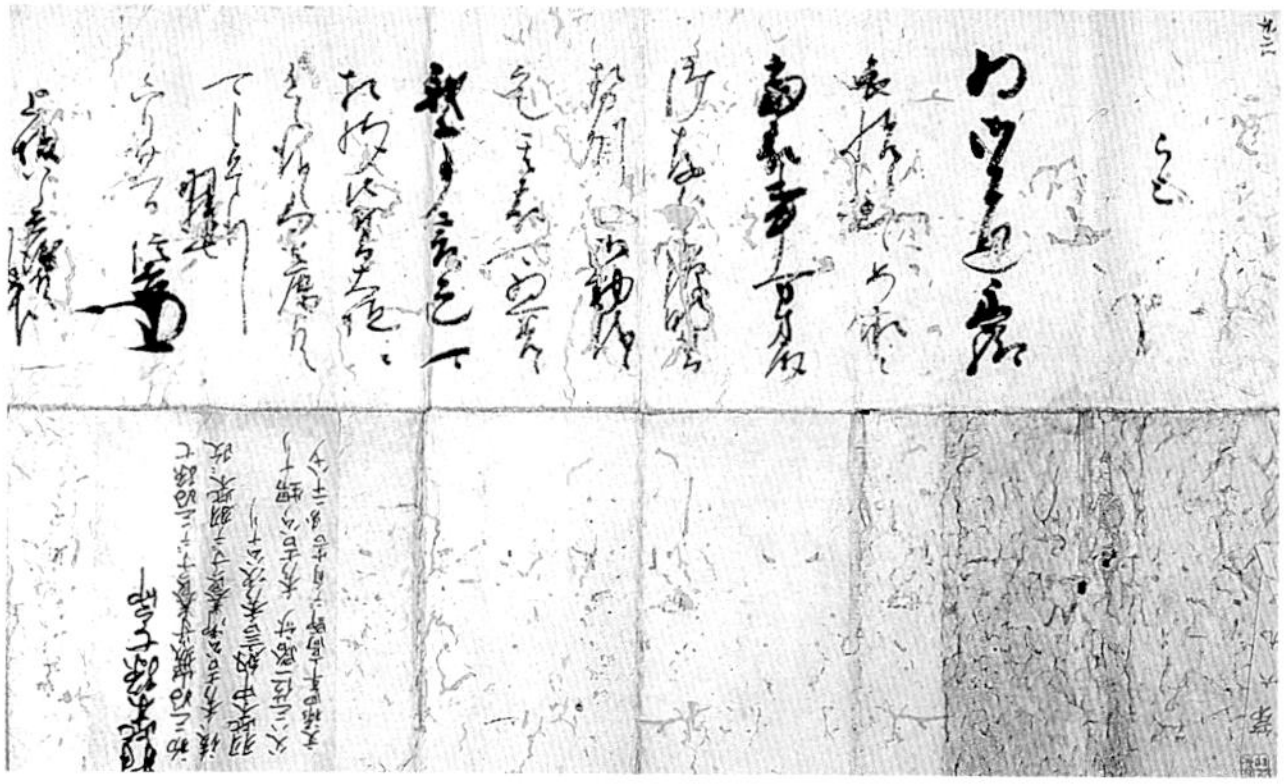

羽柴孫七郎信吉（秀次）書状
上坂八郎兵衛宛　長浜市西上坂町自治会蔵
6月21日付に羽柴信吉（秀次）が秀長家臣の上坂氏へ出した文書。天正12年（1584）のものと推定され、秀次の信吉時代の文書として貴重。

性はなく、逆に、天正三年では早すぎるように思われる。諸般の事情を考えあわせると、天正九年（一五八一）九月から十一月、秀吉の加勢を得た三好康長が阿波に攻め入る以前のいつかということになる。ただ、それをいつまでさかのぼらせることができるかについては断定することはむずかしい。

たしかな史料で、秀次が三好康長の養子として三好孫七郎という名前で確認できるのは天正十年十月二十二日付、下間頼廉宛秀吉書状である。ただし、そのころはまだ秀次ではなく、名乗り、すなわち諱《いみな》は信吉であった。この「信」の字は、信長の偏諱《へんき》を与えられたものと思われる。

では、秀次はいつまで三好康長の養子でいたのだろうか。この点についても明確に書かれたものがなく不明である。ただ、天正十二年（一五八四）の三月ないし四月ころまで史料に三好孫七郎とみえたものが、六月二十一日付の上坂八郎兵衛宛の文書（「上坂家文書」）から「羽孫七」、すなわち羽柴孫七郎とみえるので、その間に三好康長のもとを去り、再び秀吉のところにもどされていたものと思われる。やはり、そのころになると、秀吉としても、秀次を三好康長の養子としておく必要はなくなっていたからである。力の差がすでに歴然とし、数少ない身内を他家に出しておくより、自分の家の家名をつがせる方が有効と考えるようになったものと思われる。

ちなみに、それまで信吉と名乗っていたのを秀次と名乗るようになった時期は天正十三年（一五八五）七月ごろからであり、近江八幡城主となる直前のことである。田中吉政が秀次付の年寄となるのが同年閏八月二十二日のことなので、秀吉が関白に任官し、豊臣政権の継続を意識するようになった時期とちょうど重なっている。秀吉にしてみれば、秀次を後継者候補の一人と考えはじめた証拠であり、その秀次の補佐役という重要な任務が与えられた年寄は、秀吉家臣団の中でも特異な存在だったと思われる。

秀次の年寄たちとその役割

秀次に付けられた年寄は、「宿老」とも表現されており、田中吉政・中村一氏・山内一豊・堀尾吉晴・一柳直末の五人がよく知られ、ほかに年寄連署

73　聚楽城全図　個人蔵
聚楽第は、本丸の周囲に南二の丸、北の丸、西の丸の各曲輪が付属し、石垣上に豪壮な櫓、城門、塀が建ちならび、本丸内の五層の天守は一段と高く聳えていたという。本図は後世のものながら聚楽第の景観をよく伝えている。秀吉から関白職を譲られた豊臣秀次が天正19年に聚楽第に入るが、「関白殿一老」の田中吉政も大名屋敷の一角に屋敷を構えたかもしれない。

状にみえる者としては渡瀬《わたせ》良政（繁詮）、宮部宗治らがいた。この内、常に秀次の居城である近江八幡にいて補佐の任に当っていたのが田中吉政であった。そのため、『石川正西聞見集』にも、「田中兵部は、関白殿一老にて候」と記されているように、何人もいた年寄の中では別格の扱いをされていたことがわかる。「一老」とは、「一のおとな」の意で、筆頭年寄といってよい。その証拠には、秀次の補佐を具体的に行っていたことを示す文書がほとんど田中吉政単独で出され、しかも発給文書数が他の年寄より群を抜いて多いのである。

　藤田恒春氏の『豊臣秀次の研究』によると、秀次の補佐役としての田中吉政が最初に出したものと確定できるのは、つぎの天正十三年（一五八五）十一月二十日付の文書（「野洲区有文書」）である。

　　已上

当郷の事、毎年野洲河橋を懸け、大水の時、瀬踏以下馳走せしめ、上門並びに諸役秀次より御免除し訖《おわん》ぬ、郷質・所質之有るべからず候、非分申し懸くる族之《これ》在らば、注進せしむべし、順路ニ仰せ付けられるべき者也、仍て件の如し

天正十三　十一月廿日　　田中久兵衛尉
　　　　　　　　　　　　吉政（花押）

野洲市場
　地下人中

　ここに「秀次より御免除し訖ぬ」とみえるように、秀次の意向を受けて、田中吉政がこの文書を出していたことがわかる。しかも注目されるのは、秀次に敬意を表し、一字分空けてはいるが（カラー図版29ページ参照）、秀次に対して敬称を用いていない。これは、藤田氏も指摘するように、「家臣ではなくまさに、秀吉より附属された年寄として発給されたものである」ことを示している。

　さて、田中吉政ら年寄が補佐にあたっていた秀次であるが、三好康長のもとからもどって羽柴を名乗り、また豊臣姓を名乗ってはいるものの、秀吉の養子となっていたわけではなかった。秀次が秀吉の養子に迎えられたのは意外と遅かったのである。以下、その点を少し追いながら、秀次事件へ至る伏

90　聚楽物語　西尾市岩瀬文庫蔵
秀次事件の顛末を記したもの。「関白物語」とも呼ばれる。本書は秀次悪行説の立場に立って記されるが、事件へは石田三成と田中吉政の関与を記す。三成は秀次家老である吉政を利用して秀次の行跡を逐一秀吉に報告させ、それが秀吉による秀次処分の判断材料になったという。

線をみていくことにしたい。

　はじめ、秀吉は、主君だった信長の四男於次《おつぎ》丸秀勝を養子としていた。ところが、その於次丸秀勝が天正十三年十二月十日に病死してしまったのである。そこでつぎに秀吉は、秀次の弟小吉《こきち》を養子とし、同じく秀勝と名乗らせていた。

　しかし、小吉秀勝は天正十五年（一五八七）の九州攻めのあとの論功行賞のとき、秀吉に不満をいったため、かえって秀吉の怒りをかい、一時、勘当されるという始末であった。結局、小吉秀勝の兄秀次の方が後継者としてふさわしいと考えるようになり、養子という形ではないものの、同年十一月二十二日には官位を権中納言に進めているのである。翌十六年の後陽成天皇の聚楽第行幸のときには、序列として、関白秀吉、大納言徳川家康、内大臣織田信雄、権大納言豊臣秀長と続き、そのつぎに権中納言豊臣秀次となっていた。

　秀吉が秀次をすぐ養子としなかったのは、天正十七年（一五八九）五月二十七日に、長男の鶴松が生まれていたからである。ところが、同十九年（一五九一）八月五日、その鶴松がわずか三歳で夭折《ようせつ》してしまったことから、秀吉も考え方を変えざるをえない局面に追いこまれることとなった。というのは、同年、ずっと秀吉の片腕として豊臣政権を支えてきた弟の秀長が、同年一月二十二日に病死してしまっていたからである。

　結局、秀吉は同年十一月、秀次を養子とし、ついで、同年十二月二十八日に、関白職も秀次に譲っているのである。ここに、二十四歳という若い関白が誕生し、同時に、秀吉は太閤とよばれるようになる。

秀次事件はなぜおきたか

　このまま何ごともおこらなければ、太閤秀吉―関白秀次という、ちょうどいまの企業などにみられる会長―社長の関係のように、スムースに政権運営が進むはずであった。ところが、鶴松を生んだ秀吉の側室淀殿が再び懐妊し、文禄二年（一五九三）八月三日、秀吉の次男拾《ひろい》、すなわち秀頼を生んだことから雲行きがおかしくなった。

　秀吉が、秀次を養子とし、関白職を譲ったことを後悔しはじめたからである。文字通りの裸一貫から身をおこし

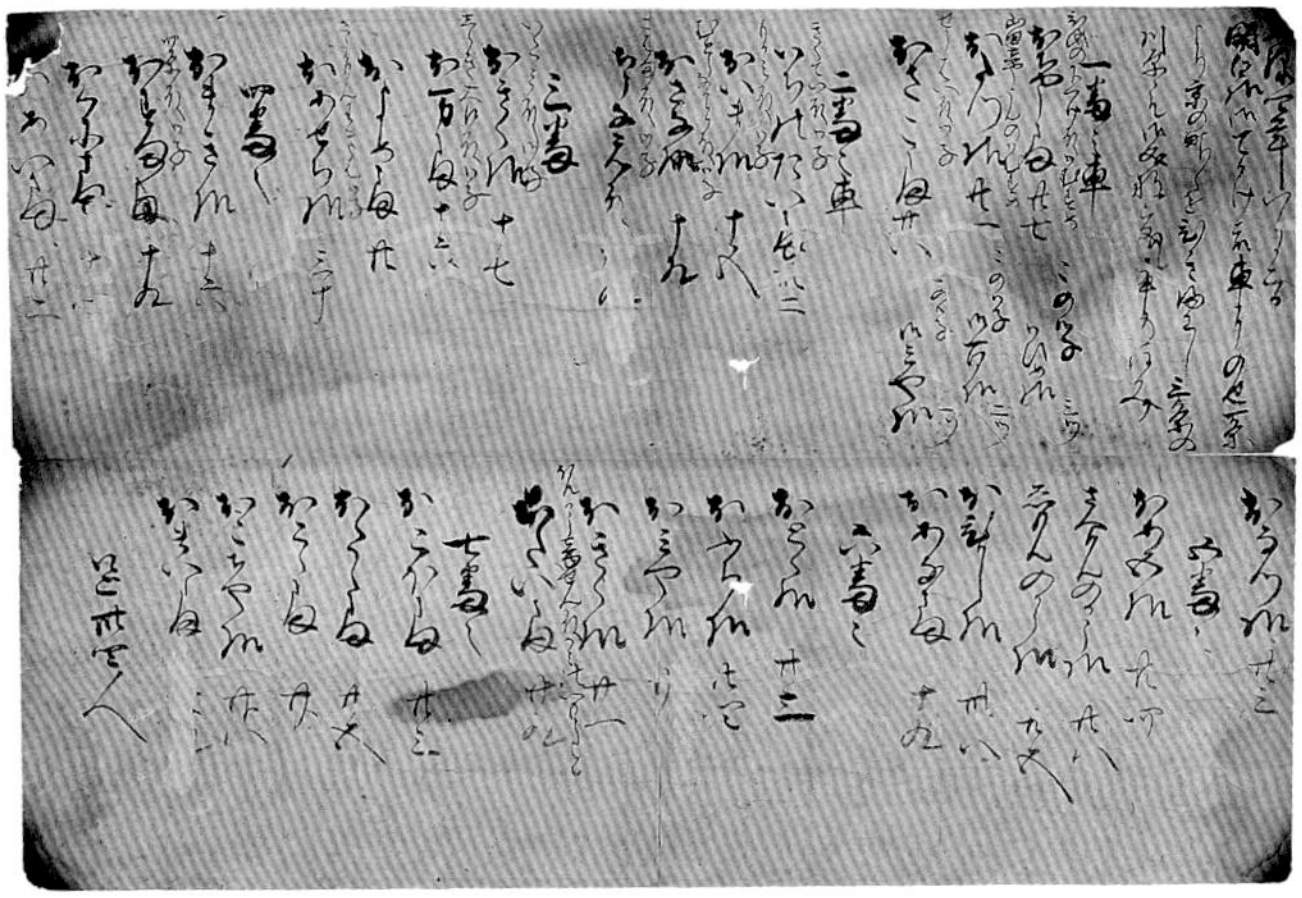

86　関白豊臣秀次手懸衆車注文　上宮寺蔵
文禄4年（1595）8月2日、秀次の妻妾、子女30余人は7台の車に分乗させられ、京の町々を引き回された上に、三条河原で斬首される。本書は車ごとに姫君子女の名前と年齢を記す。上宮寺（岡崎市）の尊祐が京都で実見したものを記したという。

た秀吉にしてみれば、せっかく築きあげた豊臣政権を、甥とはいえ他人の子である秀次より、実子秀頼に譲りたくなった。

しかし、それでも、はじめの内はまだ分別のある行動をとっていた。たとえば、秀次を関白にしてしまったことは仕方ないものとし、秀次のつぎを秀頼にするという方法をとろうとしていたことが、『駒井日記』の文禄二年（一五九三）十月朔日条からわかる。すなわち、

一、木下半介方より申し越し、御ひろい様と姫君様御ひとつになさせられ候ハん由、仰せ出さる由、関白様還りなされ御次第、その通り羽筑州夫婦ヲ以て仰せ出さる由也。

という部分で、生まれたばかりの秀頼と、まだわずか一歳の秀次の娘とを結婚させようという計画である。ここに「羽筑州」とあるのは前田利家のことなので、そのことを利家・まつ夫妻に仲だちさせようとしていたことがわかる。

それだけであれば、秀次もまだ脅威には感じなかったかもしれない。ところが、秀吉は秀頼のために、はじめは単なる隠居城として築きはじめた伏見城を豪壮な城に設計変更をし、さらに、文禄四年（一五九五）三月には、わずか三歳の秀頼に叙爵を奏請しているのである。秀頼に対する秀吉の偏愛というか溺愛ぶりが常軌を逸しはじめた。

これが、秀次事件の一つの要因である。つまり、何としても実子秀頼に関白職を譲りたいと考えるようになった秀吉にとって、秀次は邪魔な存在になってきたという点である。そのことを意識しはじめた秀次の精神状態が少なからず異常をきたしたものと思われる。

ただ、世上いわれている、秀次が謀反をおこそうとしたとか、農民を標的にして鉄砲を撃ったとか、千人斬りを行ったなどといういわゆる〝殺生関白〟の異名のもととなったことがらはでっち上げである。

もちろん、秀次が何も問題をおこさなかったというわけではない。秀吉と、秀吉側近の秀次擁立派の人にとって、秀次のわずかなミスや欠陥も針小棒大の宣伝材料にされたことは事実としてあったものと思われる。

また、以前、朝尾直弘氏が「幕藩制

84　秀次公絵巻　瑞泉寺蔵
秀次の高野山への追放から自害、妻妾子女たちの処刑までの様子を絵と詞で記したもので、「関白殿御草紙」（愛知県宝飯郡音羽町正法寺蔵　カラー図版114ページ参照）と称されているものと同内容。本図を伝える瑞泉寺は、慶長16年（1611）、秀次と妻妾たちの菩提を弔うために、その墓があった地に角倉了以によって建立された寺院である。

と天皇」という論文で、「いったんゆずってしまうと、関白を中心とする国制機能は独自に発動され、太閤権力の制御をこえる動きをみせようとした」と指摘している点も注目されるところである。

朝尾氏は、文禄三年（一五九四）四月の官位叙任において、秀吉の意思によりながら、形式上は関白秀次の同意を得て、その奏請によって決定した事例を紹介している。いかに太閤とはいえ、関白の職を退いてしまった以上、秀次の同意なしにはことが進まなかったことがあった。秀吉にしてみれば、自分の思う通りにいかなくなる事態が生ずることを危惧したのではなかろうか。秀次が絶大な権力を握ってしまう前に、その芽を摘んでしまおうと考えた可能性はある。

吉政が連座しなかった理由

文禄四年（一五九五）七月十五日に、秀次は高野山で切腹する。そのとき、山本主殿《とのも》・山田三十郎・不破万作の三人の小姓衆も切腹しているが、ほかに、白井成定・熊谷直之も切腹し、木村重茲は斬首されている。さらに一柳右近可遊は家康にお預けとなり、前野長康も中村一氏にお預けとなっており、連坐した者はかなりの数にのぼっている。

ところが、田中吉政をはじめ、中村一氏・山内一豊・堀尾吉晴ら年寄にはお咎めはなかった。年寄で処分を受けたのは渡瀬繁詮《わたせしげあき》くらいなものであった。

では、田中吉政が、「関白殿一老」といわれながら、連坐をまぬがれたのはどうしてだったのだろうか。

この点について、『新編岡崎市史』近世3は、『武家事紀』の記載に拠りながら、「秀次切腹の三年前から、秀次近臣熊谷大膳・河波杢助《もくすけ》の讒言により、吉政は秀次と疎遠になっていた」としている。おそらく、秀吉も、秀次とその与同の家臣を処分すればいいと考えていたのであろう。

その点にかかわって、先に引用した『石川正西聞見集』に興味深い記述がある。すなわち、

田中兵部は、関白殿一老にて候へども、岡崎に住居して、関白殿御なり果不知がほしてかまい之無き處に、をとな宮

91　田中吉政書状
大夫村内法寿院宛　延命寺蔵
田中吉政が知多郡大夫（大府）村法寿院（延命寺）に屋敷地諸役免除を証したもの。知多郡の寺院に対する吉政の行為は、豊臣秀次自害後の文禄4年（1595）8月に知多郡などで3万石を秀吉から預けられたことによるものであろう。延命寺では文禄年間に六坊のうち四坊が退転したというが、吉政の寺領没収によるものであろうか。

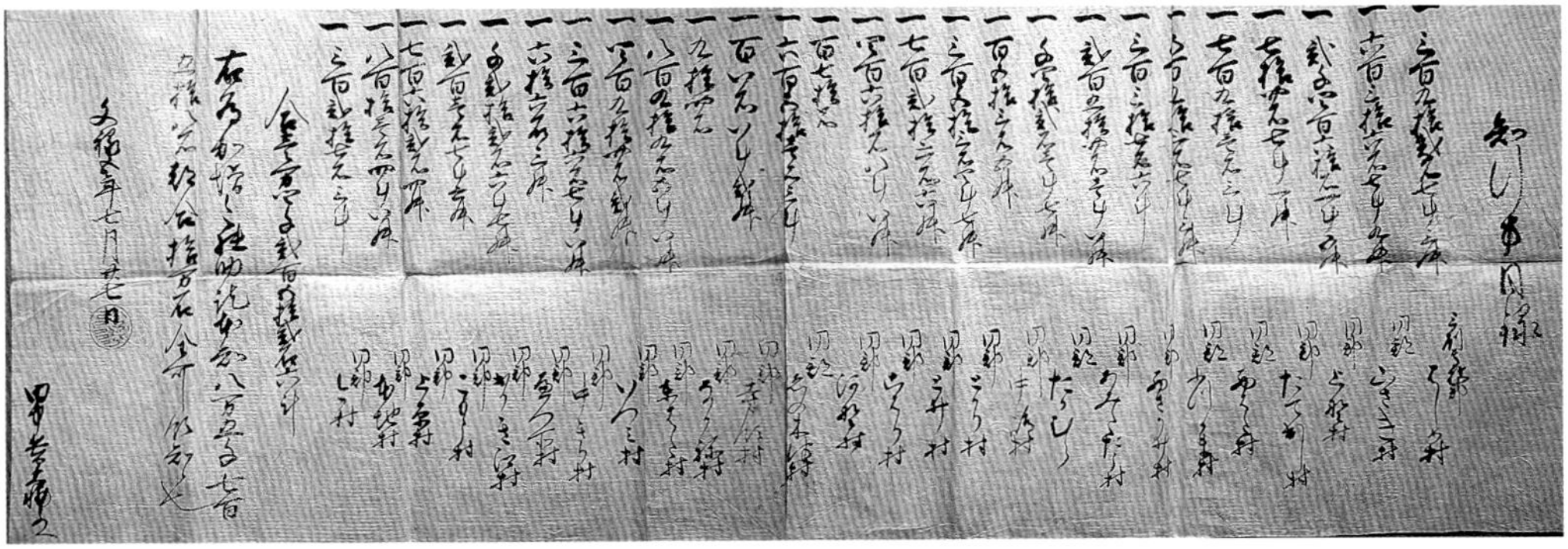

92　豊臣秀吉知行方目録　柳川古文書館蔵
秀吉が田中吉政に14,252石余の知行加増を行ったもの。これにより吉政は本知とあわせて10万石余の大名となった。加増された26か村は、碧海郡全域及び賀茂郡の矢作川以西の「高橋郡」という地域内の村である。これらの村は豊臣秀次領だったと考えられるところで、秀次自害により吉政に加増されたと見られる。

崎五左衛門とやらん申《もうし》候は、伏見より上意なきさきに切腹あれ、我等供仕るべしと兵部へ異見してすゝめ候へども、いらざるさし出で申すものかなとて、田中座敷を立て、あひの戸をたて、かけがねかけられ候由、五左衛門こは異見申ものかなと、人々申す内に、四万石加増拝領、岡崎西尾両城の主に仰せ付けられ候と云々《うんぬん》、

というもので、吉政の家老宮崎五左衛門が吉政に対し、秀次事件の連坐を心配し、伏見からの沙汰が下る前に、吉政に切腹を勧めたというものである。

身にやましいところがあれば、吉政も家老の「異見」に従ったろう。しかし、ふだんから、秀次に対しては諫言をくりかえしていた吉政は、「自分は連坐することなどない」と自信をもっていたものと思われる。そして、実際その通りになり、かえって三万石を加増されている。

さらにそののち、慶長元年（一五九六）にも加増され、十万石の大名になっているのである。

コラム

朝鮮出兵の大船建造と大浜

堀江登志実

田中吉政が幡豆郡大浜（碧南市）で秀吉の唐入（朝鮮出兵）船の造船を行ったという伝承がある。当時、大浜は西国との交通上でも重要な湊であり、家康も本能寺の変で岡崎に帰る際に伊勢白子より伊勢湾を渡海し大浜に上陸している。大浜にある称名寺の正保年中（一六四四～四八）の記録「三州大浜道場称名寺建立之覚」に、次ぎのように記される。

寺領惣高五町八反、外ニ山林八町今林共ニ二ヶ所御座候、太閤公右之寺領山林共ニ落し置かれ、其の節三州西尾の城主田中兵部少唐入の船造作の刻、本堂之ねた切り落し、鍛冶屋ニ致され、其の後大風ニ而て吹き破られ、終ニ退転仕る由、古来より申し伝う御事

称名寺では秀吉による寺領没収を伝えているが、この時、吉政は唐入船造作のために、称名寺本堂の根《ね》太《た》を切り落とし、鍛冶屋にしたという。根太というのは床を支える横木であり、それを切りおとして土間を作り、造船に必要な金具類を調製する鍛冶屋にしたというのである。

また、碧海郡上和田村犬頭《けんとう》神社《じんじゃ》（岡崎市）の由緒には太閤の仰せにより造船のために神木を伐採しようとしたところ、神主が反対したために秀吉により神領を没収されたとし、吉政が太閤上意として御用木と称し、大杉を伐採したのも大浜での船修造のためであるという（「三河国碧海郡上和田宮地村式内糟目神社犬頭大明神由来」妙国寺文書）。

秀吉は朝鮮出兵準備のために、天正十九年（一五九一）正月、沿海諸国の大名に、高十万石につき大船二艘宛用意すべきことを命じたとされる（『太閤記』）。吉政の造船も秀吉の指示によるこの大船をさすのであろう。

この大浜で造られた大船には、乗船する舟子が篠島《しのじま》（南知多町）から調達された。『篠島史蹟』によると、島に伝わる「征韓従軍に関する古文書」として、朝鮮に駆り出された舟子十七人への扶持米に関する記述がある。天正二十年（一五九二）分として一五三石一斗二升八合、文禄二年（一五九三）分一七五石一斗六合、文禄三年三月十日に四〇石、同年三月に四三石五斗で、都合三年分四一一石六斗四升五合の扶持米高が記される。このうち文禄三年三月十日の四〇四石分については「おはりのこきそ（尾張国御器所）にて田中兵部様よりうけ取也、但し大はまにて御作り成され候御船にのり申して、かうらいまで罷り越し候右十七外に下され候と云々」とあり、扶持米給付役に吉政の名前がみられる。

豊臣秀次は朝鮮出兵には従軍せずに留守役を命じられている。秀次は与力大名である堀尾吉晴、山内一豊、松下之綱らを率いて京都の守備にあたった。吉政も出兵せず国内の治世にかかわっていたとみられる。

三州大浜道場称名寺建立之覚
称名寺蔵

94　徳川家康像　三河武士のやかた家康館蔵

衣冠束帯姿の家康像。家康がいつ頃から田中吉政との関係をもつようになるのかは不明であるが、秀吉没後から吉政が家康に急接近したのであろう。関ヶ原合戦前には、会津攻めのため大坂城を出て東下し伊勢湾を渡海する家康を、三河佐久嶋で吉政が饗応している。

石田三成像　龍潭寺蔵

田中吉政の重臣であった田中主馬家は、田中家断絶後に近江彦根藩士となったが、その子孫である田中左門が龍潭寺へ寄進した三成像。明治三十三年（一九〇〇）に関ヶ原合戦場で合戦三〇〇年を記念して大法要が行われた時、絵師「岸勝」に依頼して作成されたもの。堂々たる体躯や、肉づきのよい容貌は、杉山家伝来の三成像と相違する面もあるが、三成を描いた像として最も流布し、著名な作品となっている。

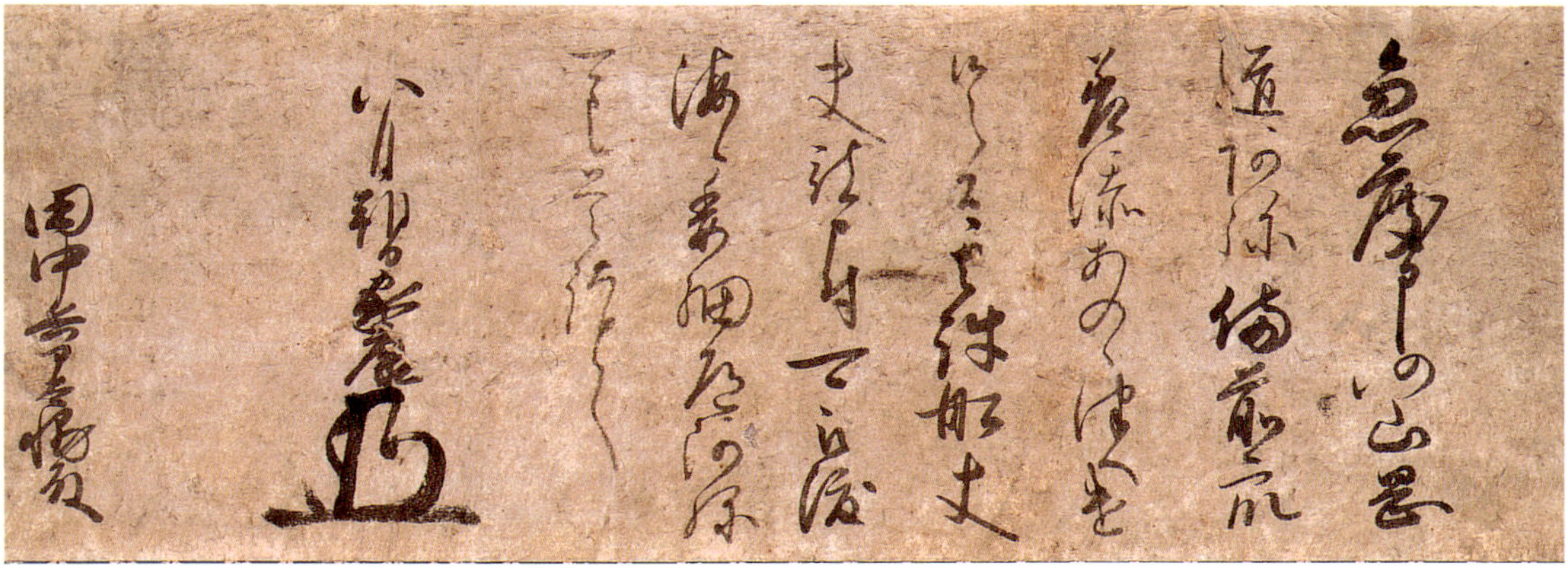

96　徳川家康書状　田中吉政宛　徳川記念財団蔵

家康が、山岡道阿弥（景友）に備前衆を添えて安濃津へ遣わすので、船の手筈を整え渡海させるよう田中吉政に依頼したもの。関ヶ原前哨戦として伊勢国で行われた安濃津城の攻防戦にかかわるものとして、年代を慶長５年（1600）８月朔日と推定する。

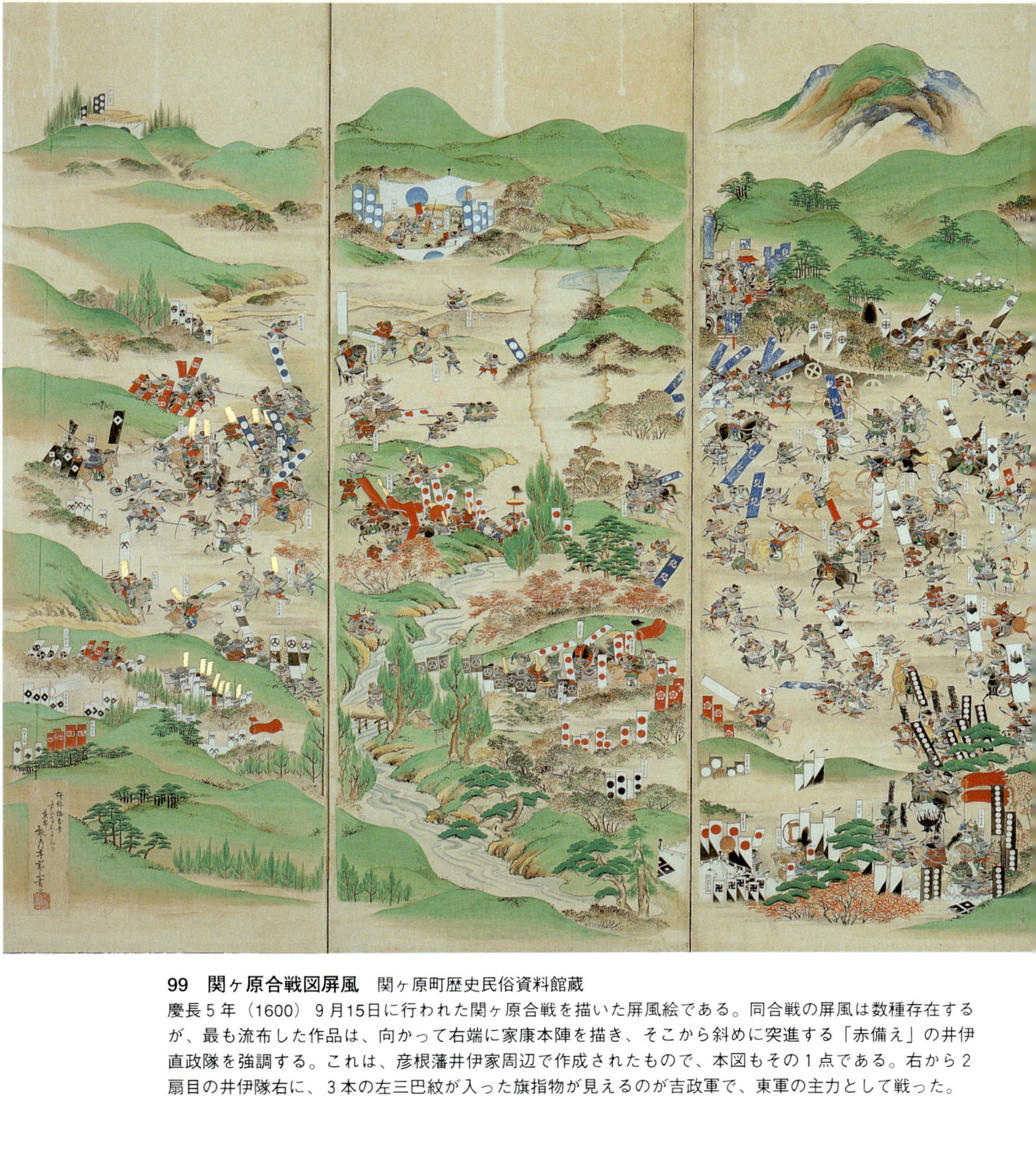

99　関ヶ原合戦図屏風　関ヶ原町歴史民俗資料館蔵

慶長５年（1600）９月15日に行われた関ヶ原合戦を描いた屏風絵である。同合戦の屏風は数種存在するが、最も流布した作品は、向かって右端に家康本陣を描き、そこから斜めに突進する「赤備え」の井伊直政隊を強調する。これは、彦根藩井伊家周辺で作成されたもので、本図もその１点である。右から２扇目の井伊隊右に、３本の左三巴紋が入った旗指物が見えるのが吉政軍で、東軍の主力として戦った。

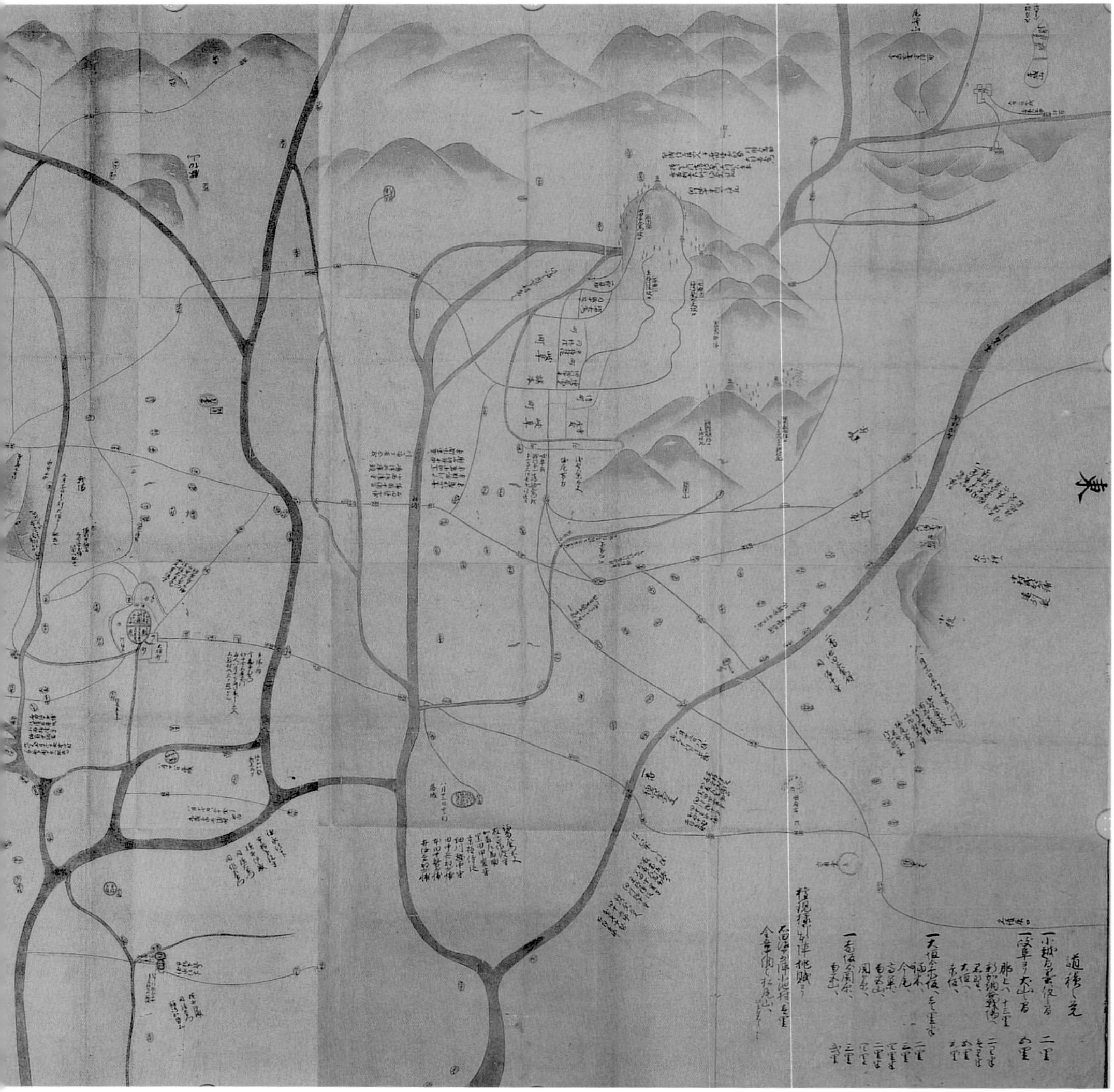

102　**関ヶ原御陣場図**　垂井町教育委員会蔵

関ヶ原合戦場の絵図面で、清須から、岐阜城攻め、決戦場までの広範囲を描き、東軍と西軍の武将の名前を戦局に従って各所に書き込む。福島正則らとともに木曽川を渡り、竹鼻城の攻略、さらに江渡での石田勢と対峙する場面に田中吉政の名前がそれぞれ見られる。

100　関ヶ原合戦絵巻　岐阜市歴史博物館蔵

上下２巻からなる関ヶ原の本戦を描いた絵巻物。画家の遠坂仲雍は、江戸後期に活躍した谷文晁の流れを汲む、江戸の南画系画家とされる。上巻は石田三成の陣地を大きく描き、そこに向かって攻撃をかける東軍の状況がメインである。巻末近くに島津義弘・小西行長の陣所が描かれ、福島正則隊との交戦が描かれるが、その上方に左巴紋の旗指物の一団が、宇喜多秀家隊と交戦している。これが田中吉政隊である。

105　佐和山古図　彦根城博物館蔵

彦根藩井伊家に伝来した石田三成の居城・佐和山城の図である。山中の本丸を中心に曲輪が展開し、正面は東南の鳥居本方面で、のちの中山道を取り込む形で城下町が形成されていた。西北方面は松原内湖で百間橋が架かっていた。吉政は関ヶ原合戦直後の９月16日から城攻めを行い、搦手に当る北側の水ノ手から城内に突入、翌日には落城させている。

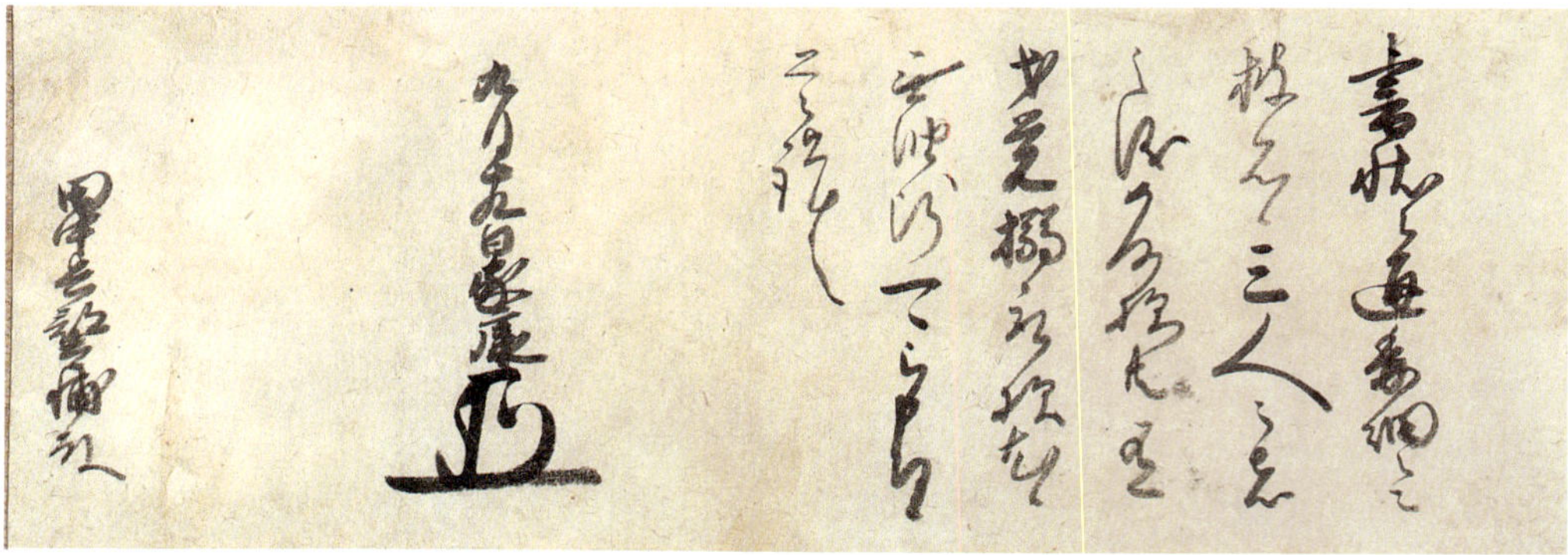

106　徳川家康書状　田中吉政宛　早稲田大学図書館蔵

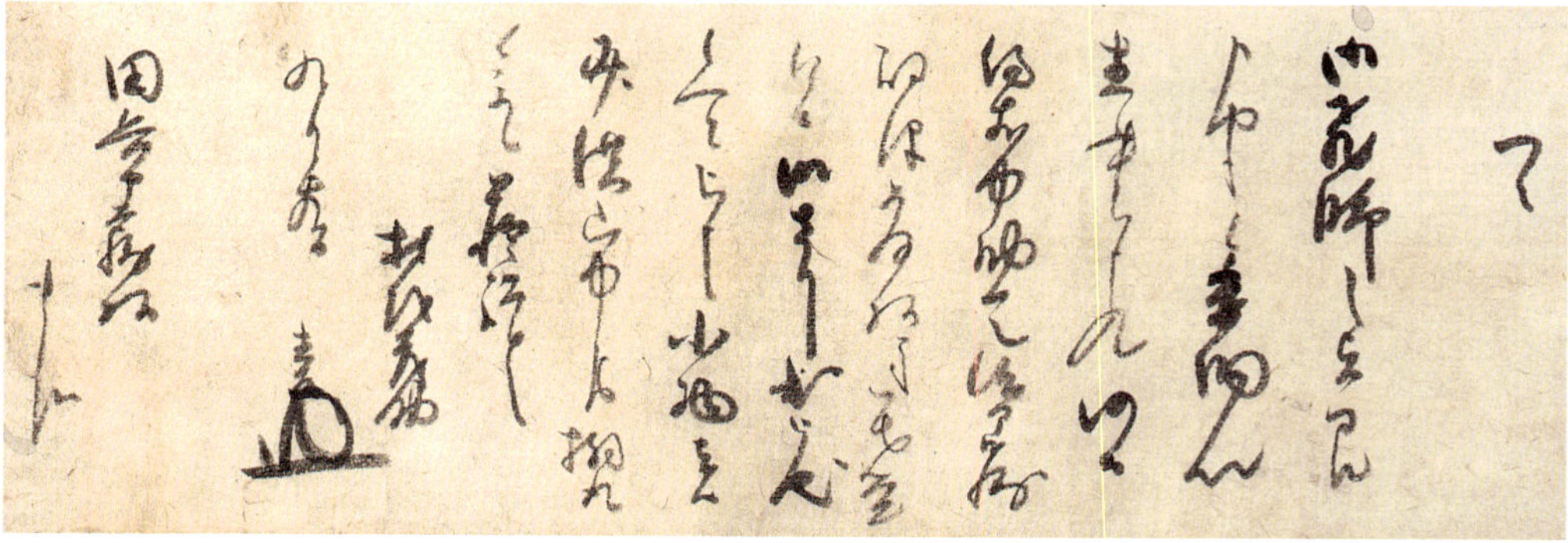

107　村越直吉添状　田中吉政宛　早稲田大学図書館蔵

徳川家康が田中吉政に対して、関ヶ原合戦場から逃亡した３人を捕縛するよう命じた書状。関ヶ原合戦４日後のもので、同日付けの家康家臣の村越直吉による添状により、３人とは備前中納言（宇喜多秀家）・治部少輔（石田三成）・嶋津（義弘）のことだと分かる。吉政が家康から直々に、三成捕縛の命令を受けていたことが知られる。

関ヶ原合戦と田中吉政

太田浩司

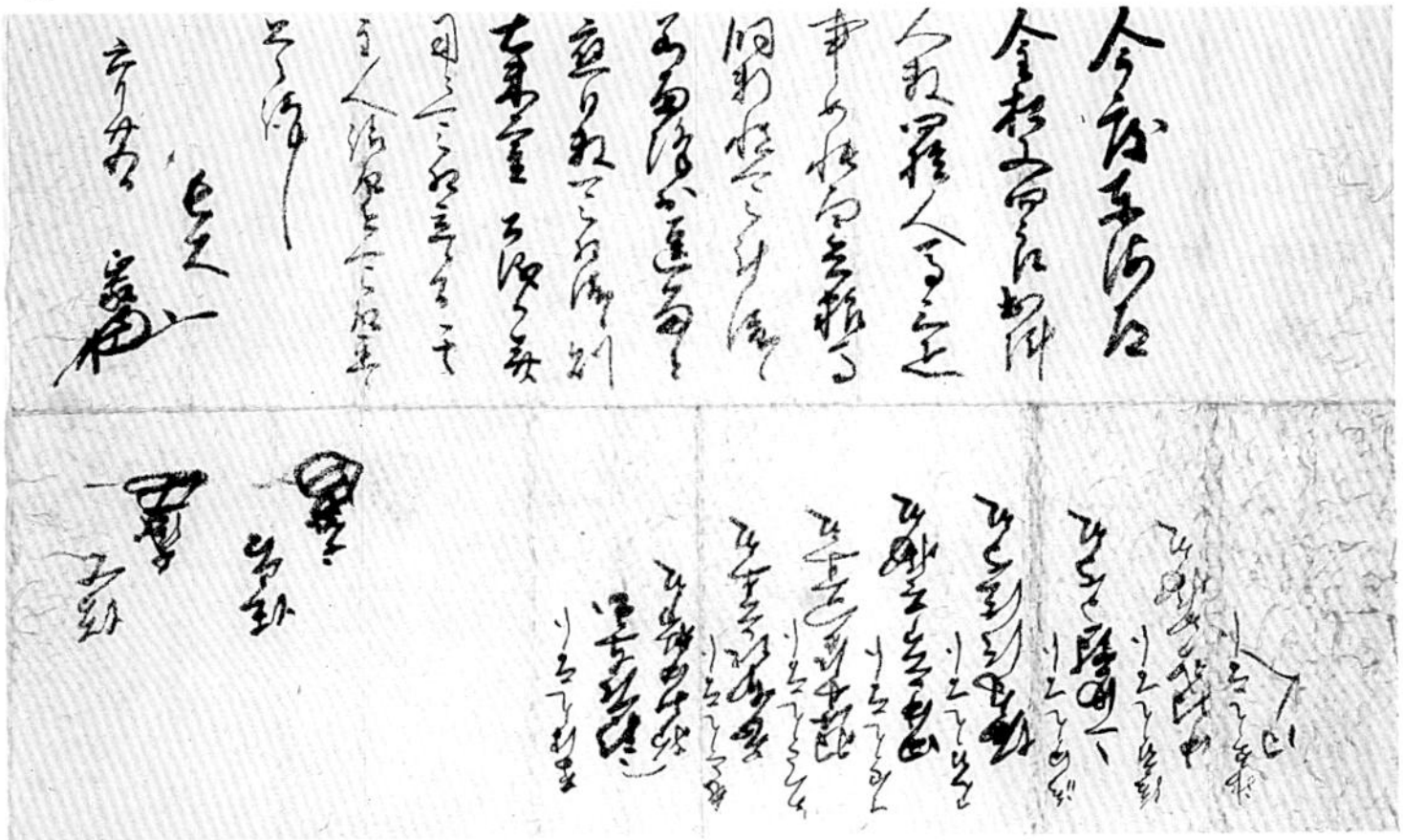

93　豊臣家三奉行連署状
名古屋市秀吉清正記念館蔵
慶長5年（1600）、会津攻めのために東海道に出陣する兼（金）松又四郎正吉の兵糧馬料を公儀御算用で給付することを沿道の諸将に伝えたもの。吉政には嵩山（豊橋市）にて二日分の用意準備が決められている。豊臣家の三奉行が発給しており、会津出兵は豊臣政権全体の行為として行われたといえる。兼松正吉は尾張在地武士で、関ヶ原の役には家康率いる東軍に属した。

109　石田三成像（複製）　杉山丕氏原蔵
江戸時代に描かれた三成の唯一の肖像画。所蔵者の杉山家は、津軽藩の重臣に当たるが、三成の次男重成の系統である。

下野国小山からの西上

ここでは、吉政が筑後柳川で三十二万石余を得るきっかけとなった、関ヶ原合戦前後の動向をみてみよう。豊臣家に替わる政権を準備していた徳川家康は、会津の上杉景勝を討つため、慶長五年（一六〇〇）六月十八日に伏見城をたって関東に向かった。田中吉政も、この会津攻めの軍隊に加わっている。その後、石田三成を主将とする西軍の挙兵が、家康のもとにも伝えられ、七月二十五日に下野国小山《おやま》（現在の栃木県小山市）で、諸将の動向を見定める会議が行われた。この場で、会津攻めに付き従っていた多くの大名が、家康の東軍として戦うことを表明、西上して西軍を討つことになった。田中吉政は「近江は某《それがし》か生国にして、よく地理をしりぬ、ねがはくば先鋒たるべ

95　徳川家康朱印状　田中吉政宛　柳川古文書館蔵
徳川家康が田中吉政に対して佐和山城周辺の治安維持を命じた文書。合戦の二月前の七月の文書で、家康が早くから三成居城の佐和山を意識していたことが知られる。

し」と会議で発言し、この軍に加わることになったと、『寛政重修諸家譜』は伝える。

　七月二十六日、西に向かおうとする吉政に、徳川家康は朱印状（柳川古文書館蔵「田中文書」）を出している。そこでは、石田三成の居城・佐和山城（現在の滋賀県彦根市所在）を攻撃するにあたっての注意で、周辺の住民が山に避難しているのを、還住させるように命じている。徳川家康が当初から西軍の拠点である佐和山を攻撃する意図を持っていたことが分かるが、その中心部隊として吉政の軍を想定していたらしい。

　追って、七月二十九日には家康が、「大坂奉行衆別心」について、さらに吉政と相談したいことがあるが、西上の途中なので、池田輝政に詳細は伝えるので相談するように手紙を出している（「戸田家文書」）。さらに、七月晦日には家康は藤堂高虎に対して、東海道筋の道普請について、福島正則・池田輝政・田中吉政と協議するよう書状（「藤堂家文書」）を出している。追って、家康は伊勢国の安濃津城攻めのことを吉政に連絡している（カラー図版131ページ参照）。これらの状況から、徳川家康が西軍との合戦における前線司令官として、田中吉政の存在に大いに期待を寄せていたことが読み取れる。

　また、八月二十八日には、中山道を通り上野国松井田（現在の群馬県松井田町）に着陣した徳川秀忠が、吉政に対して信州真田氏を制圧した後、間もなく上洛することを伝え、さらに美濃方面の状況を伝えるよう依頼している書状（柳川古文書館蔵「田中文書」）を出している。家康のみでなく、その子・秀忠からも信頼が厚かった吉政の姿を知ることができる。

関ヶ原合戦前後の動き

　東西両軍の戦闘は、八月一日の西軍による伏見城攻めからすでに始まっていた。田中吉政は、西上する東軍の先鋒隊として木曽川を渡り、八月二十三日、西軍の織田秀信（信長の孫）が立て籠もる岐阜城を攻撃した。『寛政重修諸家譜』では、福島正則・池田輝政・細川忠興・藤堂高虎・黒田長政・加藤嘉明・生駒一正・寺沢広高・蜂須賀至鎮《よししげ》・京極高知と共に攻撃を行ったと記し、『田中興廃記』では大手攻め

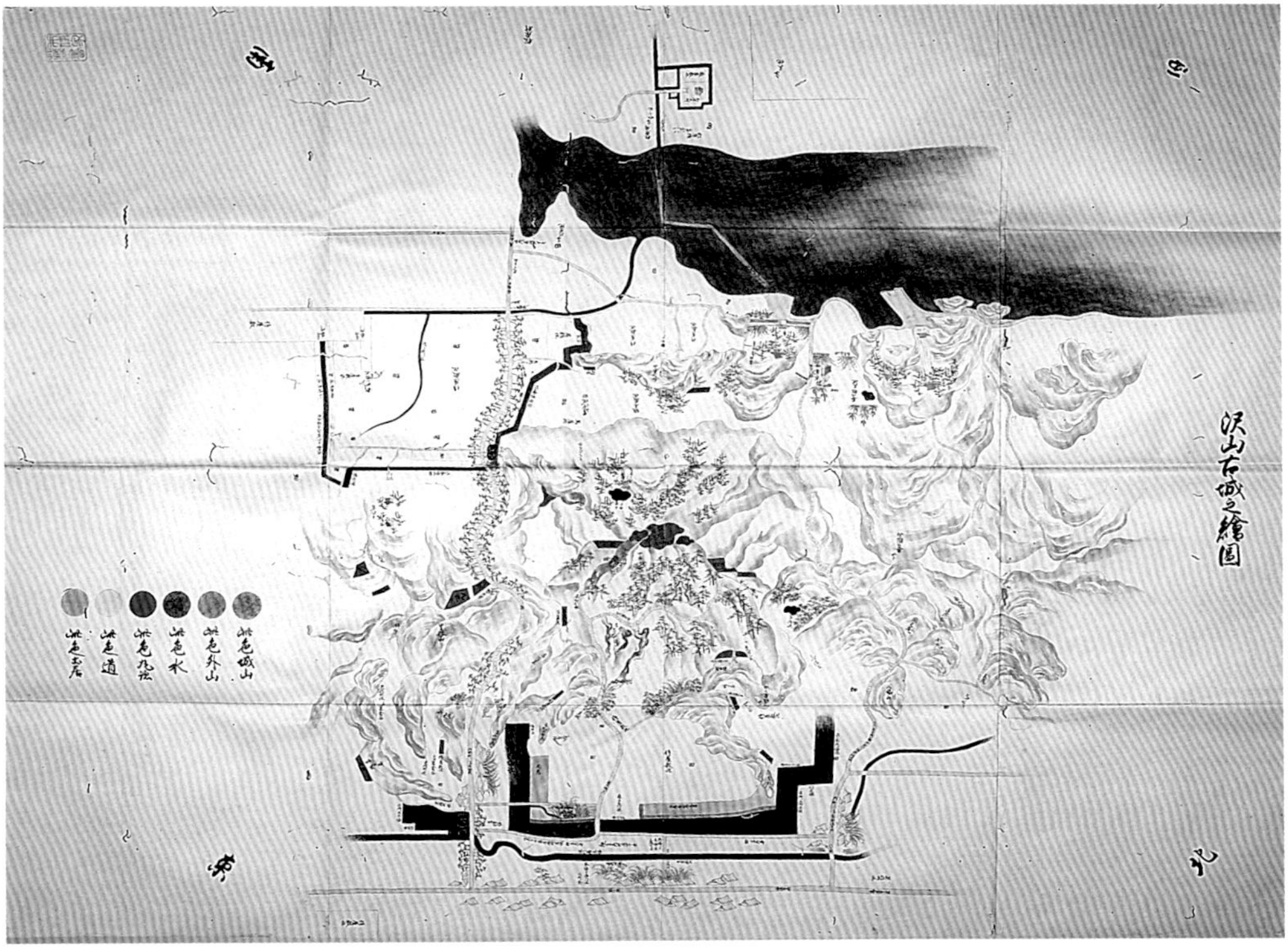

104　沢山古城之絵図　彦根城博物館蔵
「佐和山古図」（カラー図版137ページ参照）と共に、彦根藩井伊家に伝来した佐和山城の図。同城の遺構は破壊が甚だしいが、井伊家による彦根築城に石垣などを転用した際、破壊されたと考えられている。

田中吉政陣跡
関ヶ原合戦場に立つ吉政陣跡を示す石柱。明治三十九年の建立で、もともとは旧北国街道（脇往還）沿いにあった。

を担当したと記述している。その直後、石田三成軍が岐阜城の後詰として大垣から出撃してきたので、吉政らも長良川の「江渡《ごうど》」まで向かった。最初、浅瀬が分からず対岸に渡ることができなかったが、吉政が加賀島の渡りを見つけ西軍を追い崩し、吉政の家臣である辻勘兵衛重勝は、敵将杉江勘兵衛を討ち取る戦功を上げたと『寛政重修諸家譜』は記述する。

九月十五日の関ヶ原での合戦では、吉政は黒田長政・細川忠興・加藤嘉

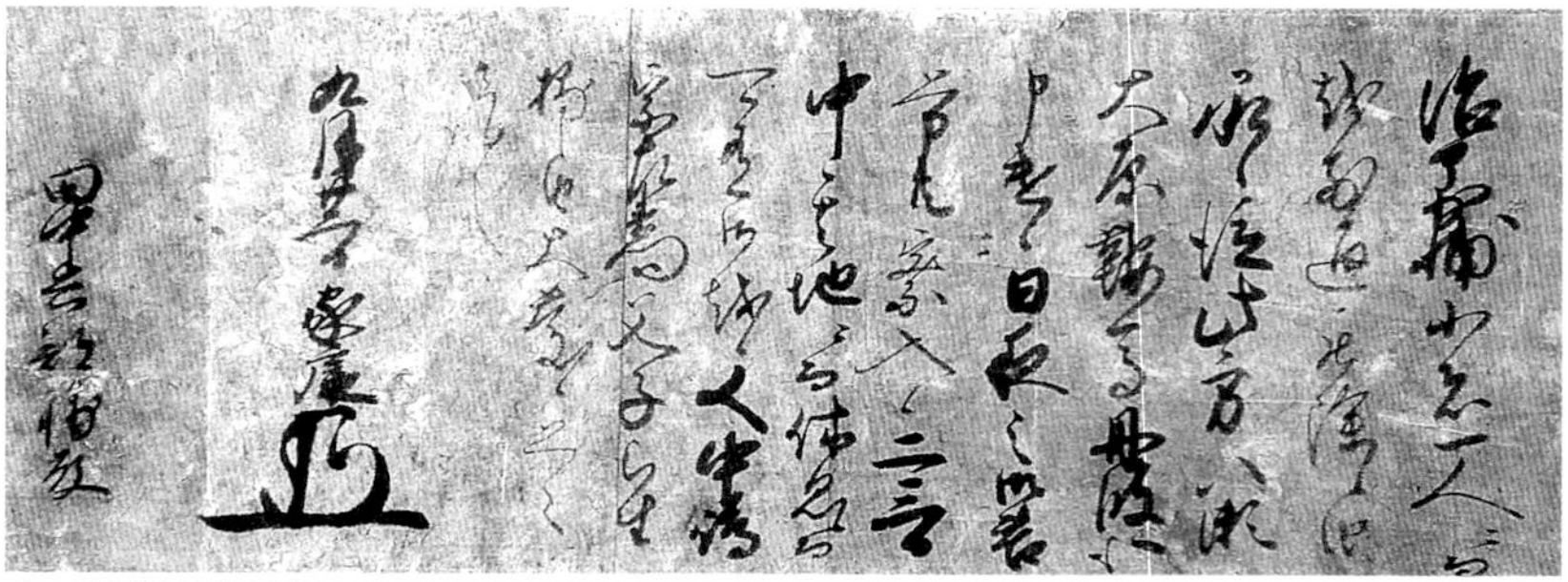

98　徳川家康書状　田中吉政宛　柳川古文書館蔵
徳川家康が吉政に、越前方面へ逃亡したとの情報がある三成の捕縛を命じた文書。三成家臣の中嶋宗左衛門尉を捕らえたことを賞している。

明・藤堂高虎・福島正則・井伊直政などと共に、東軍の主力として最前線で戦い勝利を得た。吉政隊が刃を交わしたのは、石田三成本隊であった。翌日から三成の居城である佐和山の攻撃が始まり、吉政は搦手（北側）から攻め込み、籠城軍の抵抗が激しいので、水ノ手郭に金掘を潜入させ内部を攪乱、落城させることに成功したと『寛政重修諸家譜』は伝える。九月十七日のことであった。

石田三成の捕縛

　合戦直後から、吉政は家臣たちに命じて、石田三成ら落ち延びた西軍諸将の追跡の任につく。『田中興廃記』は、徳川家康から「石田三成佐和山に籠城せざる上は何国に落ちたるも知りがたし、貴殿は江州の案内者なり、急ぎ江北へ馳せ赴き、石田を尋ね出《い》ださるべし」と命しられたと伝える。藤井治左衛門『関ヶ原合戦史料集』によれば、「田中吉政は東近江に対し、懸賞を付け、石田三成・宇喜多秀家・島津惟新三将の捜査状を出した」として九月十七日付田中吉政文書を掲載する。出典が明記されていないので、文書の真偽を判断できないが、佐和山落城直後から吉政が三成探索を行っていたことは事実であろう。

　九月十九日、家康およびその臣・村越直吉が、宇喜多秀家・石田三成・島津義弘の捕縛を、田中吉政に命じた文書（早稲田大学図書館所蔵文書、カラー図版138ページ参照）が残っている。文面から、吉政からの手紙への返信と見られ、命令は以前から出されていたものと判断できる。

　村越直吉の書状では、小西行長を捕縛したことが、吉政へ伝えられている。なお、捕縛が命じられた三人の内、島津は敵中突破を果たし、江濃国境の五僧峠を越え堺から薩摩へ逃亡、宇喜多も北近江に長く潜伏していた後、島津氏を頼って薩摩に赴いているので、結果的に家康軍によって身柄を拘束されることはなかった。

　九月二十二日、徳川家康は田中吉政に次の書状を出している。

治部少輔《じぶのしょうゆう》小者一人ニて、越前通り罷《まか》り除《の》き候由承り候、此方より八瀬・大原・鞍馬・丹波へも申し遣わし候、日夜の御苦労共察し入り候、二・三日

中其の地ニて休息候て御越し有るべく候、又中嶋宗左衛門尉父子生け捕られ候由、大慶に候、恐々謹言、

九月廿二日　　家康（花押）

田中兵部大輔殿

ここでは、三成の逃亡先について、北近江から越前との情報を得ているものの、家康は山城・丹波方面にも探索の網をかけていたことが知られる。ここでは、しばらくの休息の後、三成捕縛に向かうよう吉政に命じると共に、三成の家臣・中嶋宗左衛門親子を生け捕ったことを称賛している。実は前日、田中吉政の家臣によって、すでに三成は捕縛されていた。九月二十二日付けで、徳川家康が吉政に三成捕縛を賞した手紙の写（『譜牒餘禄』）も残っている。

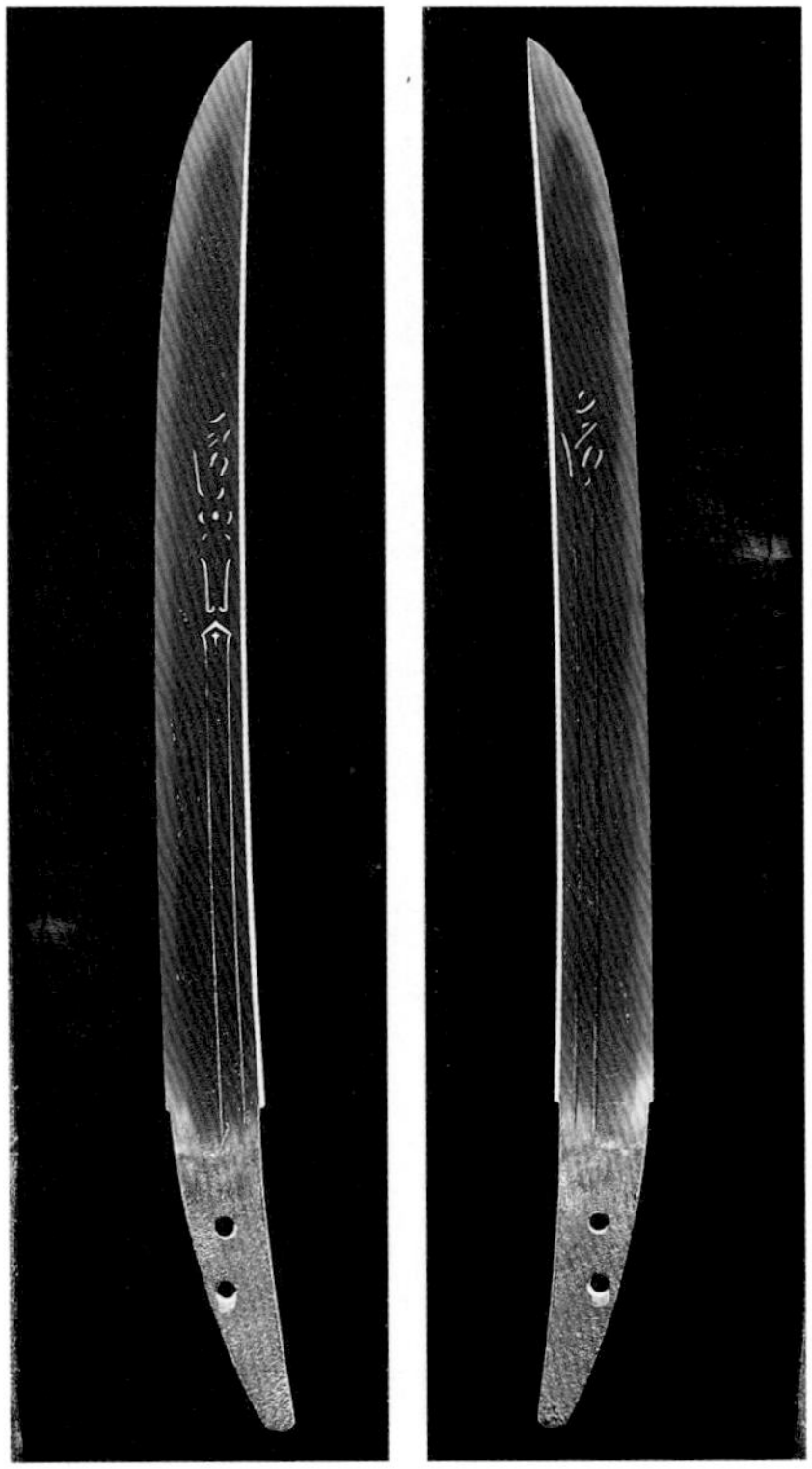

108　短刀　無銘貞宗（名物石田貞宗）東京国立博物館蔵
一尺をわずかに越える寸延《すんのべ》短刀なので脇差とも記される。捕らえられた三成が、手厚くもてなした吉政に対して形見として贈ったものと伝えられる。

諸書にみる捕縛状況

『寛政重修諸家譜』では、三成捕縛の経緯を以下のように伝える。三成は近江国草野（現在の東浅井郡浅井町東北部・米原市東北部周辺）に樵《きこり》の姿をして隠れていたが、吉政の家臣・田中伝左衛門正武が怪しんで尋問した。三成は自分が樵であると答えたが、その面を知っている者が捜査隊の中にいて生け捕ったとある。

一方、『田中興廃記』では、次のように記す。三成捜索のため北近江に至った田中吉政は、井口村（現在の伊香郡高月町井口）に陣所をおき、諸方へ兵を遣わして探索に当たった。三成は合戦場からの逃亡の途中で、腹痛をおこし歩行もままならぬ状態であった。古橋村（現在の伊香郡木之本町古橋）までたどりつき、同村の与次郎太夫に匿ってもらった。しかし、周囲に敵の探索がのびたことを知った三成は、与次郎太夫に迷惑がかかることを嫌い、田中吉政に自身の居場所を告げるよう促す。与次郎太夫は最初は断ったが、三成の強い意志を察し、吉政のもとに三成潜伏を通報した。すぐさま、吉政の家臣である田中伝左衛門・沢田少右衛門が古橋村を訪れ、三成に縄をかけ乗物に乗せて、井口村まで連行したとある。

吉政にあった三成は、「一戦に利を失い言語道断無念なり、去りながら太閤への報恩と思えば今はさまでの後悔なし、又今日まで身を離さず秘蔵せし脇指は、先年太閤より給りたる切刃貞宗の珍器なり」と述べ、この脇差を吉政に授けたと『田中興廃記』は記す。

この時、吉政が三成から与えられた短刀が、東京国立博物館に収蔵されて

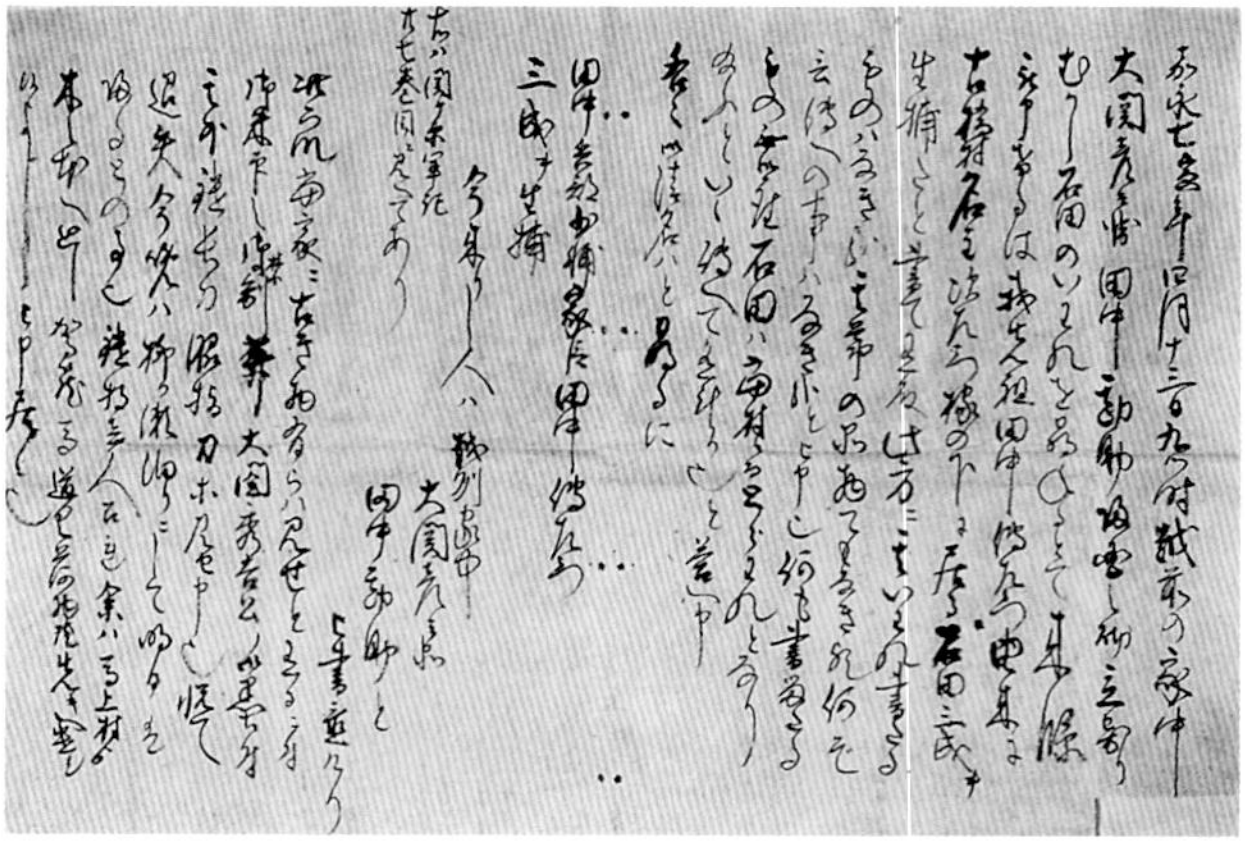

112 石田三成生捕覚書　高橋家文書
嘉永七年（一八五四）四月十三日に、越前福井藩士二人が、三成を直接捕らえた田中伝左衛門の子孫と称して古橋村を訪れた時の経緯が記されている。

いる石田貞宗である。一尺をわずかに越える寸延《すんのべ》短刀なので、脇差とも表現される。

湯浅常山の『常山紀談』によれば、田中吉政は捕縛された三成に会釈して、「数十万の軍兵をひきゐられし事、智謀のゆゝしき事と申すべし、軍の勝敗は天の命に候えば力に及びがたし」と述べたという。その時、三成は座上の柱によりかかりながら、常日頃のごとく「田兵」（田中兵部大夫の略）と呼んで吉政に話かけていたと描写されている。田中吉政の出生地である浅井郡三川・宮部と、石田三成の出生地である坂田郡石田村は、直線で七キロ程しか離れていない。同じ浅井氏家臣の家系でもあり、両者は若年期から親しかったと推定できる。

三成の捕縛場所

三成が吉政の軍に捕まった場所としては、『寛政重修諸家譜』は草野と記し、『田中興廃記』は古橋村と記す。この他にも、脇坂村・川合村・井口村など諸書によって区々で一定しないが、古橋村とするのが最も一般的である。さらに、古橋村の中でも、具体的な捕縛地については、山中の洞窟としたり、三成を匿った与次郎太夫宅と言われたり、高時川沿いの下川原とする説もある。

最近、『古橋村高橋家文書』から、嘉永七年（一八五四）四月十三日に、越前福井藩の家臣であった大関彦兵衛・田中勘助が、田中伝左衛門の子孫と称して古橋村を訪れた時の経緯を記した文書が発見された。それによると、三成は次左衛門宅の縁の下で生け捕られたと記している。

このように、その捕縛地は江戸時代から諸説あるが、吉政や三成の生国である北近江であったことは間違いない。生国であるからこそ、逃亡先に選び、生国であればこそ、その追捕を命じられた。この一件は、三成にとっても吉政にとっても、不思議な因縁を抱かせることになったであろう。

田中吉政はこの関ヶ原の一連の戦功により、三河国岡崎・西尾城主十万石から大幅な加増を受け、三十二万石余の大守として、慶長六年（一六〇一）四月、筑後柳川に入部するのである。彼にとって、関ヶ原合戦は間違いなく大きな節目であった。

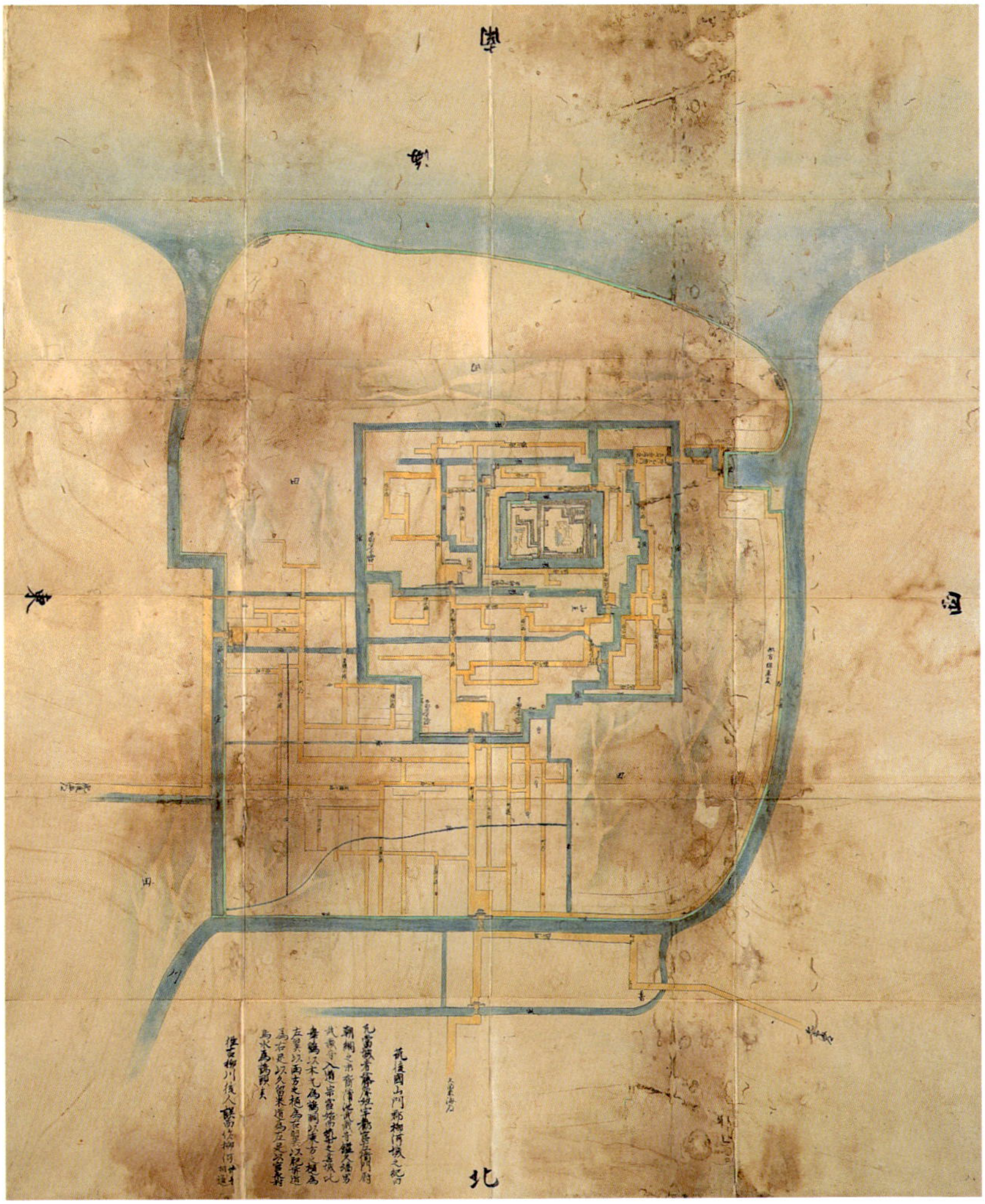

116　柳川城絵図　福岡県立図書館蔵

江戸時代の柳川城下に関する絵図は、柳河町・城内地区・沖端町など個別の町を描いたものは多いが、城下の南、宮永地区や有明海の海岸線まで含む構図をとっているものは珍しい。天守閣や本丸・二の丸附近の構造物が描かれ、同時に「此所元者櫓有」といった注記のあるのも貴重である。城堀や道などは江戸後期の絵図とほぼ同じであり、作成時期は不明である。柳川城築城の由来（戦国時代の当地の国人蒲池氏によって造られた）が記されているが、本図がその頃の状況を記すと考える必要はない。

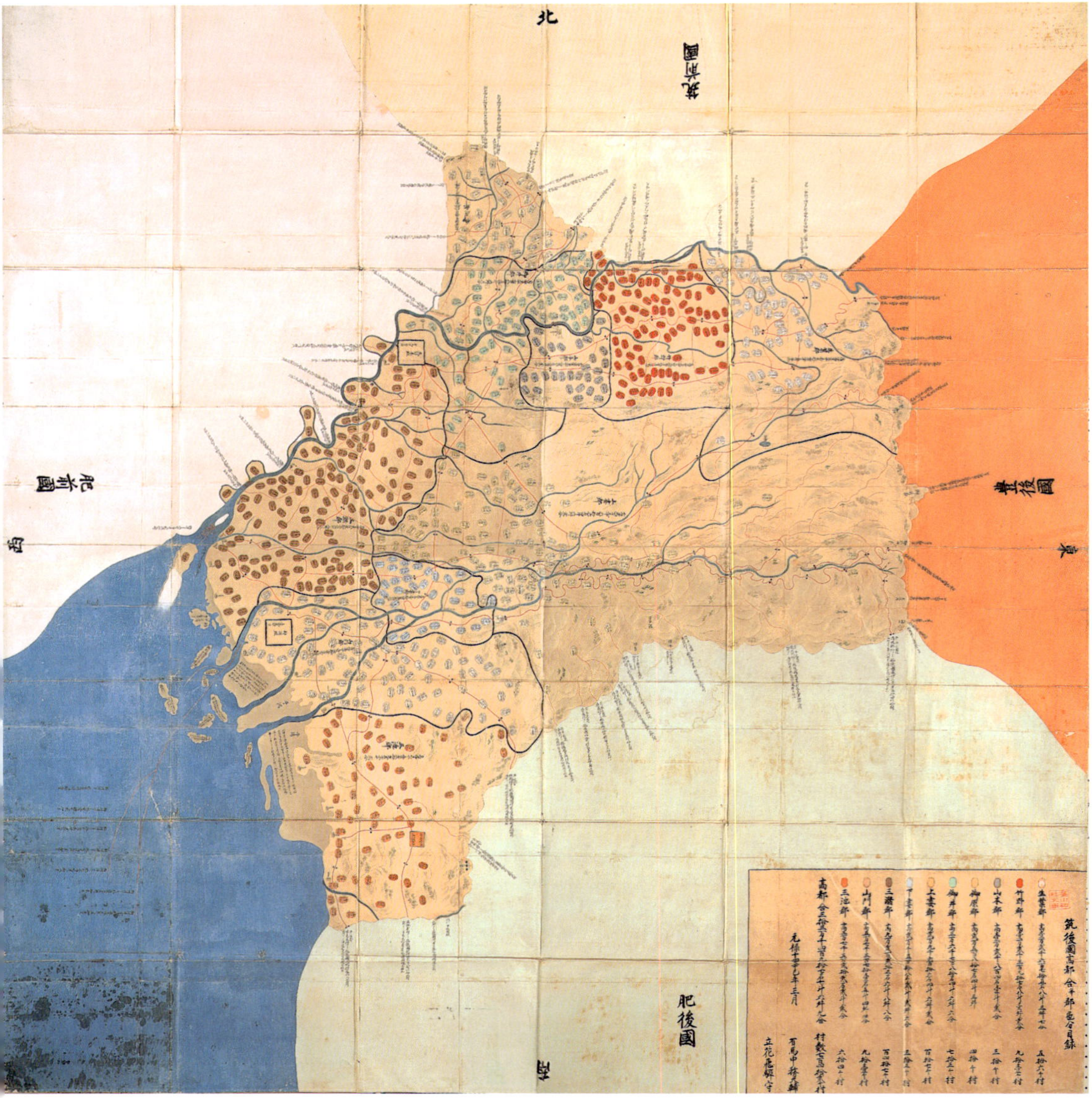

115　筑後国絵図　篠山神社蔵

元禄の筑後国絵図作成は久留米藩が絵図元となり、下絵図作成は久留米藩御用絵師三谷永伯・永玄が担当した。これはその写図である。明治10年久留米城跡に旧久留米藩主有馬家の御霊社として建立された篠山神社は、有馬家修史所収集の史料を引き継いだ（篠山文庫）が、この絵図の紙背には「三谷有信寄附」とあり、作成に関わった絵師の家から伝わったことがわかる。

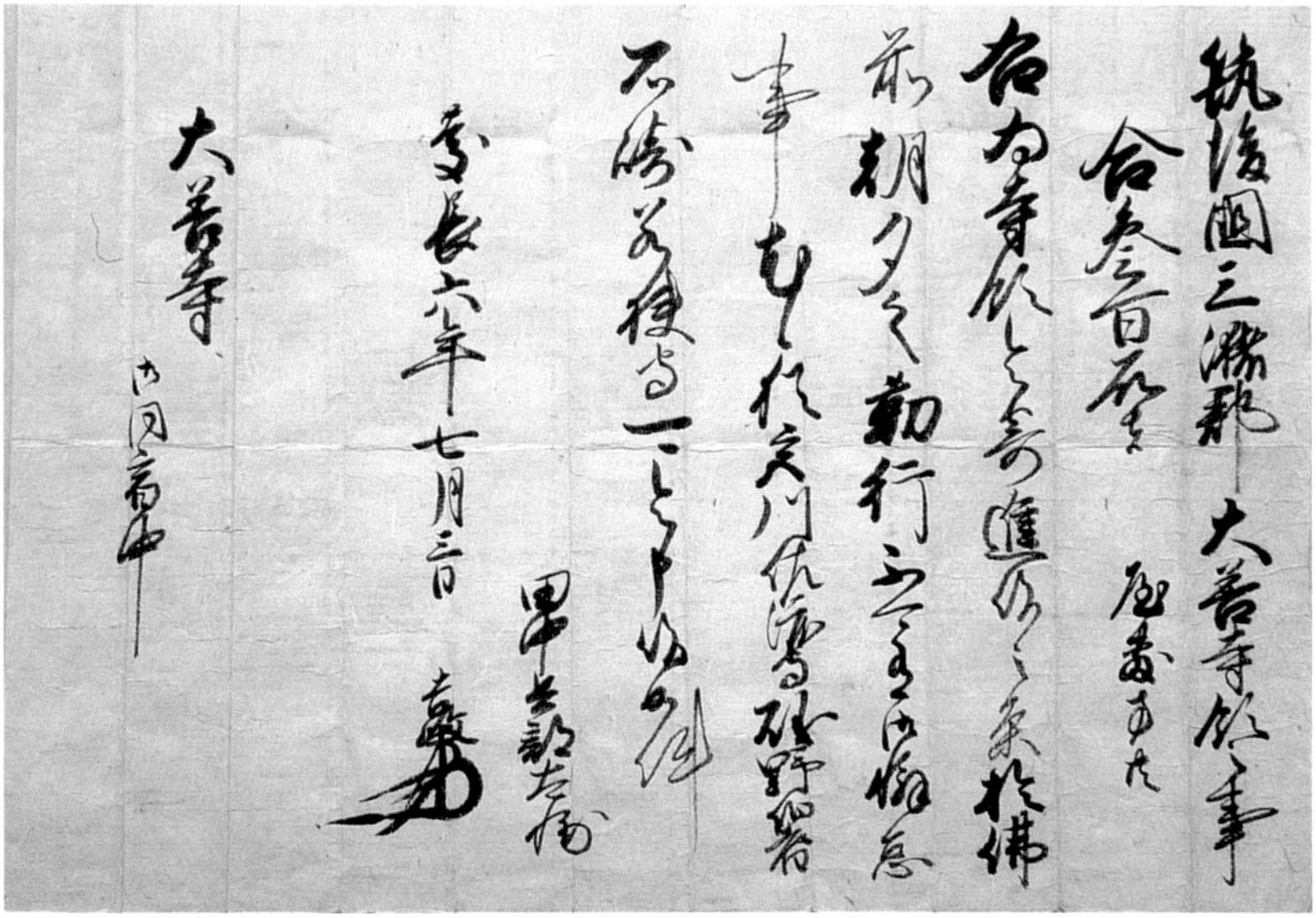

118　**田中吉政判物**　大善寺宛　玉垂宮蔵

大善寺玉垂宮は、平安時代以来三潴《みぬま》郡一帯にひろがっていた三潴荘の鎮守で、また筑後一宮高良玉垂宮とも密接な関係があった。田中吉政は入部後すぐに検地を実施して「田中高」を策定するが、寺社への料地給付もこの「田中高」によっている。また吉政の国内有力寺社に対する寄進は、大半がこの慶長六年七月三日付で実施される。

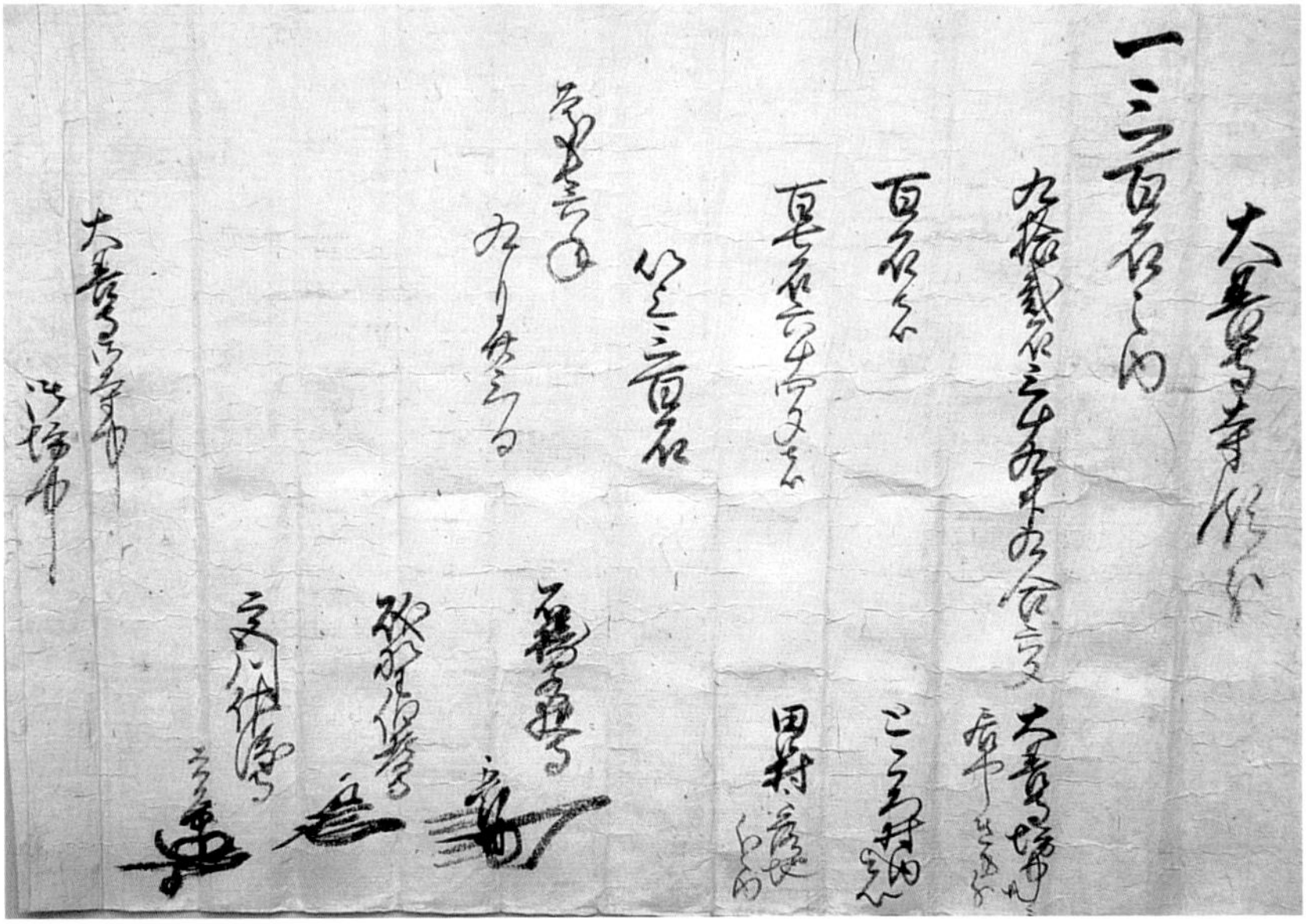

119　**田中吉政家臣連署状**　大善寺宛　玉垂宮蔵

慶長六年七月三日付の田中吉政の寄進をうけて、石崎若狭守・磯野伯耆守・宮川佐渡守の所謂「三奉行」が施行したもの。大善寺の坊中と居屋敷の他に、土甲呂村・田口村がその対象となっている。

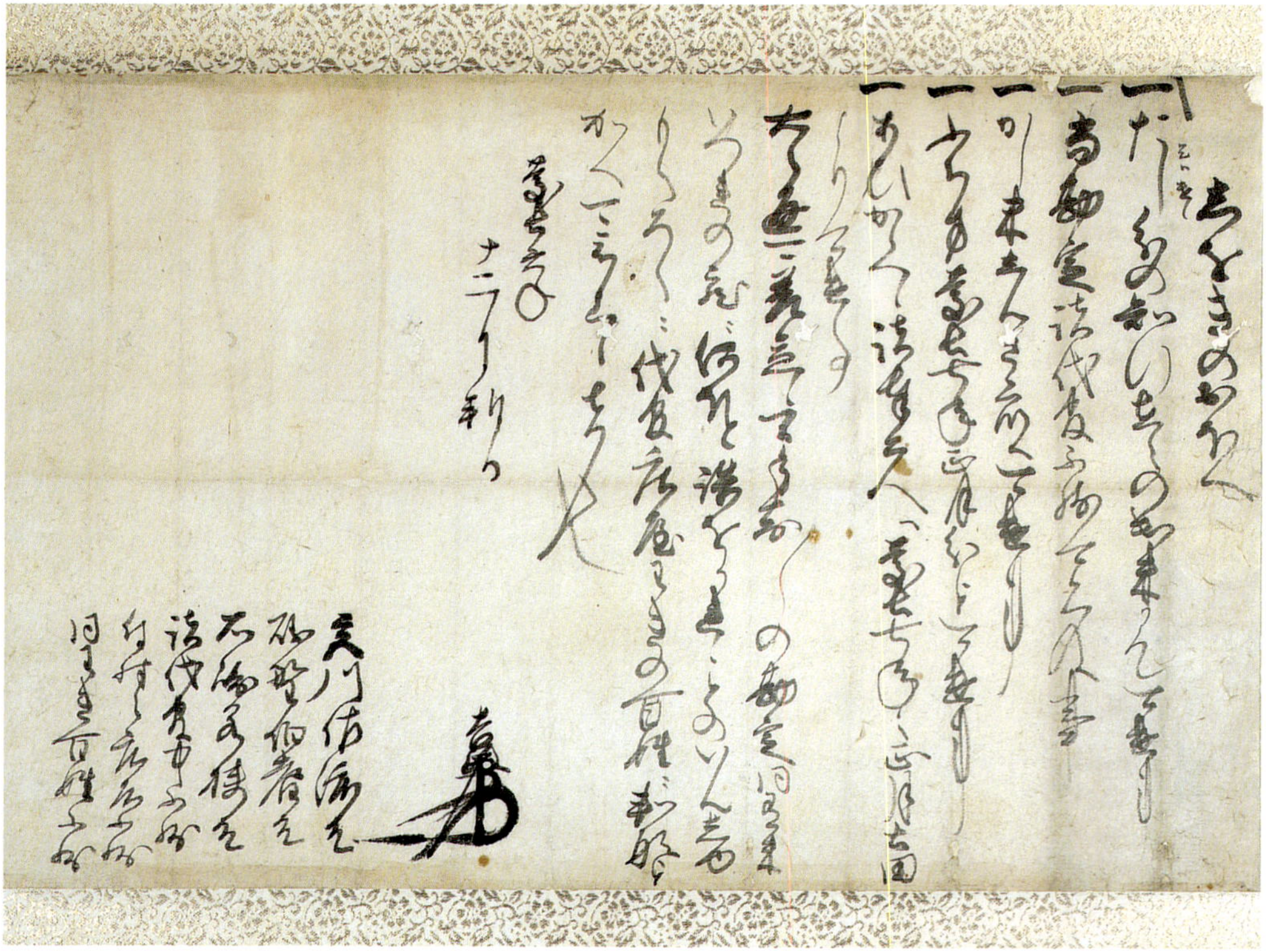

122　しほきのおほえ（仕置之覚）　個人蔵

慶長６年12月、吉政は国元の三奉行（宮川佐渡・磯野伯耆・石崎若狭）ほか代官・庄屋・脇百姓にまであてて、新参衆や奉公人への扶持米を慶長７年（1602）正月より渡すよう指示している。これは慶長６年から実施している検地をうけてのものであろう。また「たし分の知行、在々の出米にて可遣事」とは、筑後入国以前からの家臣に対する加増分の知行がこの検地による出米によって賄われることを意味しよう。なお、本文書は東大史料編纂所の影写本「中川文書」中に採録されていたが、今回初めて原本が確認された。

（15丁目）

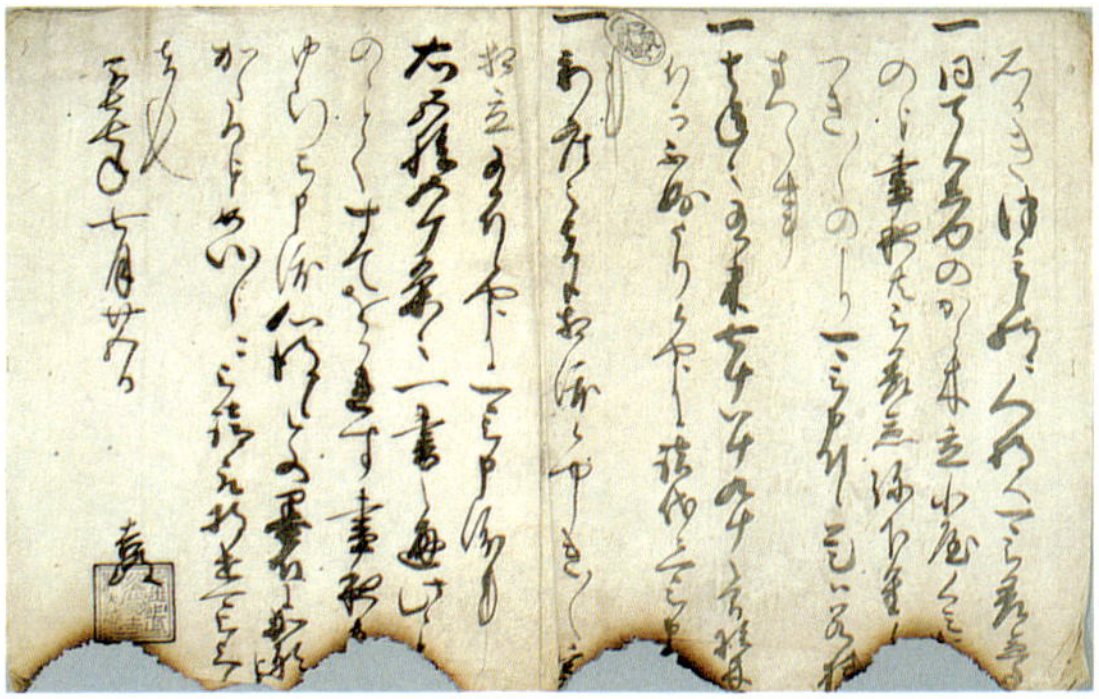

（２丁目）

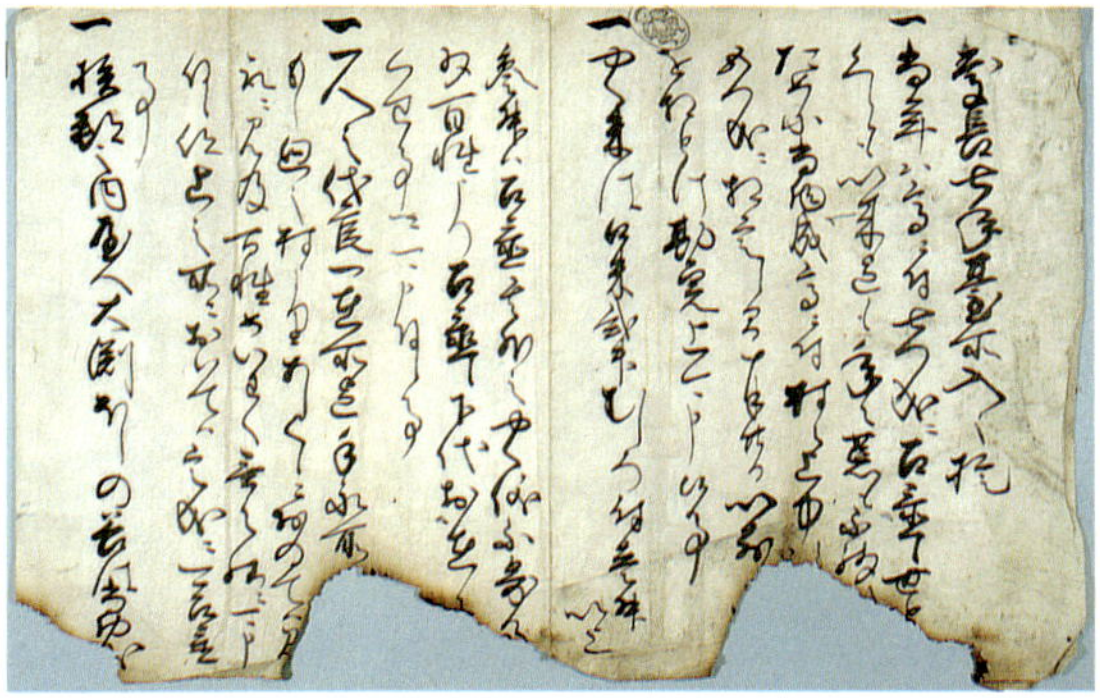

（17丁目）

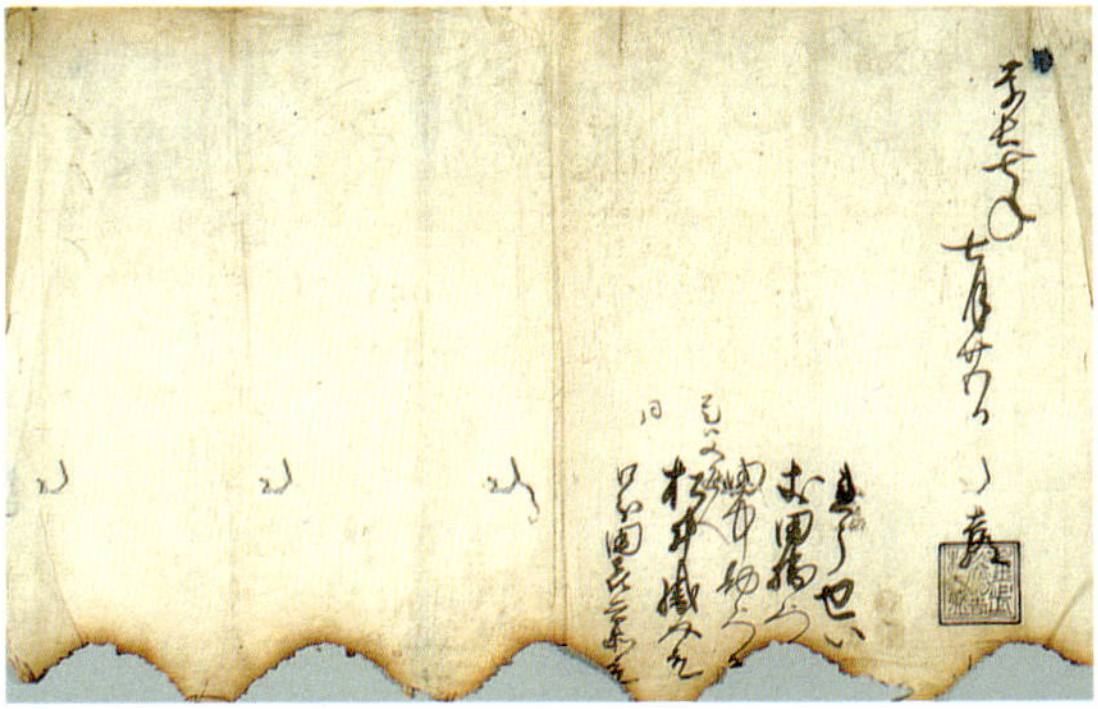

（16丁目）

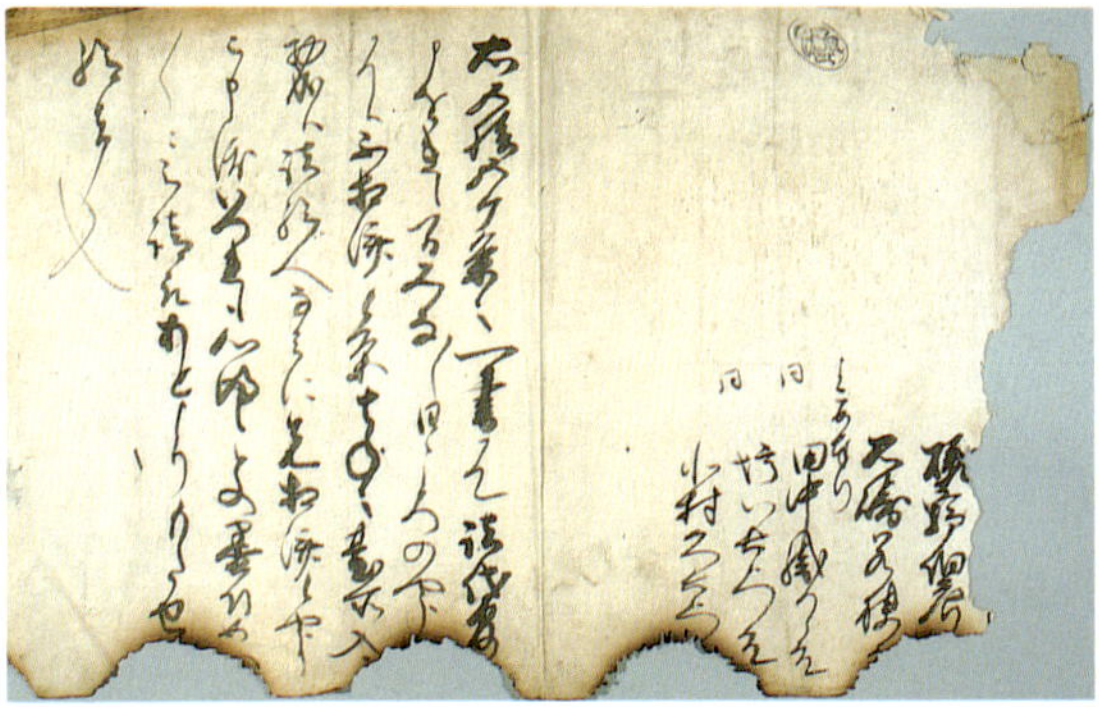

123　慶長七年台所入之掟　個人蔵

慶長７年（1602）吉政は国元の三奉行（宮川佐渡・磯野伯耆・石崎若狭）とよこめ奉行に対し、「台所入」（＝大名蔵入地）を中心とした領国支配について55ヶ条からなる指示を発した。年貢率やその収納場所の決定、また種麦の貸付・百姓使役・逐電停止など細かに指示しているが、本城「柳川城」建造に関する指示が最も多く、城門・天守台の造営から石垣の敷石調達・虎落の設置にまで及ぶ。また山門郡鷹尾から三潴郡酒見にいたる土手（堤防）の築造（「慶長本土居」）や柳川城と久留米城を結ぶ幹線道路（「田中道」）の整備などもこの時の指示によるものである。なお、本文書は東大史料編纂所の影写本「中川文書」中に採録されていたが、今回初めて原本が確認された。本来冊子体であったが、括り糸が切れ、表紙（１丁目）が確認できない。また下部が火災により欠損している。

（１丁目～２丁目）

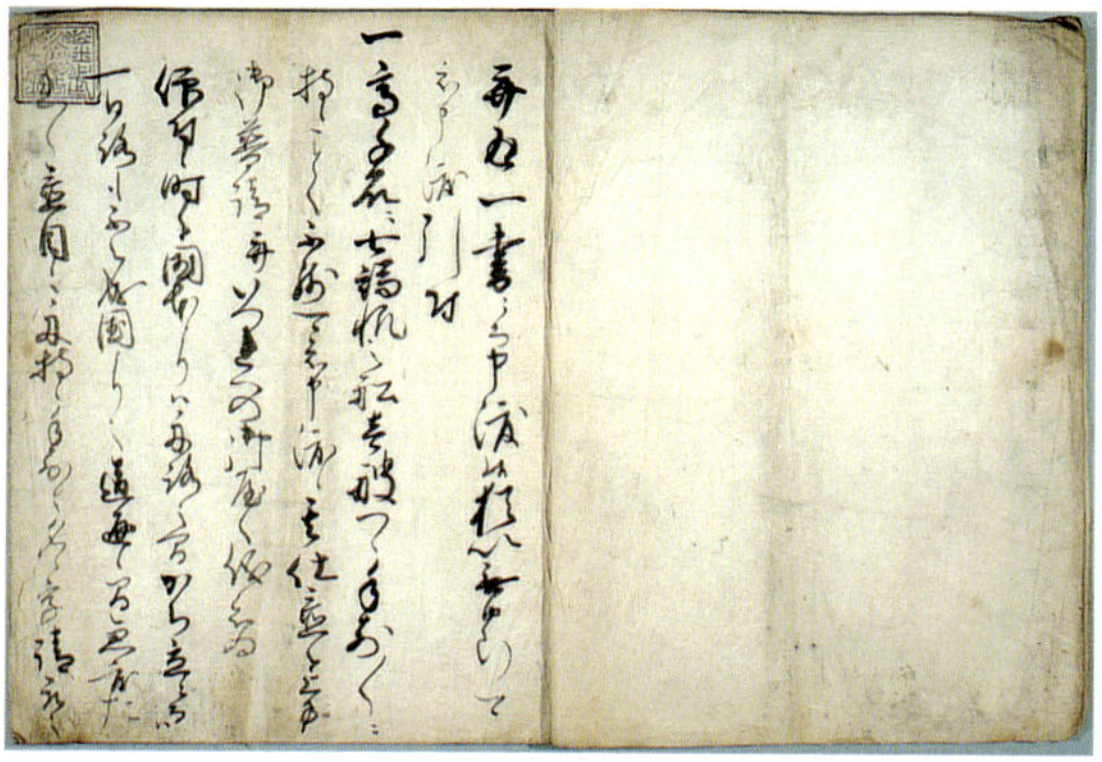

（１丁目）

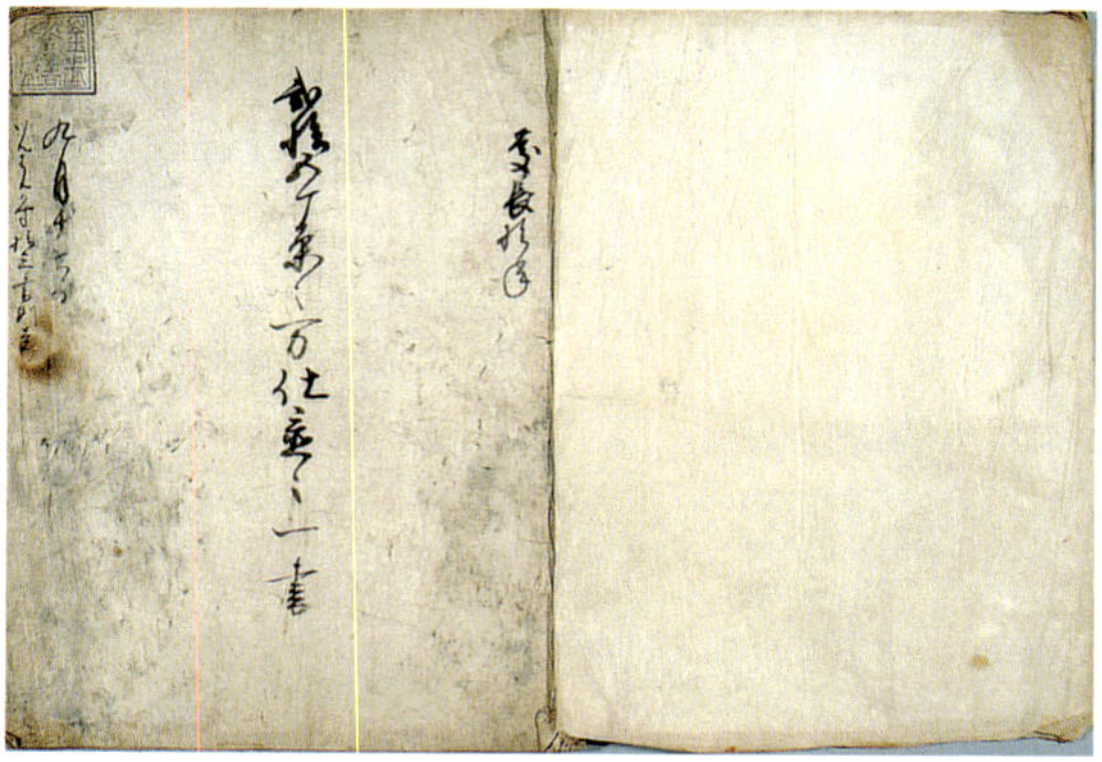

（11丁目～12丁目）

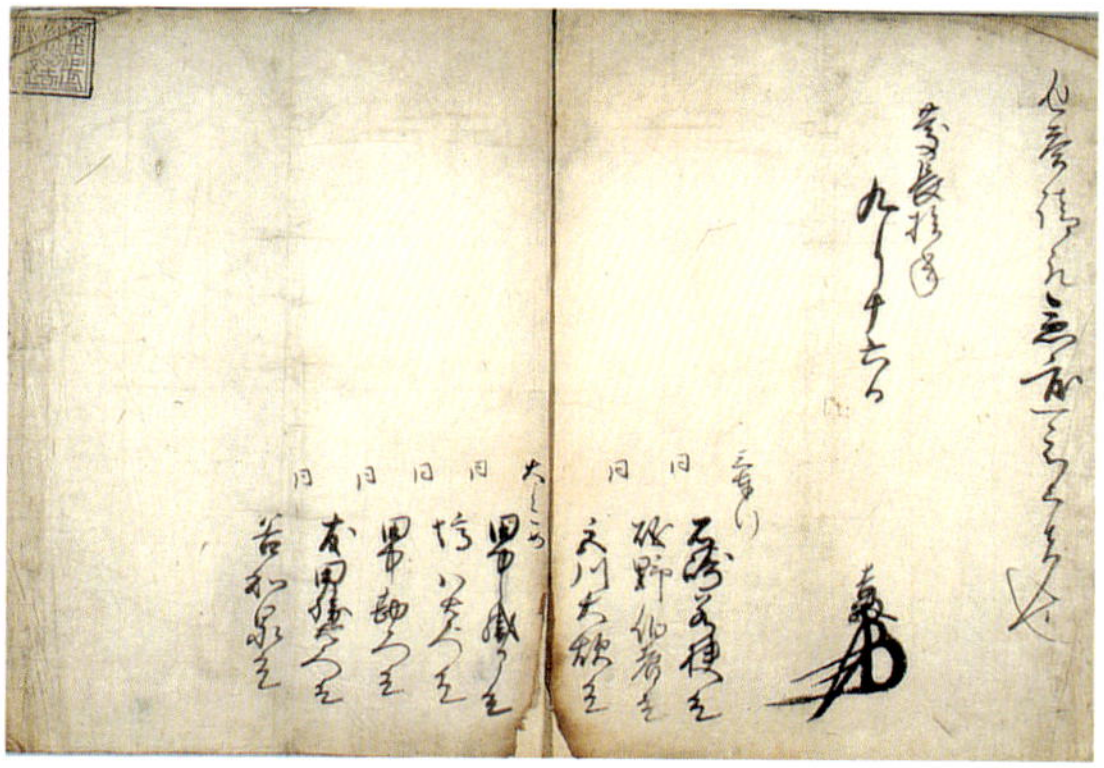

（10丁目～11丁目）

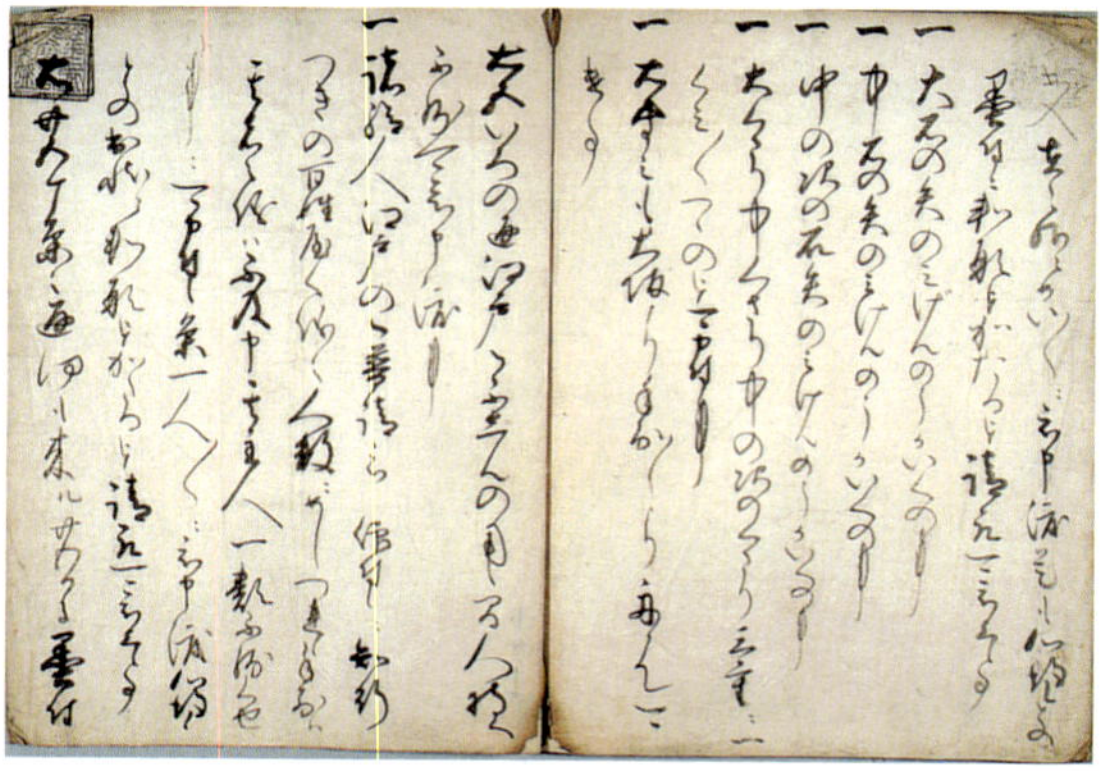

124　弐拾五ヶ条々万仕置之一書　個人蔵

「慶長七年台所入之掟」と同様、慶長10年（1605）に吉政が国元の三奉行と大よこめに対し与えた指示。慶長９年に吉政は江戸城普請にともなう石材運搬を命じられており、そのために高千石につき七端帆の船一艘の所持を義務づけ、また資財の手配、家臣への借米の手当など細かく指示している。またこの年は風水害・塩害が甚だしく、田畠・百姓の救済や破壊された堤の修覆も指示されている。ところが領内支配は順調ではなかったようで、蔵入地の支配を任せている三奉行に対する不信感も読み取れる。なお、本文書は東大史料編纂所の影写本「中川文書」中に採録されていたが、今回初めて原本が確認された。

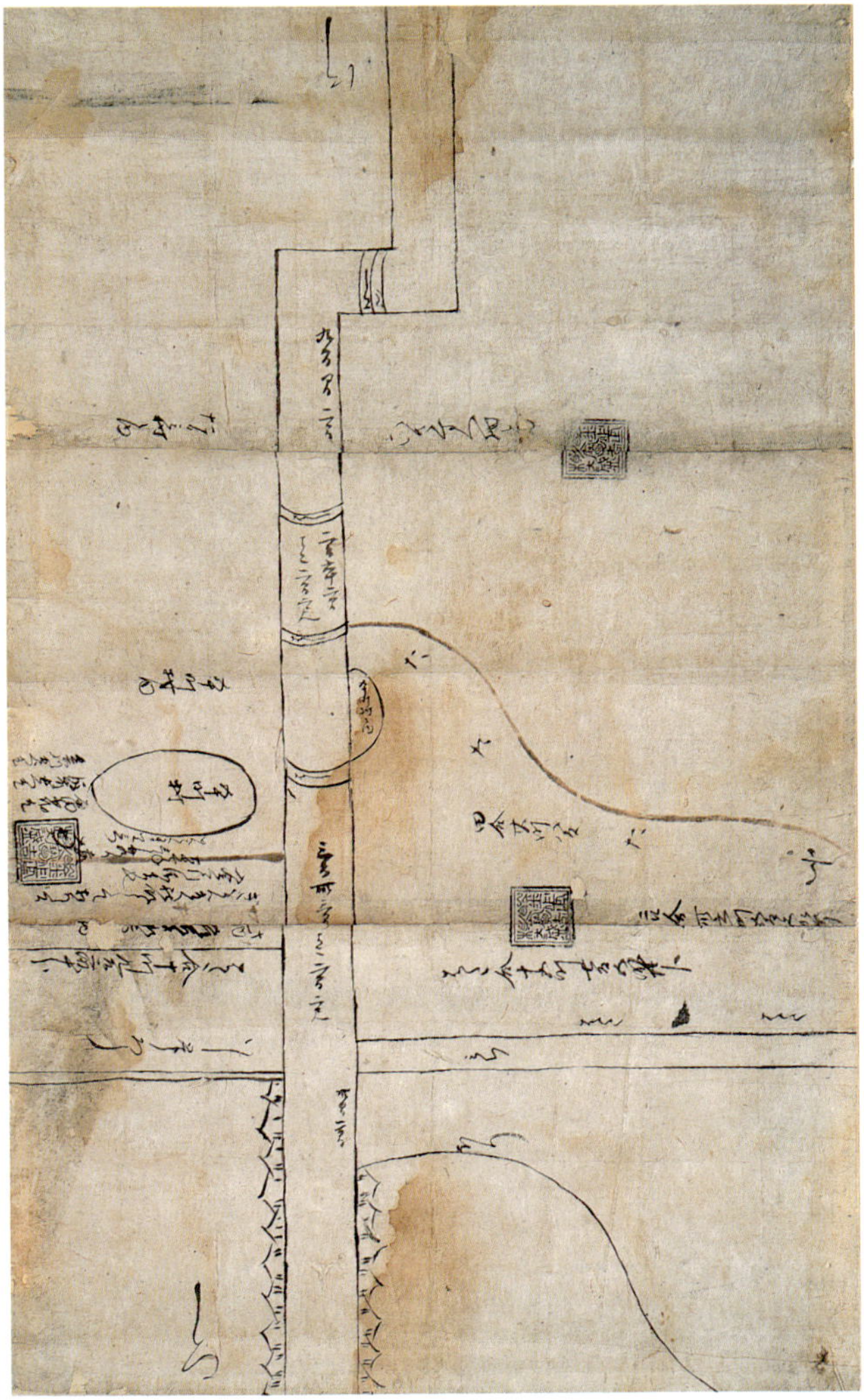

126　山門郡瀬高上庄村図　八坂神社蔵

立花宗茂の元和再封時、瀬高上庄村の石高は約1300石であり、この絵図は上庄村の全域ではなく、同日付の「山門郡瀬高上庄祇薗殿社領之水帳」の記載から、村内の「中川原」地区を描いたと考えられる。すでに豊臣期に立花氏から50石を寄進されていた「祇園殿（社）」（八坂神社）はここでも50石を給されているが、実際には吉政が実施した検地によって立花時代のものに比べて縮小・削減されたものであった。

田中吉政墓　真勝寺所在（橋本文夫氏撮影）
寺伝によると延徳年間（1489～92）に創立された真勝寺（もとは「真教寺」）は、豊臣秀吉の九州国割によって柳川に封ぜられた立花宗茂が柳川の大屋小路に招いたとされ、田中吉政も篤く敬い菩提寺と定める。吉政没後、藤吉村に建てられた墓の上に大伽藍をもうけ、真教寺をここに移すが、この時墓石のちょうど真上に本尊を安置したと言われている。このころ真勝寺と改められたようである。

筑後柳川時代の田中吉政

中野　等

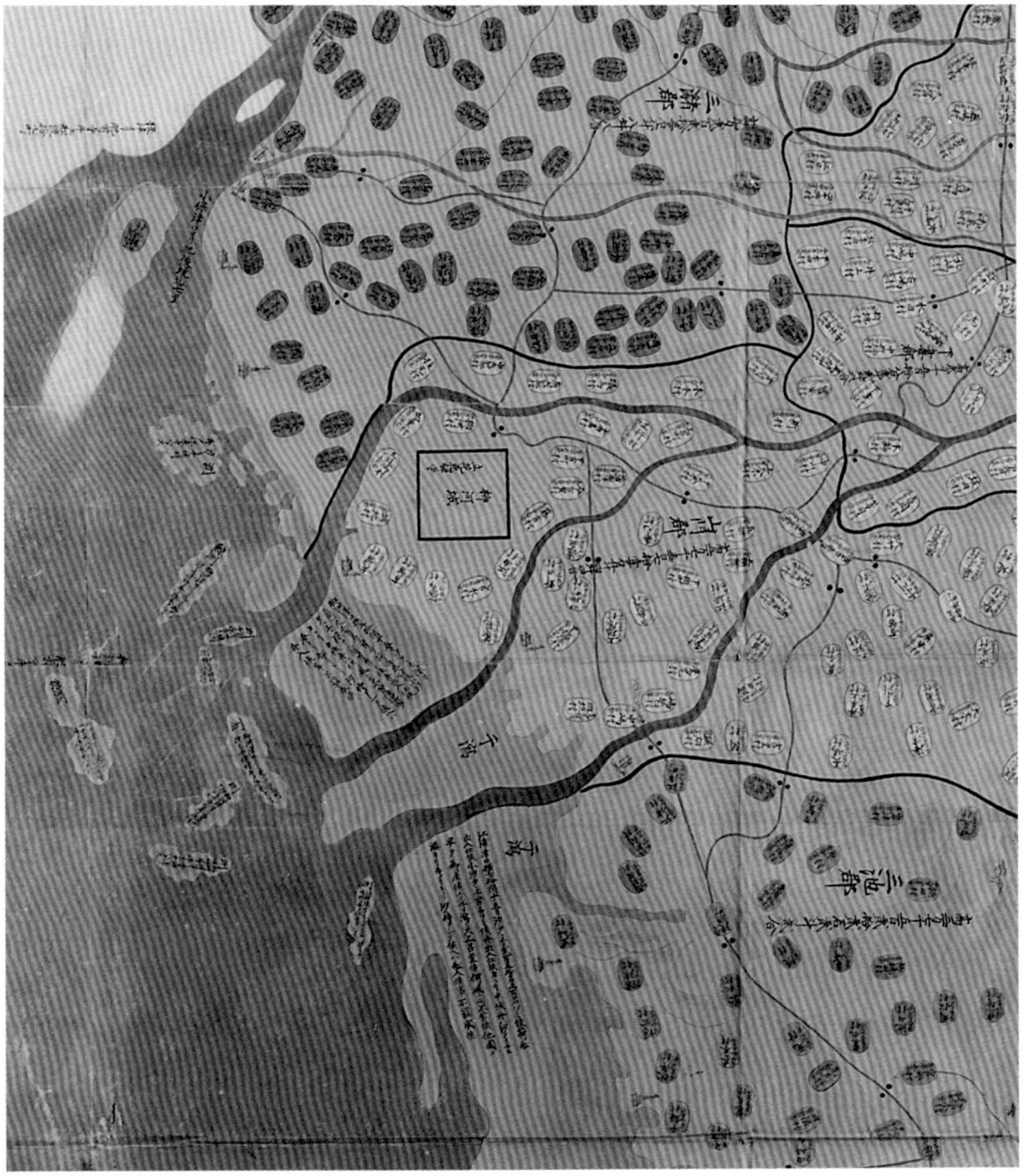

115　筑後国絵図（柳川城周辺拡大）　篠山神社蔵

吉政の筑後入部

既述のように関ヶ原合戦に際して他の東海大名とともに東軍に与した吉政は、主力戦に参加する。加えて、近江伊吹山中に逃れた石田三成の捕縛にも功があり、戦後筑後一国を与えられた。吉政の初入部は慶長六年（一六〇一）の四月中旬のようであり、吉政に従って入国した清水権兵衛が佐賀の久納市右衛門に充てた四月十九日付の書状にも「只今兵部太輔供候《ともそうろう》て、罷《まか》り下り候」とみえる。『寛政重修諸家譜』などが伝えるように、家康から初入国の暇を得たのは六年の三月、さかのぼって筑後一国の宛行が決定したのもあるいは六年にはいってからのことと考えられる。この点隣接する筑前の黒田氏が五年中に筑前に入っているのと比較すると大きなズレが認められるが、

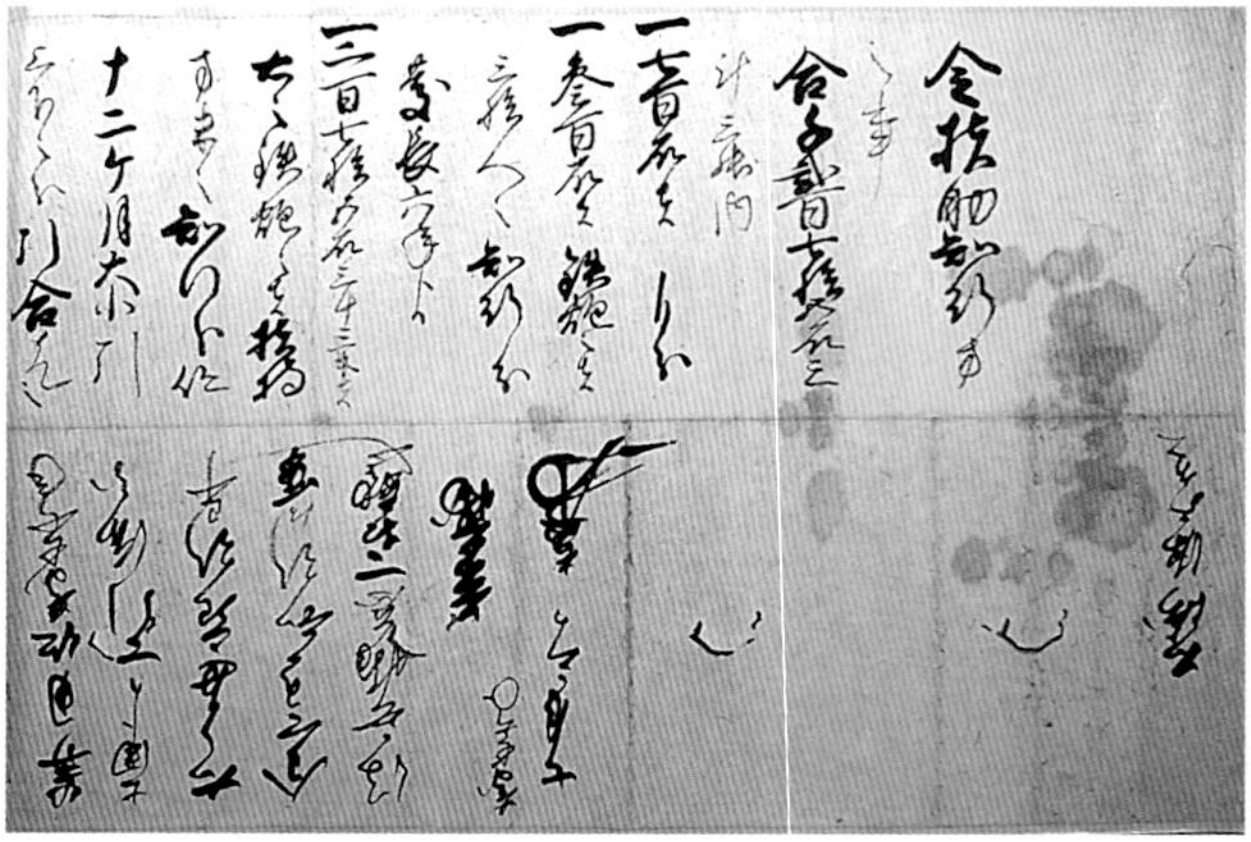

117　**田中吉政判物**　石崎源五宛　章斎文庫蔵
田中吉政は家臣団に対しても慶長六年七月三日付で知行宛行状を発給する。その特徴は宛所の家臣本人（石崎源五）だけでなく、彼に附属する与力衆への知行・扶持米も併記し、また知行付けがない点にある。具体的な知行村は慶長七年春頃まで続いた検地の後に決定されたのであろう。

おそらく、東軍に降伏した後、島津攻めの先鋒をつとめた立花宗茂らの処遇が定まらなかったからであろう。

実際の領国支配は吉政の入国をまって本格化する。引用する慶長六年四月十日付で吉政が夜明村（久留米市）大庄屋孫兵衛に充てた「入国法度」が残っているが、同様の法度は筑後全域にわたって発せられたと考えられる。

入国法度の事

一、諸奉公人上下によらず、在々《ざいざい》において非分の儀申し懸け候においては、曲事《くせごと》に申し付くべき事、

一、山林竹木伐採り申すまじき事、

一、逃散の百姓、早々還住せしむべく候、遅く立ち帰り候においては、其《そ》の者の田地望み次第に余人に申し付くべく候、并に前給人当座住所の村これあらば、理を以て他国の様に申し渡たすべく候、但し迷惑に及ばれざれば緩々《ゆるゆる》とその沙汰いたすべき事、

右手判の名主の儀、憖に聞き届け候間、相い易《かわ》らず申し付け候間、村々庄屋百姓中に申し渡たすべく候、もし在々において非分の儀申す族、これあるにおいては、急度《きっと》言上せしむべく候なり、

慶長六年四月十日　吉政（花押）

大庄屋

夜明村孫兵衛とのへ

ついで吉政は領国支配の基本となる「検地」を実施する。家臣団はもとより領内の寺社に対しても慶長六年七月三日付で知行宛行状や寺社領の安堵状が発給されている。例えば、石崎源五宛（「章斎文庫蔵文書」）や大善寺玉垂宮宛（「大善寺玉垂宮文書」）のものがそれにあたる。この慶長六年検地はそれまでに終結したとみる考えもあったが、実際にはそれらの宛行状が当面の給知支配を進めるために出された暫定的なものに過ぎず、検地自体は七年の春頃まで継続することになる。すなわち、「慶長七年台所入之掟」（個人蔵）には次のような箇条がみえる。

一、宮川佐渡・磯野伯耆・石崎若狭両三人去年の手永所の内、はうき（伯耆）手前ハ、セ（瀬）高村別紙にはうき手前へ相のそき、そのほか三人の手永所は去年当春までの検地の高につきて参つに相い分けられ、高ろく〳〵

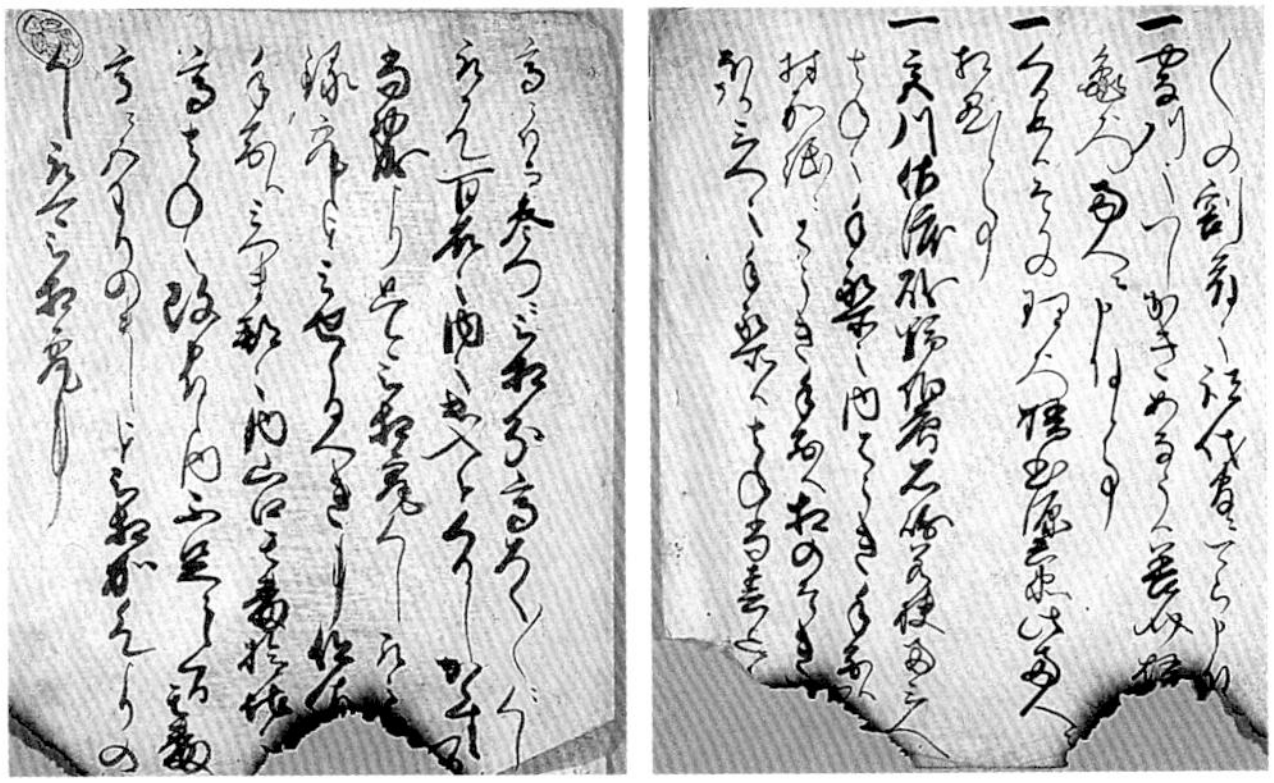

123　慶長七年台所入之掟（10丁目～11丁目）　個人蔵

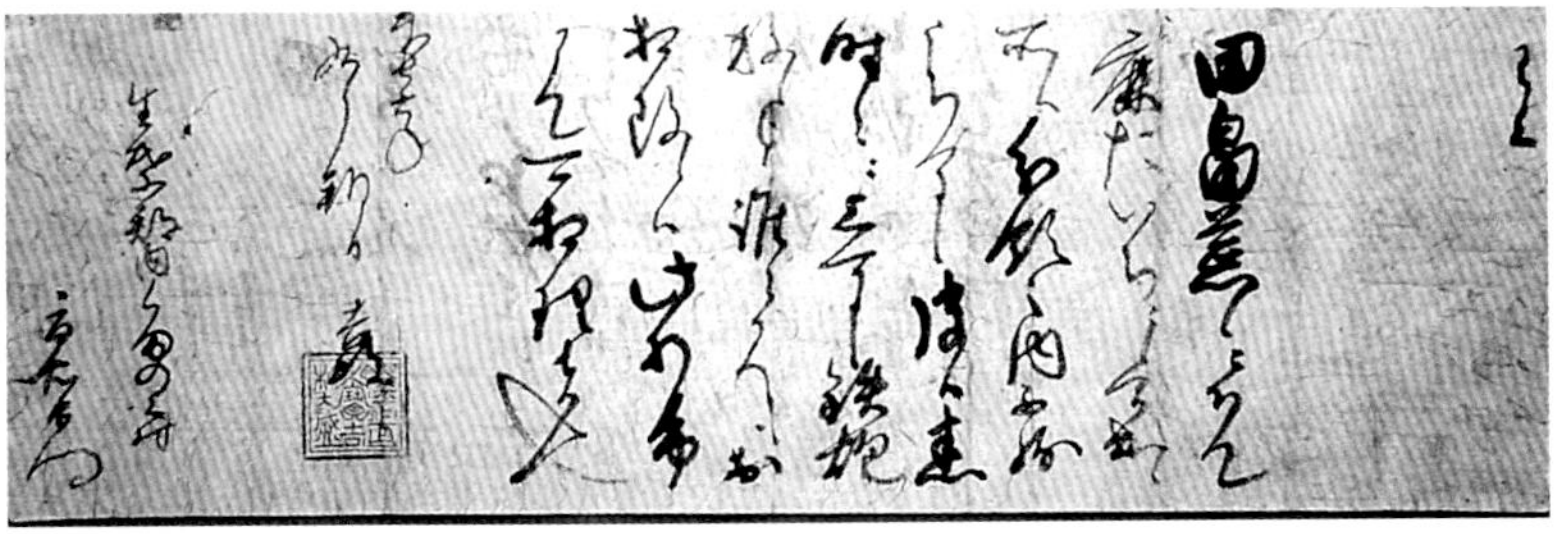

120　田中吉政印判状　生葉郡内くまの上村市右衛門宛　高木家文書
田中吉政は検地の実施と並行して、筑後国内の耕地環境の復旧にも高い関心を示し、その原因となる鳥獣退治を命じている。由緒書によると高木氏は本来肥前国の豪族、秀吉の九州国割後生葉郡を領知した小早川隆景に仕官し、当地に拠ったという。

にくし取り候て、百石の内の出入をくるしからす候間、当物成より只今相い究められ、くし取の目録究め候をミせらるへき事、但し佐渡手前はミつま郡の内山口玄蕃検地の高、去年の改め申し付け候内、不足に候間、玄蕃高に五わりのましを相い加えられ候てよりの、くし取り相い究めらるべき事、

この箇条は蔵入地を分担支配する三奉行の管轄地（手永）決定に関わる指示で、多くの検討すべき点を含んでいるが、まず「去年当春までの検地」という表現に注目したい。いうまでもなく検地の実施期間について触れたものだ。さらに「検地」は郡を一つの単位として「山口玄蕃検地之高」を見直していく（もちろん打出の方向で）作業であったことが看て取れる。また、同史料の別の箇条には「ミつま郡の内、なるミ六左衛門去年当年検地申し付け候ところに相違《そうい》候《そうろう》間《あいだ》、去年の心見《(試み)》の高に合わず」とあり、高の改訂は予め想定された「心見の高」に沿うかたちですすめられたことがわかる。

こうした検地の実施と並行して、筑後国内の荒廃した耕地環境の復旧にも高い関心を示しており、荒廃の原因となる鳥獣退治にも気を配っている（慶長六年九月朔日付田中吉政印判状「高木家文書」）。また、三奉行や代官・庄

柳川城五層の天守閣
「慶長七年台所入之掟」では、柳川城や天守閣造営についての指示が多く出されているが、田中家改易後立花家の居城となった後もそのまま使用されたと考えられる。天守閣は明治五年正月に焼失したが、この写真は明治三年頃冨重利平によって撮影されたと伝えられる。

屋・脇百姓までにあてた文書には、新参衆や奉公人への扶持米などを七年正月から渡すように指示している（「慶長七年台所入之掟」）。

柳川城と城下町

柳川城は元来当地の国人である蒲池氏が築いたものであるが、豊臣秀吉の九州国割りに伴い当地へ入った立花宗茂のもとで近世城郭として整えられていく。しかし関ヶ原合戦後の改易によってその事業は頓挫し、田中吉政に引き継がれることとなる。既述のように、三河岡崎を領していた吉政は、岡崎を近世都市化するうえで大きな足跡をのこした。吉政は筑後一国の支配拠点を柳川に定めるが、入部間もない頃から積極的な城郭整備に着手したようだ。すなわち、吉政は慶長七年（一六〇二）国元の留守をまもる「三奉行」らに対し、城門の造営や天守台の建造から石垣の敷木調達、本丸・西の丸の作事、さらには掘割水際に設ける虎落にまでおよぶ細かな指示を書き送っている（「慶長七年台所入之掟」）。具体的には以下のような指示である。

一、やな川てんしゅのたいつき候手伝ハ大の木、にし平左衛門、土田清左衛門両三人相懸け候間、あさは日出候、はん《晩》ハ日の入迄出入相定むべく候、よ《夜》に入候て人数まるの内ゐ候事停止せしめ候、よせ石ハ其外柳川の人持残らず、但わかさおや子ハてんしゅ作事ニ一円相懸け候間相除き候、佐渡、ほうき《伯耆》も同前の事、

一、いしかきの敷木ハ山奉行入次第と此さしかミ遣し候間、寄石之役儀より取ニ差越し候様ニ申し渡さるべく候事、

一、本丸のいたかへしためふしんの手伝ハ勘右衛門やく儀のもの相懸らるべく候事、

一、本丸、西之丸いたかへしのふき板ハ野村甚太郎より請取入次第ニ勘右衛門請取らるべく候事、

一、やな川之いしかきあなう《穴生》ハ善介、橋本亀右衛門両人ニ申付け候事、

また、五層の天守閣も吉政の代に成ったといわれている。ところで、のちの立花氏時代の城絵図には主郭部として石垣で囲まれた本丸と、その東に隣

3　**田中吉政像**
『柳河明証図会』所載　株式会社御花蔵
文政年間（一八一八〜一八三〇）に柳河藩士西原一甫が著した『柳川明証図会』は、当時流行した「名所図会」の柳河藩版であるが、未完で版行されなかった。これはその自筆稿本（絵師は古賀富次郎南汀）。城下の各寺社の什物なども取り上げており、この画像は順光寺の什物として写されている。残念ながら原本は伝わらない。

接する二の丸が描かれている。吉政の指示にみえる「西の丸」が何を指すのか定かではない。後考を俟ちたい。

また、二代忠政期の史料だが、このころの城下の様子を伝えるものとして元和二年（一六一六）十一月二日付の「柳河細工町出目之御銀写」（「伝習館文庫」）という史料がある。これによればのちに細工町一丁目から三丁目とよばれる街区が北町・中町・南町として記載され、屋敷の間口・奥行きと地積、居住者の名が明らかとなる。

　　北町
一、四間 四間 拾六歩　　次郎左衛門
一、四間 四間 拾六歩 内八歩上り屋し起　惣五郎
一、四間 四間 拾六歩　　式部
一、四間 四間 拾六歩　　源左衛門
一、四間 四間 拾六歩　　与左衛門
一、三間 四間 拾弐歩 上り　平兵衛
一、四間 四間 拾六歩　　清右衛門
一、弐間 四間 八歩　　帯刀
（以下略）

これによると、若干のばらつきがみられるものの、間口四間、奥行き四間を基準に画一的に整序された町屋の展開が窺える。また記載された式部・帯刀のほか、外記・進士といった武士的な名も散見するが、これらは土豪的な存在が町人化したものとも考えられる。

支城と支城主

	台所入掟	田中興廃記	筑後将士軍談・城館第宅部
久留米城	○	二男　主膳正（吉信）	二男主膳正（吉信）
赤司城	○	田中左馬（一〇一八〇石）	田中左馬尉
城島城	○	宮川讃岐（六〇〇〇石）	宮川讃岐
福島城	○	三男　久兵衛康政（吉興）	三男　久兵衛康政（吉興）
榎津城	○	榎津加賀右衛門（三二六〇石）	―
江浦城	○	―	田中河内守
黒木城	○	辻勘兵衛（三六〇〇石）	―
津村城	―	―	榎津加賀右衛門（三〇〇〇石）
鷹尾城	―	宮川才兵衛（六〇〇〇石）	―
松延城	―	―	松野主馬

※「筑後将士軍談・系譜小伝部」収録の「田中家家臣知行割」には、宮川十丸（六八〇〇石）が「三潴郡城島城ニ居ス」、辻勘兵衛（三六〇〇石）が「上妻郡黒木城ニ居ス」とも見える。

支城配置

吉政は本城を山門郡柳川に定め、他に三潴《みぬま》郡久留米や上妻《こうづま》郡福島・三井郡赤司などに支城を設けて、一門や年寄（家老）衆を配した。しかしその配置や支城主の名が諸書において必ずしも一致していない。その一因は、短いながらも田中氏の治世期にあって支城の構成や城を預かる年寄衆に異動、世代交代などがあったことによるとみられる。こうしたなかで信用のおける一次史料

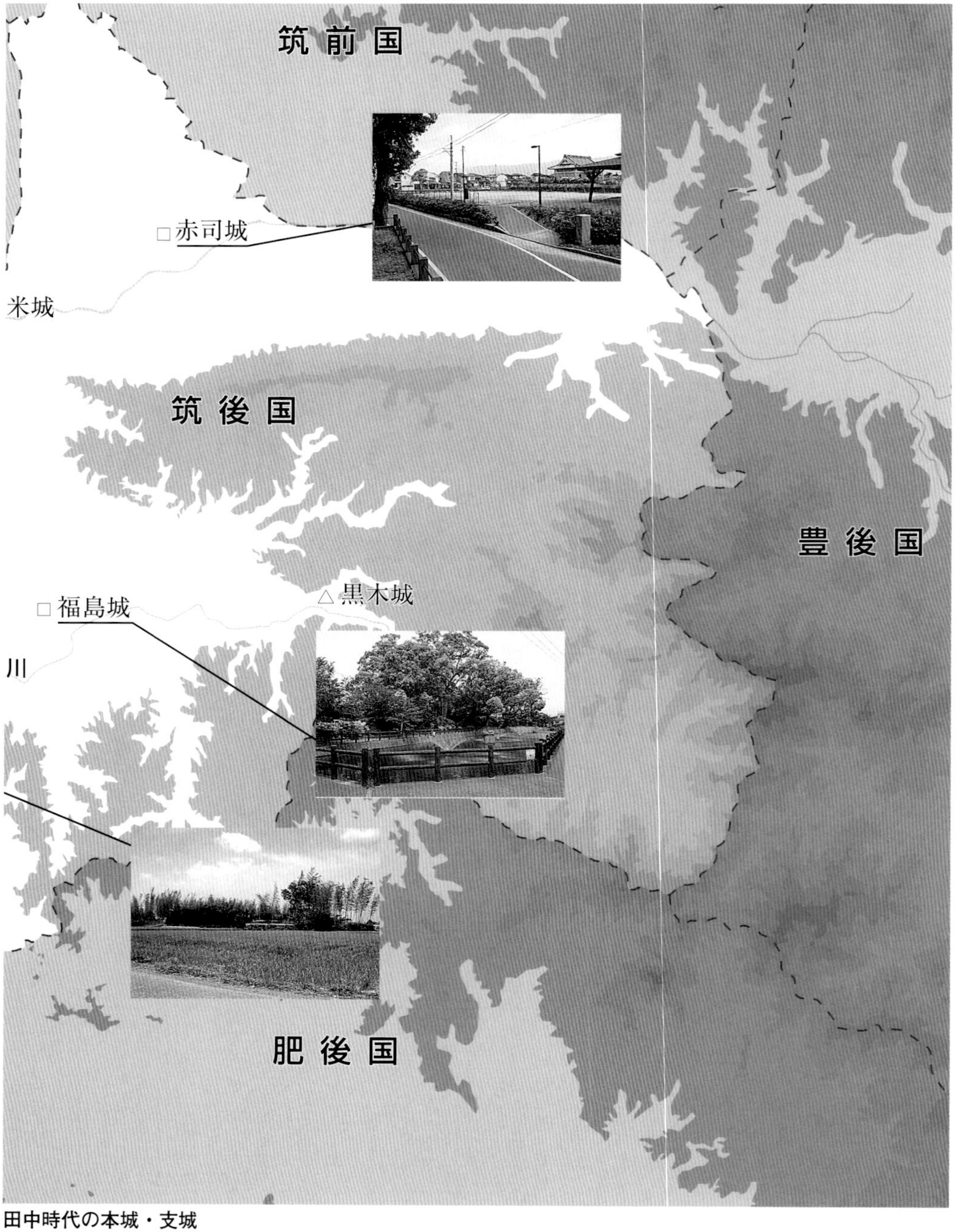

田中時代の本城・支城

20万分の１地形図「福岡」（平成14年発行）および「熊本」（平成13年発行）より作製

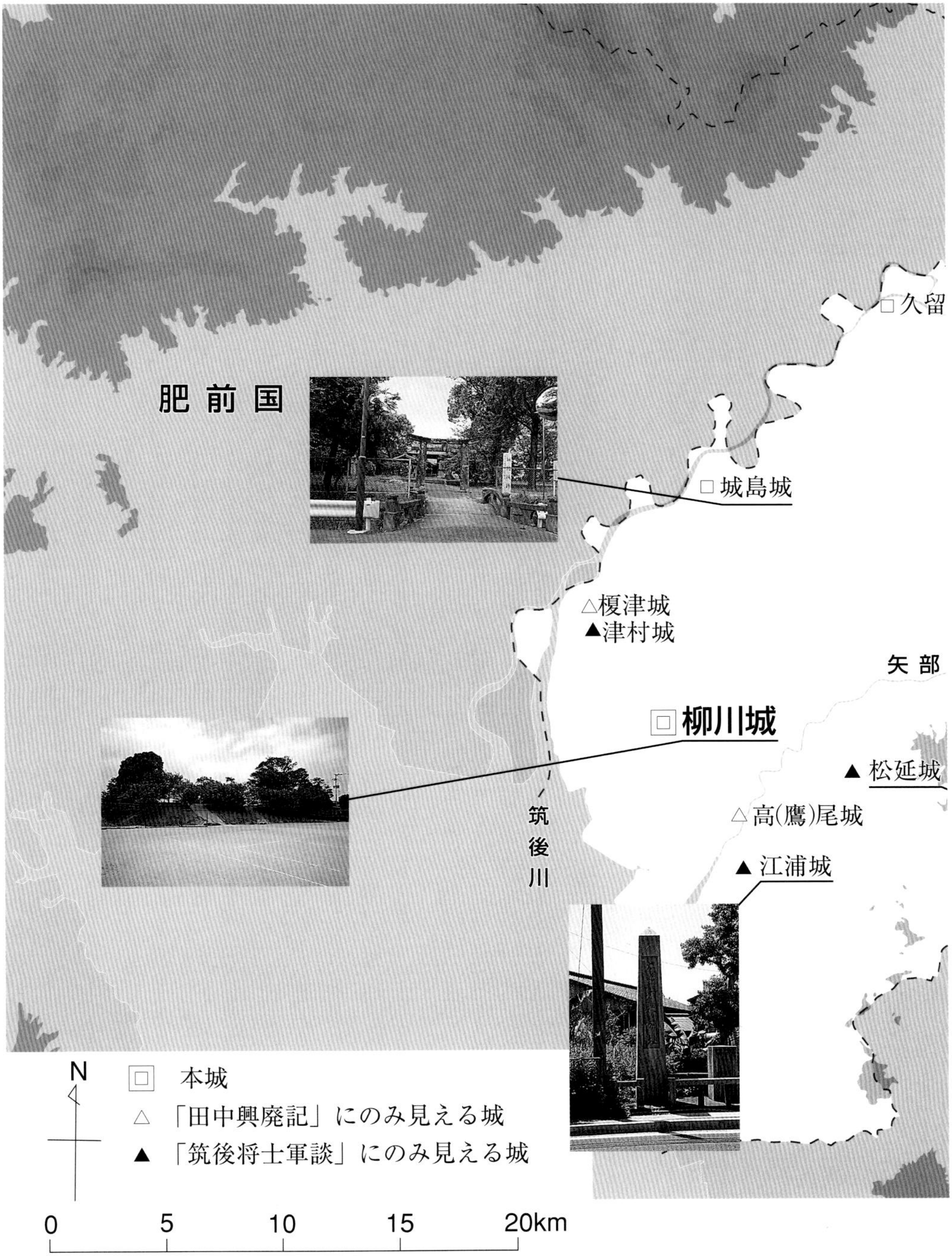
肥前国
□久留
□城島城
△榎津城
▲津村城
矢部
□柳川城
▲松延城
△高(鷹)尾城
▲江浦城
筑後川
N
□ 本城
△「田中興廃記」にのみ見える城
▲「筑後将士軍談」にのみ見える城
0 5 10 15 20km

としては「慶長七年台所入之掟」に「やな川・くるめ・城島・福島・くろ木・赤司・ゑのきつ・江浦八ツの諸城」という記述がみられ、初期の段階における本・支城構成が明らかとなる。この記述に従って、ここでは三潴郡久留米・三潴郡城島・上妻郡福島・上妻郡黒木・三井郡赤司・三潴郡榎津・三池郡江浦の七つを初期の支城と考えておく。ただし、この史料にはそれぞれの支城を預かった一門・重臣についての記述がないため、支城主の比定は別の手段に拠らざるを得ない。『田中興廃記』『筑後将士軍談』などには支城名とともども支城主の名も掲げられているが、例えば『田中興廃記』には、「慶長七年台所入之掟」に無い山門郡鷹尾城の名があがり、逆に同書にあげられた三池郡江浦城が落ちているなどの問題がある。史料的に充分とは言えないが『田中興廃記』および『筑後将士軍談』によって、支城と支城主の関係を整理すると157ページの表のようになる。

吉政を祀った小祠（田中社）

　一次史料たる「慶長七年台所入之掟」に鷹尾城が見えないことは既述したが、この支城主として見えている「宮川才兵衛」は慶長七年の段階では吉政のもとで堤防築造の「よこめ」などに当たっており、支城を預けられるといった重臣ではない。

　また、同様に『筑後将士軍談』にあり「慶長七年台所入之掟」にはみえない山門郡松延城についてみておく。この支城主に擬せられる松野主馬が清水寺に充てた年未詳文書には「先年我《われ》等《ら》吉井にこれある時分」というくだりがある。松野主馬は元来小早川秀秋の家臣だったが慶長七年（一六〇二）十月の秀秋の死によって小早川家は断絶、吉政に転仕したと伝えられる人物である。筑後では一旦吉井に入りその後松延城に移ったのであろう。こうしたことから、松延城が松野主馬に預けられるのは慶長八年以降のことと判断される。なお、以後の松野は田中家重臣のなかでも上席に位置するが、小早川家は関ヶ原以前には北筑後を支配しており、主馬の登用は支配の継続といった面でも大きな意義を有していたと考えられる。鷹尾城、松延城を除く「慶長七年台所入之掟」の七ヶ城の支城主については、とりあえずこの表のように考えておく。

　さらに、必ずしも良質な史料ではないが、田中領を訪れた長州藩の密使が遺《のこ》した「筑後之国やなかわにて世間とりさた申事」に包括的な情報が記されている。そこでは「筑後壱国之城数之事」として榎津城（支城主・加賀源助、以下同）、江浦城（田中河内守）、松延城（松野主馬）、久留米城（田中久兵衛）、赤司城（つし勘兵衛）があがっている。さきの「慶長七年台所入之掟」にあった城島・福島・黒木が見えず、かわりに山門郡松延城があがっている。「筑後之国やなかわにて世間とりさた申事」は慶長十一年頃の状況を伝えているとみられるが、『田中興廃記』によると、継嗣に予定されていた次男主膳正は慶長十一年（一六〇六）正月に死去し、その後久留米城には久兵衛の後見

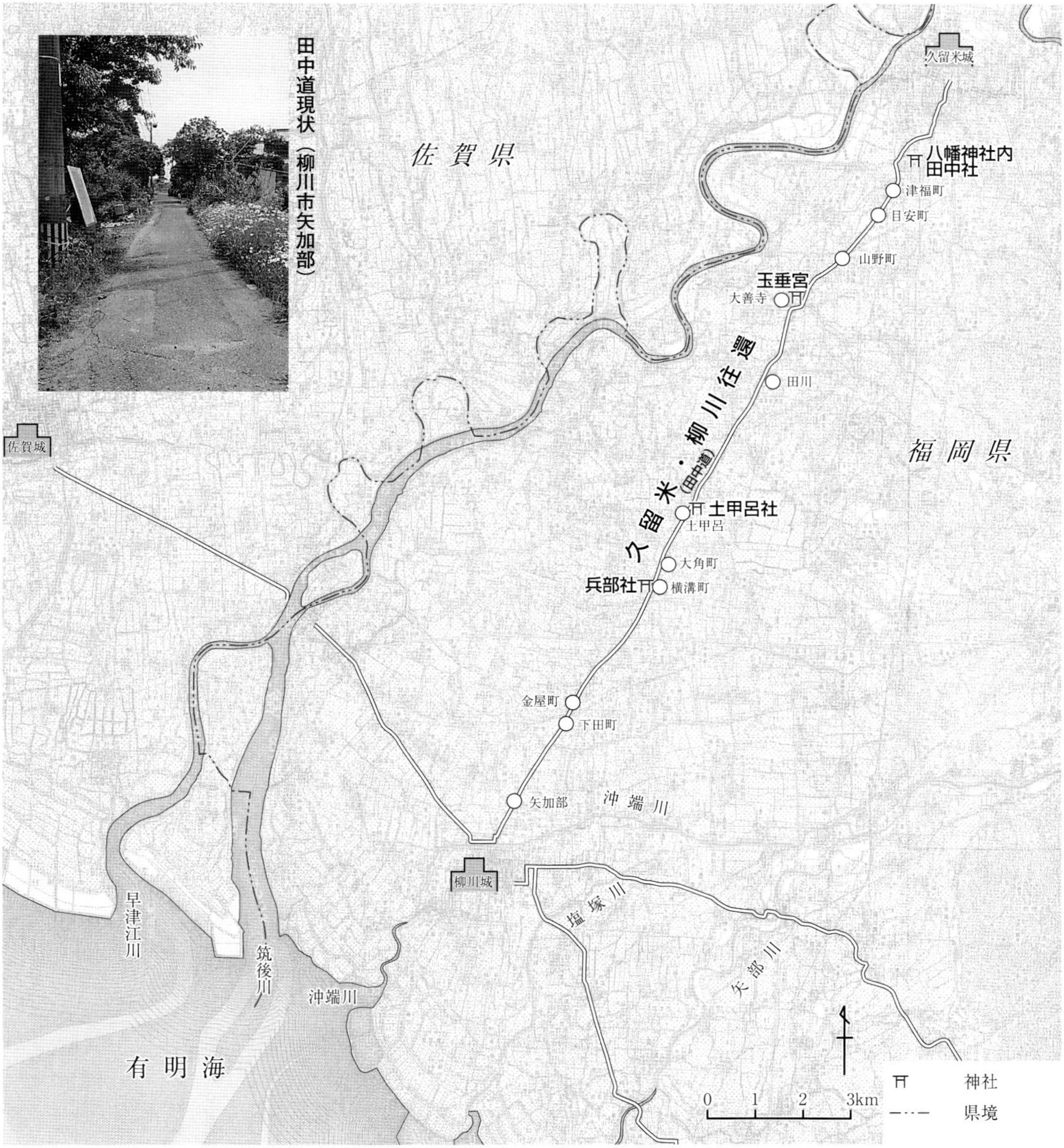

久留米・柳川往還（田中道）

明治33年側図５万分の１地形図「佐賀」「柳川」「久留米」「山鹿」により作製

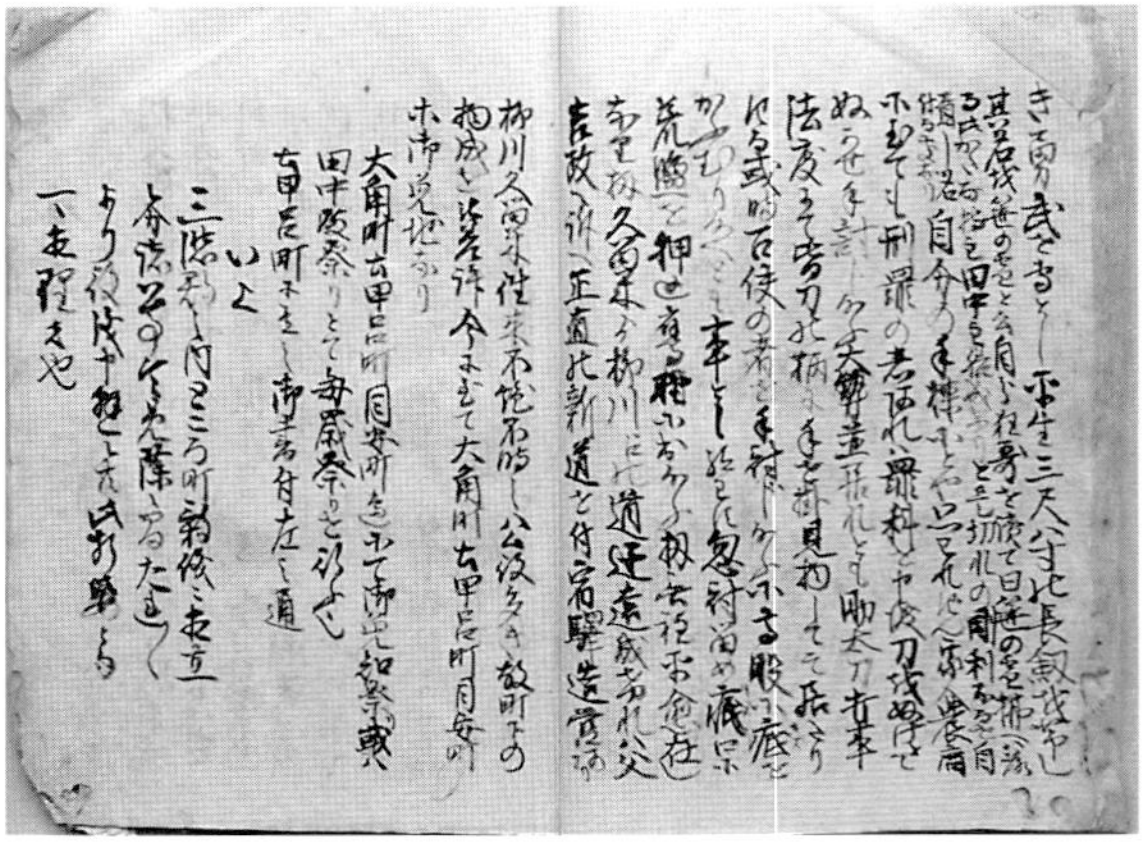

136　**田中興廃記**　久留米市蔵「屏山文庫」
田中吉政の出生からその子忠政の死と改易までを、興の巻（九章）・廃の巻（七章）に分けて記述。筆者は家臣田中大膳五代の孫、久留米藩士田中勝成。本書は文政五年（一八二二）に成立したが焼失。文政九年に吉田秀就が筆写したものを、文政十三年に勝成本人が写した。

を勤めていた坂本和泉が入ったことになっているが、「慶長七年台所入之掟」によれば和泉も大名蔵入地の支配に当たっており、久留米にあったか否かは不明である。一方「筑後之国やなかわにて世間とりさた申事」の記事に信をおけば、主膳正没後の久留米城には三男久兵衛が移ったことになる。他にも黒木城にいた辻勘兵衛が赤司城に移っていることが目に付くが、こうした異動が事実の反映か、単に報告の不充分さ・誤りによるかは判然としない。

交通網の整備と市場・流通構造

田中吉政が国元の「三奉行」に充てた「慶長七年台所入之掟」のなかに次のような指示を見ることができる。

一、やな川よりくるめまての新道の両わきのミそ、よこ四尺ニほらせ、その土ハ道のうへ、中高ニをき入念作り候様に、その郡代〳〵より奉行を相いつけられ申し付けらるべく候事、

ここから、本城柳川と最も重要な支城が置かれた久留米の間に、新たな「幹線」道路を整備していることがわかる。造成される道の両側には溝が掘られ、掘り出した土を道に「中高」に置けといっていることから、水はけの便を考慮している様子もうかがえる。この時つくられた「新道」が、現在久留米と柳川を結ぶ県道の前身となるが、吉政の遺徳を偲んで「田中道」とも俗称されている。

このように道路網の整備は本城柳川と各支城を結ぶかたちで整備されたようだが、さらに吉政は流通構造の再編を意図して「町立て」「市立て」を進めている。例えば慶長八年（一六〇三）十月十七日付の三潴郡津福、同郡土甲《とご》呂《ろ》の例がそれである。これらはさきの「やな川よりくるめまての新道」に沿って設けられたものであり、道路網整備が次の段階にはいったことを示している。この他にも、年紀は明確ではないが『寛文十年久留米藩社方開基』の「三潴郡城島町市恵比須神体」の項では次のように述べられている。

右大永年中、豊後国義隆殿御家老豊饒永源より三潴郡江上へ市御取立なされ候砌、御井郡府中町の恵比須勧請仕

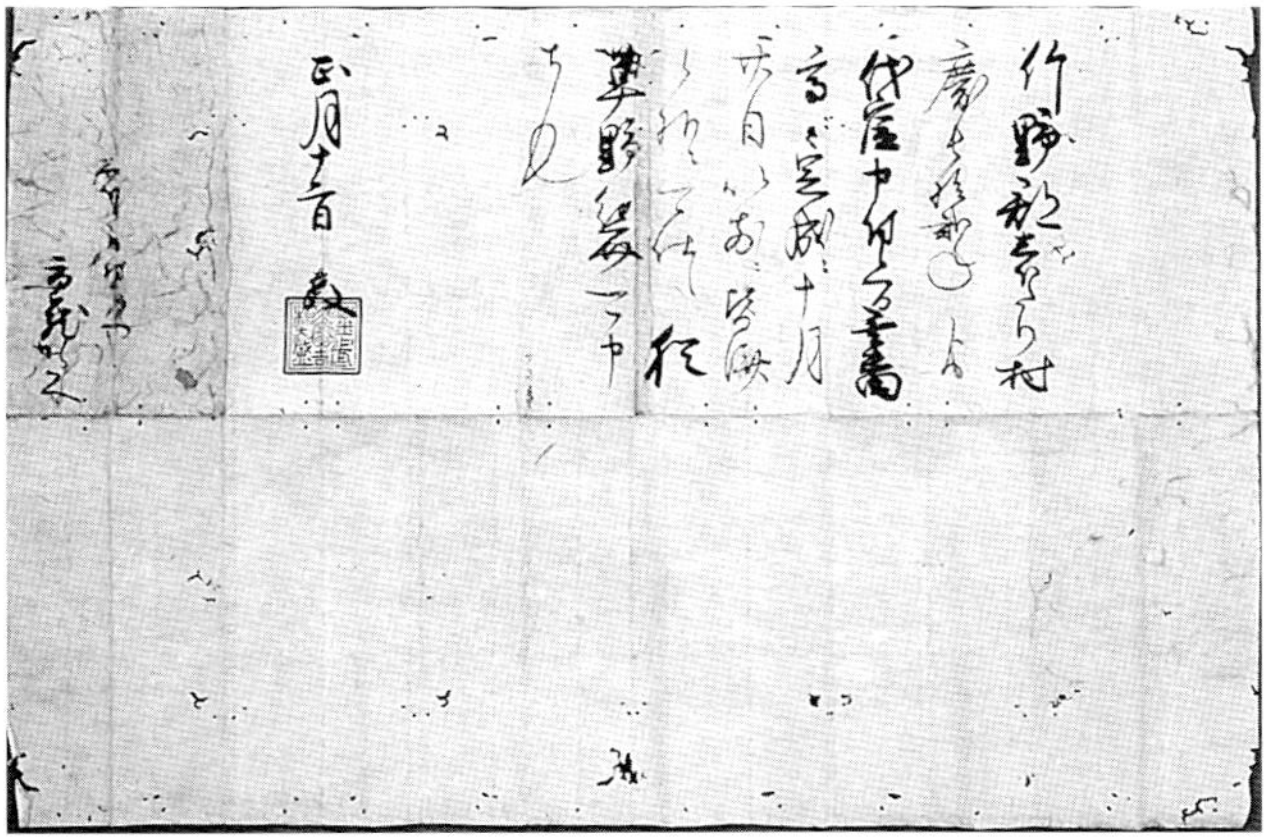

121　田中吉政印判状
塩足村庄屋市蔵宛　本庄家文書
塩足家の初代石見はもともと当地の領主草野氏に仕えていたが、草野氏が豊臣秀吉により改易されると浪人、慶長十二年（一六〇七）に至り吉政によって代官に任じられた。「庄屋」とあり百姓身分でありながら代官となっているが、実態としては土豪系給人と変わらなかったか。田中吉政の支配が旧来の在地勢力に依存していたことがわかる。

り候由申し伝え候、其後慶長六年田中筑後守殿御意として、江上町市を引き、城島へ市町御立成され候に付、右の恵比須神体、城島へ遷宮仕り候事、

いうまでもなく城島には支城が置かれているが、もともと江上にあった市を城島に移すということは、旧来の江上市場圏を再編し支城市場圏のようなものを構築しようとしたのだろう。また『筑後歴世古文書』所収の「岩橋家記録」（岩橋家は三井郡八町島の別当座親を勤めた家）には次のようにある。

一、文禄四年に筑前中納言殿（小早川秀秋）、筑後国御検地仰せ付けられ、山口玄番奉行なり、其節八町島村分、古賀村と二ヶ村になるなり、其後田中兵部太夫吉正、筑後国司の時、三井郡赤司村・三原郡山隈新町御立てなされ、其刻も八町島より市夷すたておこなひ仕り候なり、

三井郡赤司村も支城の所在地であり、このケースは城島の場合と共通するものであろう。一方の三原郡山隈新町は現在の小郡市山隈・大刀洗町の山隈に比定され、ここは筑後から秋月へ至る往還に位置する。豊前小倉から秋月に通じるいわゆる秋月街道は、当時の幹線であり山隈新町はこれと領国との結節点として設営されたものであろう。このように、吉政は支城市場圏および領内の交通・流通網整備の一環として、新たな町立てや市立てをはかったのである。ところで、吉政は八年の夏・秋頃に領国内の巡見をおこなった微証があり、これをふまえて津福・土甲呂の町立てを決したようだ。城島・赤司・山隈の事例の年紀は不明だが、恐らくそれと同時期と考えられる。

農村支配の推移

田中氏の筑後支配は、その当初、在地の伝統的な諸勢力に依存することで進められていく。たとえば吉政は慶長八年三月七日付で夜明村大庄屋孫兵衛にあてた書状で「郡中在々において内証肝煎の由、慥《たし》かに聞き届け神妙の儀候、いよいよ以来、堤用水など指図にまかせ候間、郡代を相兼ねず、見及手寄よき様に申し付くべく候」と述べ、その褒美としての知行給付を言明して

いる。このように水利問題などに関しても、大名権力は伝統的在地勢力（ここでは大庄屋）の存在を追認し、場合によってはそれに郡代以下の正当的行政体系を超える権限を付与して、積極的に活用しようとしている。ちなみに、これに副えられた奉行人の書状では、同じ用件が「いよいよ郡代衆の気分かねすに、万見及び仕第に申し付られるべき儀肝要に候」とより直截な表現で述べられている。

　ところが、慶長十年代にはいると状況に変化がみられる。それまでの在地支配は「三奉行」ら上級家臣の名のもとに進められていたようだが、慶長十年（一六〇五）九月十六日付の「弐拾五ヶ条々万仕置之一書」（個人蔵）に「むかしよりさかさま川とハ三奉行之事たるへく候事」と見えるなど、三奉行衆への不満が次第に募っていったようだ。慶長十二・三年頃の文書からは、在国の吉政が自ら奉行人に対して直接的に指示を下して政策をすすめたことが窺える。また同時に領内支配の再編と位置付け得るような施策も展開されたようだ。在地勢力であった塩足村「庄屋」の本庄氏を改めて代官に任ずる（「本庄家文書」）などもそうした政策の一環であろう。

　慶長十三年三月二十七日付で上妻郡の横目・諸代官・大庄屋・小庄屋・おとな百姓・さんしに充てて出された、麦年貢収納の整備を命じた文書は、日付にかけて「猿の印判」が据えられている。いうまでもなく「猿の印判」は吉政のもので、この時期の文書には吉政の署名はなく日付にかけて「猿の印判」だけが押されている。奉行人による指示・命令を吉政が「猿の印判」という形で保証し、権威づけたと読むことも可能だろう。この文書の宛所には大庄屋・小庄屋は言うまでもなく、「おとな百姓不残」「さんし不残」までをあげており、ある意味徹底した内容の「触状」といえる。翌四月二十日付でも同様に村の内部に入り込んだ命令が出されている。

　追って此使に断をも、もちゐさせ
　上候はば、その者曲事に申し付く
　べく候、以上、
　夜明くミ
一、長門石村　　庄屋二郎右衛門
一、夜明村　　　庄屋孫兵衛
一、西久留米但平馬ふし　庄屋清兵衛
右三ヶ村の名付の庄屋・百姓残らず、
此折紙参着次第に柳川らんかん橋の
まへ、あら川瀬兵衛屋敷へ相い越す
べく候、もし一人なるとも相違にお
いては、その者の儀は申すに及ばず、
大庄屋同前越度たるべく候なり、
　慶長十三
　　卯月廿日　荒川瀬兵衛　判
　　　　　　　田中勘右衛門　判

　夜明組長門石村以下三か村の庄屋・百姓を「不残」、柳川城下の荒川瀬兵衛屋敷に呼び出し、不参の者があれば庄屋・大庄屋の越度《おちど》とするものだ。ここで具体的に何が令されたのかは残念ながら明らかではない。ただ、こうした史料からこの時期の地方支配が村を単位としつつも、百姓個々のレヴェルまでを見据えた徹底した政策として進められようとしていることは充分に注目される。

新田開発

　慶長十年代の領国支配を特徴づける政策として、目を引くのは開発の推進とそれを踏まえた耕地・生産力の積極的把握である。慶長十三年九月十二日

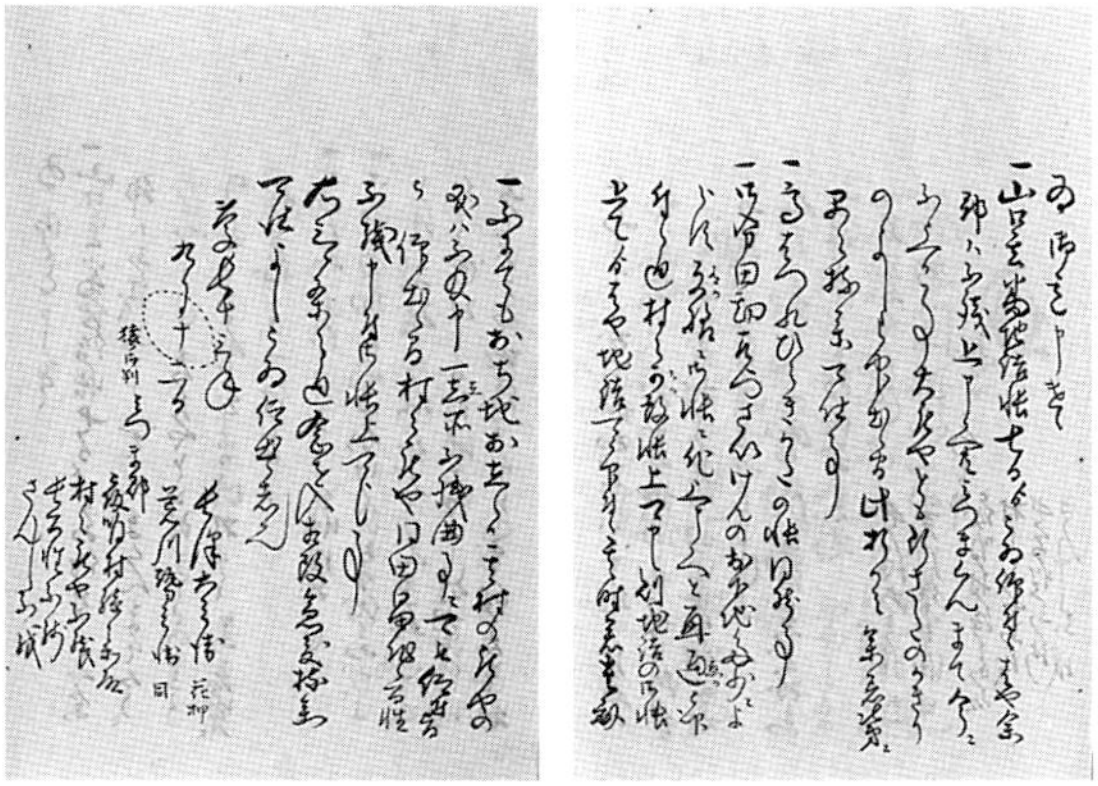

筑後歴世古文書　篠山神社蔵

猿の印判（「慶長七年台所入之掟」より）

付の文書（『歴世古文書』所収川原文書）には、

一、山口玄蕃地詰帳、七日より仰せ付けさせられ候、はや余郡は残らず上げ申し候へども、みつまくんまて今に上らず候事、大庄やとも行《てだて》、さたのかきりのよし申し出られ候間、此折かみ参着次第に早々持参仕るべき事、

一、高はつれ・ひらきかたの帳同然事、

一、口分田勘左衛門さいけんの下地においては、多少によらす有様に御帳に作り上げ申し候へと、再応仰せ付けられ候通、村々の改帳上げ申すべく候、則ち地詰の御帳上てより、はや地詰仰せ付けられるべく候、その時もし壱畝一ふにても、おち地これあるにおいては、その村の庄やの儀は申すに及ばず、一在所残らず曲事に仰せ付けらるる旨、仰せ出され候間、村々庄や、同田畠作り候百姓残らず申し付け、御帳上げ申すべく候事、

とあり、前二ヶ条では「山口玄蕃地詰帳」および「高はつれ・ひらきかたの帳」の速やかな提出が命ぜられている。「山口玄蕃地詰帳」の詳細は明らかではないが、「地詰」とある以上は先行する検地を踏まえた何らかの丈量測定であろう。つぎの高外れや開方は、先行する検地の対象とならなかった耕地、およびその後の開発地を指し、最後の「口分田《くもで》勘左衛門さいけん」とは口分田による「再検地」に言及したもののようだ。いずれにしろ、ここで吉政は従来捕捉できていなかったこれらの耕地・開発地の把握を企図し、それらに関わる「御帳」の提出を在地に要求したのである。二代忠政期の史料だが元和年間三潴郡内諸村の物成・石高をまとめた記録（「御物成石高帳」）によると、こうした開発の成果というべき「開高」が多くの村々で計上されており、さらに田中氏入部のころには田畠も無くしたがって高に結んでいなかったような地域、たとえば青木島や浮島村などにも村落が形成されたことがうかがわれる。このような政策が前提となって、これら開発地が権力的に捕捉されたものとみられる。

こうした開発に関わる史料として、同様に『歴世古文書』所収下田村庄屋

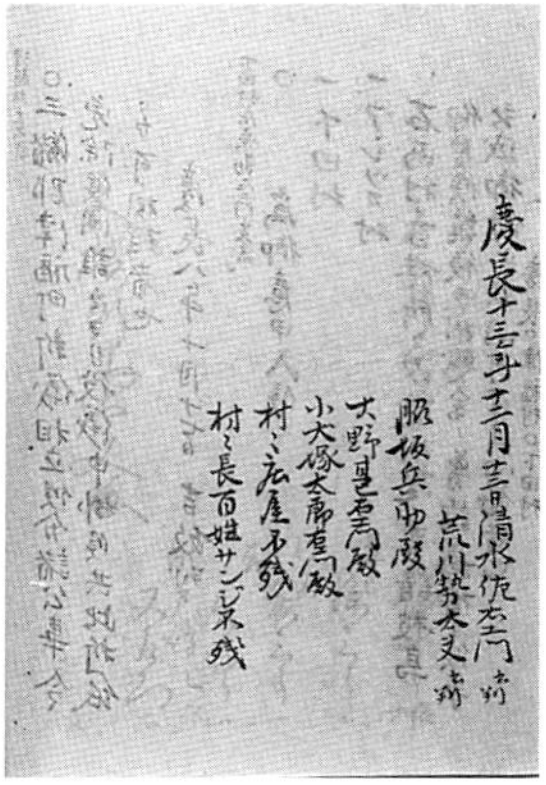

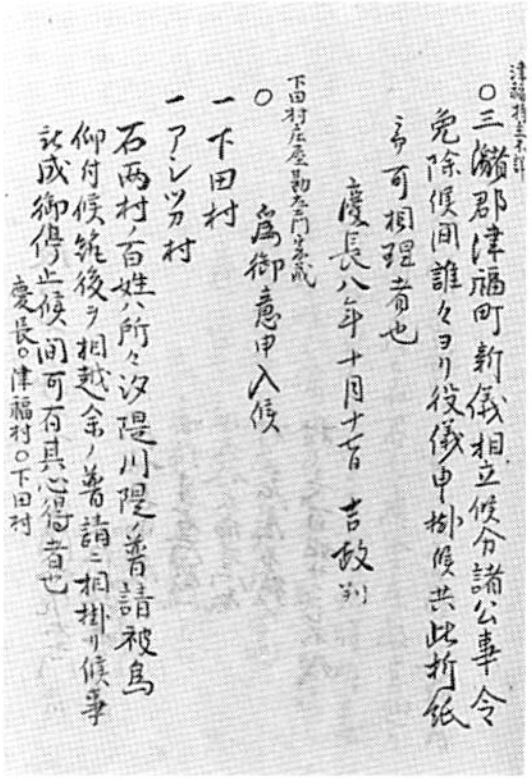

筑後歴世古文書　篠山神社蔵
久留米藩士矢野一貞編（全３冊）。第１・２冊には天慶年間から享保年間までの文書を編年し、３分冊めは高良山大祝家・大善寺玉垂宮社司隈家・近藤家など所蔵者別に編んでいる。すでに今日に伝わらない文書も多く、貴重である。

所蔵文書が知られている。

　　御意として申し入れ候
一、下田村
一、アシツカ村
右両村の百姓は所々汐堤・川堤の普請仰せ付けさせられ候、筑後を相い越し、余の普請に相い掛かり候事、御停止なされ候間、其心得あるべきものなり、
　　慶長十三年十二月十三日
　　　　清水佐右衛門　書判
　　　　荒川勢太夫　書判
　　　　　（宛所略）

この文書は三瀦郡の下田・芦塚両村は筑後国でも筑後川の対岸に位置し、両村百姓が領域を超えて（恐らく肥前側へ）普請などに従事することを止めたものである。筑後国内での普請に資する労働力確保の観点からこうした文書が出されたのであろうが、「所々汐堤・川堤ノ普請仰せ付けさせられ候」という文言から、このころ盛んに「汐堤」・「川堤」が造営されていた様子がわかる。「汐堤」とは有明海の潮受堤防を指すと思われるが、のちに「慶長本土居」と称される堤防線もこの頃に造営されたものであろうか。つまり、吉政はそれまで個別的に存在していたとみられる有明海の干拓堤防を一線に結びつけ、補強するという事業をおこなっていたといわれている。これを「慶長本土居」と通称しているが、その後の有明海干拓の起点となっていくものである。

寺社とキリシタン

国内の有力寺社に対する領知の「寄進」は、例えば大善寺玉垂宮に対するもののように（田中吉政判物・田中吉政家臣連署状、カラー図版147ページ参照）、大半が慶長六年（一六〇一）七月三日付で実施されている。八坂神社（一般的には「祇園社」と称されることが多い）に対しては七年の十二月二十九日付けで絵図が作成され、「此内五拾石者瀬高□□内ぎをん殿へ社領として相付候間、入念可引渡者也」と指示している（山門郡瀬高上庄村図カラー図版151ページ参照）。また、当社には同日付の吉政発給にかかる「山門郡瀬高上庄祇薗殿社領之水帳」が伝わっており、これによれば、同日付で「瀬高祇薗社」

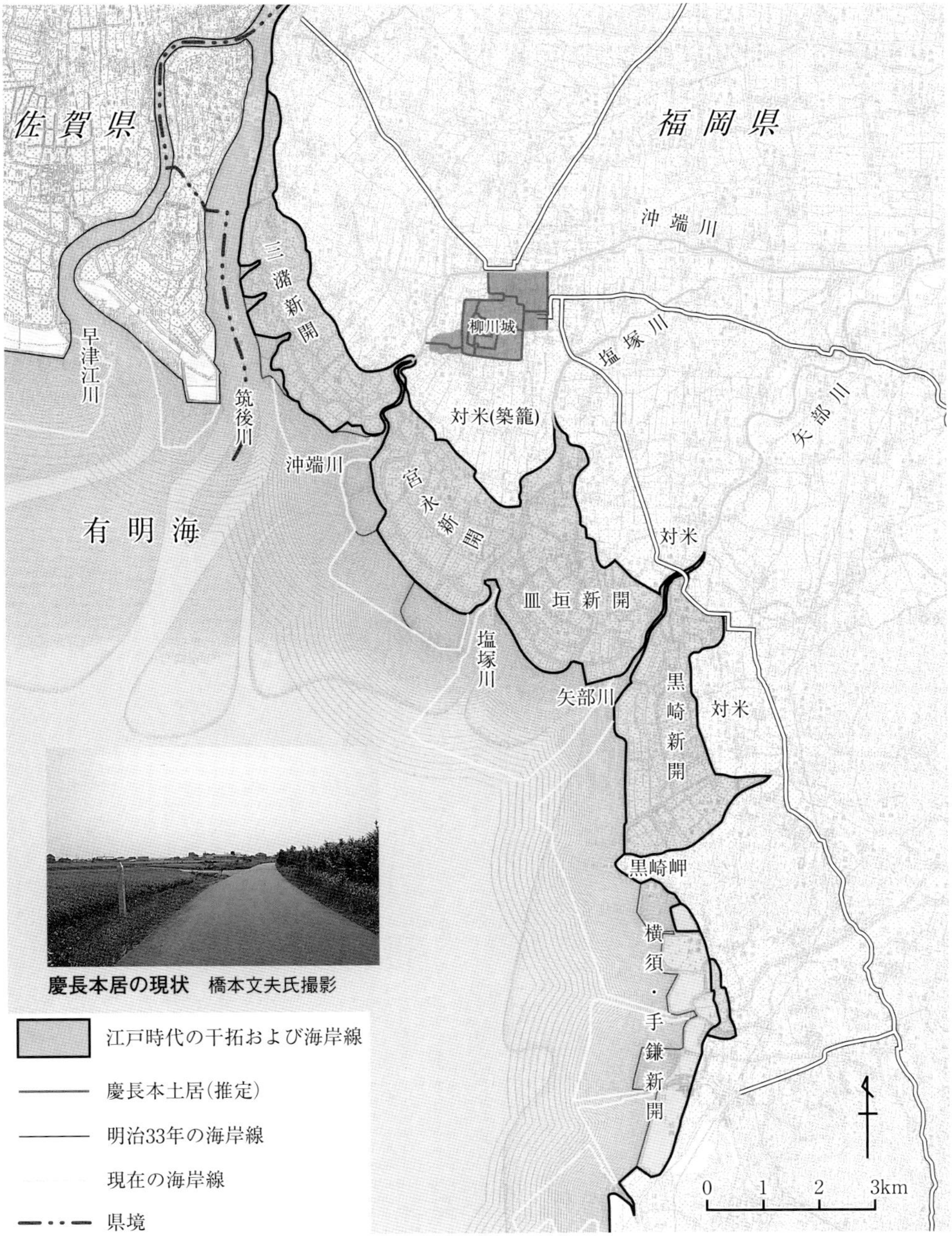

慶長本居の現状　橋本文夫氏撮影

慶長の本土居と柳川の干拓

明治33年側図５万分の１地形図「佐賀」「柳川」をもとに作製。現在の海岸線は平成８年発行の５万分の１地形図「大牟田」による。

銘文「九州土器之司」

蒲池焼手焙《てあぶり》　株式会社御花蔵
蒲池焼は、釉薬のかかっていない素焼きでその素地は緻密である。柳川藩主立花家に伝わるこの手焙は緻密でつやのある黒い肌合いですっきりとした形姿をしている。下部に「九州土器之司」の印刻銘をもつ。

へ給されたのは「社領」「山免」を併せて「五拾石」であり、すべて「中川原」の内に位置する。しかしながら、その地積は双方併せて三町八反五畝弱であり、図中の数値には遠く及ばない。斗代の詳細がつかめないので概略的な数値しか提示できないが、この図に描かれた地域の石高は五百石前後と推定される。したがって本図は祇園社の社領そのものを描いたものではない。同時に、立花氏の元和再封時の瀬高上庄村の石高が約千三百石であることを考慮すると、上庄村の全域を描いたものとも考えられない。図に描かれたのは瀬高上庄村のうちの一部、恐らくは「中川原」地区とみるのが最も合理的だろう。つまり、先の書き入れは、瀬高上庄村の一定部分（図示された域内）から「五拾石」を祇園社に給するよう命じたものと読むことが出来る。

　また、図には地積のみの表示しかないのに、祇園社への給付高が石高となっている問題も重要である。祇園社は先行する豊臣期に立花氏からも「五拾石」を給されていた。ここでの社領給付もそうした先例を踏まえたものであろう。しかしながら、先述したように、入部まもなく吉政は大幅な打ち出しを伴う検地を実施して「田中高」を策定しており、領内寺社への料地給付もこの「田中高」によっている。つまり同じ「五拾石」といっても田中時代のそれは立花時代のものに比べ、実態は随分と縮小・削減されたものとなる。先の大善寺玉垂宮に対しても「参百石」を寄進しているが、これも新たに設定された「田中高」によっている。もっとも寺社によっては、田中時代に至って従来より領知＝寄進領を加増された例もみられるが、寺社への領知給付はここでみたような勘落が一般的な基調であったと考えられる。

　吉政没後田中家は真教寺（現在の田中山真勝寺）を菩提寺とすることから、自身も真宗に帰依していたと考えられるが、イエズス会関係者がのこした当時の記録によると、吉政はキリシタンにも理解をもつ領主だったことが伺える。たとえば、一六〇五年（慶長十）年のイエズス会報告には「領主（田中吉政）と彼のすべての重臣たちは、祭司たちがそこ（柳川）へ行くと、手厚くもてなし挨拶をし、司祭たちと教会をたいそう好遇してくれる。本年、彼は良い

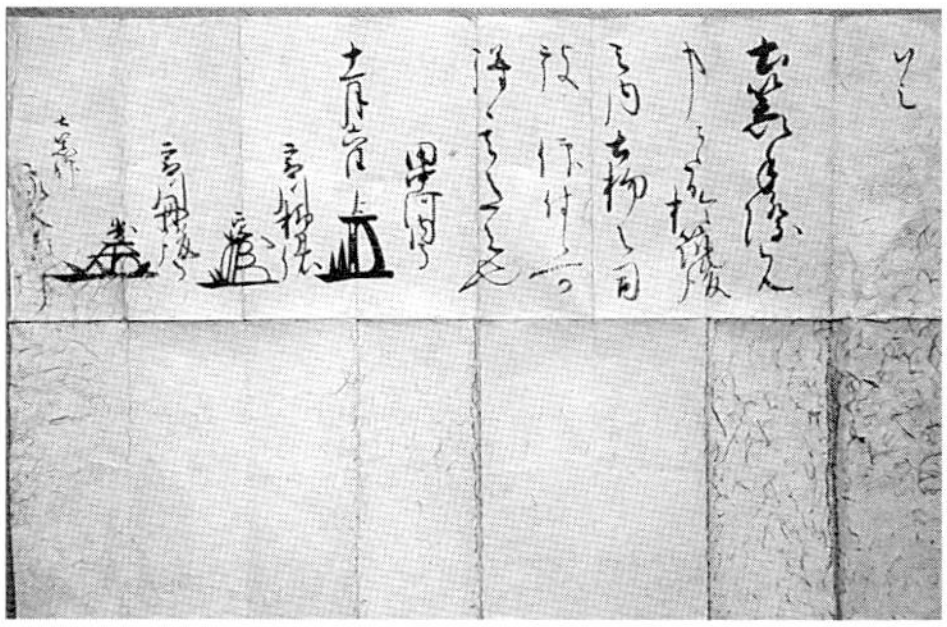

127　田中忠政家臣連署状
土器師家長彦三郎宛　柳川古文書館蔵
宮川丹後守・宮川掃部佐・田中河内守連署の文書で年紀の判明するものは慶長14年、田中忠政時代のものが最初である。すでに慶長11年頃の「筑後之国やなかわにて世間とりさた申事」には、三奉行として田中河内守・宮川大炊・宮川掃部があがり、それ以前の所謂「三奉行」とは変化しており、この書状は忠政期に出されたものであろう。

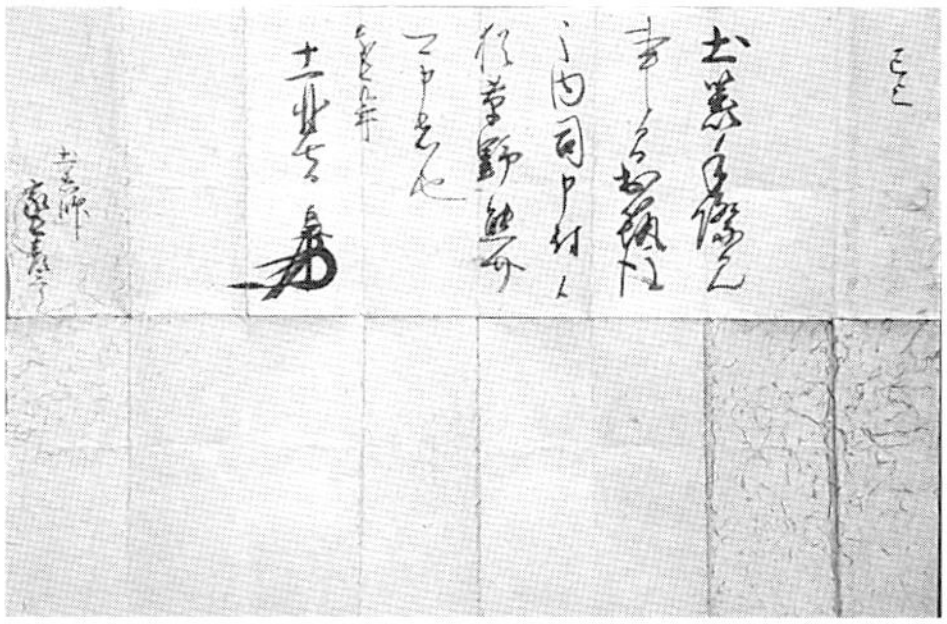

128　田中吉政判物　土器師家長彦三郎宛　柳川古文書館蔵
系図によると、当家は美濃国の出で恵那氏を称しており、のちに九州へ下り苗字を改め龍造寺氏・鍋島氏に仕えた。豊臣秀吉により彦三郎は肥前名護屋における「土器之司」に任命され、慶長9年吉政が鍋島氏から彦三郎（方親）をもらいうけ、「筑後之内司」に任じ、城下の北蒲池村に窯を開かせた。系図によると彦四郎方親は隠居後「吉内」と名乗るが、田中家分限帳には「六十七石　かわらけや　蒲池吉内」とみえる。

地所を彼らに提供し、そこに教会と、司祭が一名その藩庁に常駐できるのに必要なすべての宿泊施設が建設された。」とある。ついで慶長十二年（一六〇七）には準管区長のフランシスコ・パショの訪問を受けた吉政は筑後のキリシタンを十分に保護すると確約したと伝えられている。

田中吉政と蒲池焼

蒲池焼は柳川藩の焼物ということで、柳川焼とも呼ばれている。慶長九年に吉政が肥前から家長（家永）彦三郎方親を招いて、窯を開かせたと伝えられている。家長家の系図によれば、当家はもともと美濃国の出で「恵那」氏を称していたが、のちに九州へ下って苗字を改め龍造寺氏・鍋島氏に仕えたようだ。朝鮮出兵の折り彦三郎は鍋島氏に従って朝鮮に渡り、捕虜とした陶工から焼物の技術を伝えられたという家伝ものこっているが、真偽のほどは定かではない。確実にいえることは、家長家にのこる（天正二十）十二月二十六日の日付がある豊臣秀吉の朱印状についてだ。この朱印状によって彦三郎は肥前名護屋における「土器之司」に任命されている。したがってこのころには彦三郎の焼物がすでに高い評価を得ていたと考えてもよいだろう（ただし、この朱印状についても、この年は十二月八日に改元されて「文禄元」年になっているのに付年号には「天正二十」とあるなど、問題がないわけではない）。

しかしながら、当時の彦三郎の窯がどこにあったのかなどについてはよくわかっていない。先述したように慶長九年にいたって吉政が佐賀の鍋島氏から彦三郎をもらいうけ、城下の北、三潴郡蒲池村に窯を開かせることになる。この時吉政は彦三郎を筑後における土器の「司」とする旨の書状を与えている。さきの秀吉朱印状を踏まえた表現といえるだろう。

そののち筑後国は立花領、有馬領に分かれてしまうが、彦三郎方親は引き続き柳川領における土器の「司」を許され、茶道具や灰器を製作して、献上御用を勤めることになる。

下坂鍛冶と田中吉政

森岡榮一

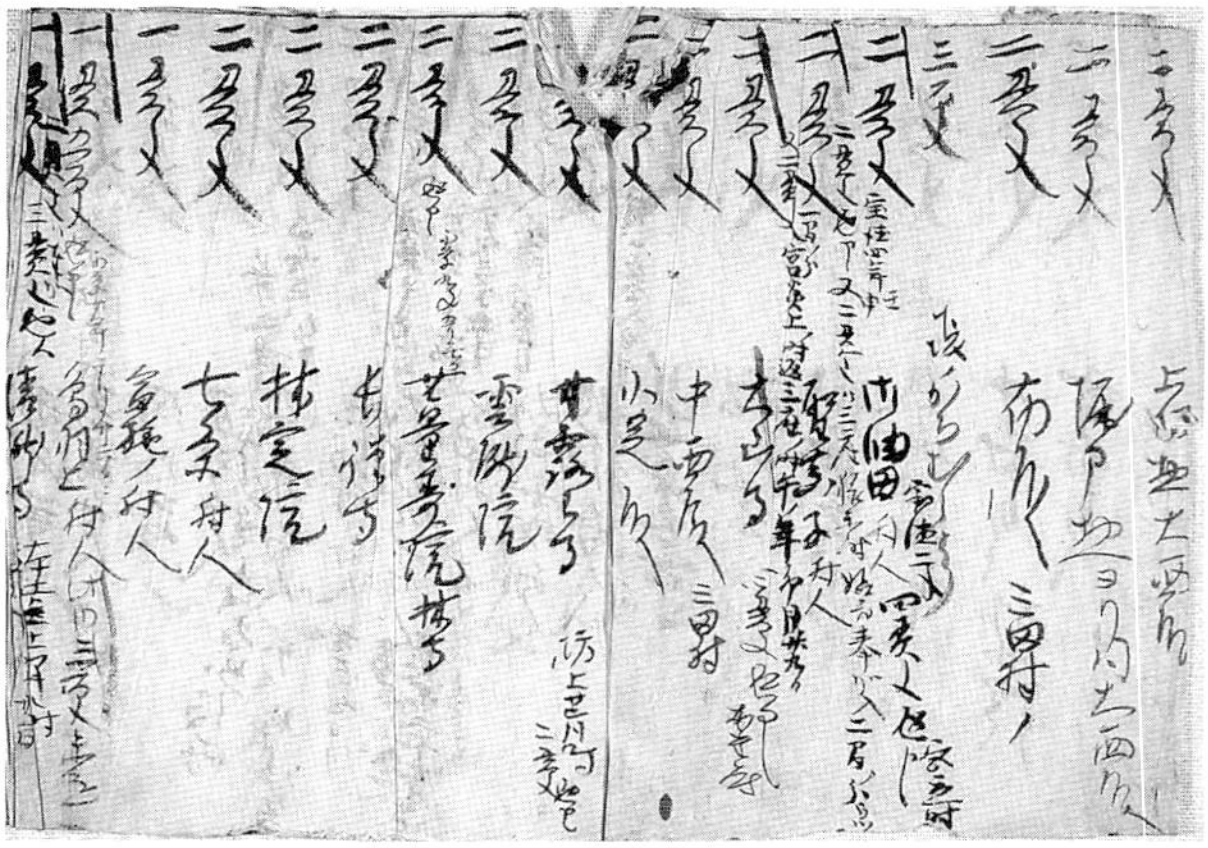

桟敷日記（部分） 観音寺蔵
永享八年（一四三六）に大原観音寺で行われた猿楽興行の桟敷（観覧者）の記録。三百文を支払った「下坂ノかちむら」が見え、織豊期の下坂鍛冶の前身とみられる。

はじめに

室町時代後期から安土桃山時代にかけて、戦国期の争乱によって武器の需要が飛躍的に増大するに伴って、鍛冶の存在が特に重視されるようになる。

湖北地方には、古代から近世にかけて多くの鍛冶の存在が確認できる。ただ近年その鍛冶のほとんどが途絶えたり、滅んだためあまり知られていない。しかし鉄砲を生産した国友鍛冶とこれから述べる下坂鍛冶は、いずれも徳川家康に見出され、幕府御用鍛冶となっている。この二大鍛冶を育んだ端緒は、浅井氏や羽柴秀吉の湖北領有とその後の関ヶ原合戦が契機となっているのであろう。

下坂鍛冶の操業

今から約四百年前、近江国坂田郡下坂庄（長浜市下坂中・下坂浜町付近）には、下坂鍛冶が居住していた。その起源については、室町時代の末ごろ（十六世紀中頃）から安土桃山時代まで諸説あり、定説をみていない。

しかし近年、大原観音寺文書（滋賀県米原市）から室町時代の永享八年（一四三六）に記された『桟敷日記』より「三百文　下坂ノかちむらより」の記述が発見された。これは、十五世紀の前半に下坂庄内での「鍛冶村」の存在が判明し、この時代に下坂庄内で鍛冶職人の集住した村があり、鍛冶が操業していたと考えられる。ただしこの鍛冶集団が、刀鍛冶であったかは不明で、作刀等も確認されていない。しかしこの鍛冶村が、下坂鍛冶の起源に直接関係する可能性は大きいと推定される。

その後下坂鍛冶は、天正年間の初め

下坂地先の井戸跡
昭和27年下坂浜町沖から発見された井戸跡（下坂鍛冶の作業場跡と推定されている）

から慶長年間の初めにかけて（一五七三〜九六）、美濃（岐阜県）の刀工「兼先」等を迎え、戦国末期の争乱で武器の需要が増加するにともなって急速に成長したと考えられる。なおこの時期の下坂鍛冶の作刀は、大多数が槍であったと推定される。

刀匠・兼先

美濃から招聘《しょうへい》された「兼先」は、鍛刀の師匠として技術を伝授したと考えられる。この時期の下坂鍛冶の作品が、ほとんど「下坂」や「下坂作」としか刻銘していないのに対して、「下坂住兼先」とみずからの名を入れている。また作刀は、現在のところ次の四点が確認できる。

①小脇指　一口　銘江州坂田郡下坂作
刃長三四・七センチ

②十文字槍　一本　銘下坂住兼先／加藤虎介　刃長二六・一センチ

③直槍　一本　銘下坂住兼先　刃長三二・五センチ

④直槍　一本　銘下坂住兼先　刃長二四・二センチ

このうち①小脇指と②十文字槍は、いずれも兼先の高い技術がよく伺える。なお十文字槍の所持者（注文主）銘「加藤虎介」は、秀吉家臣で有名な加藤清正（一五六二〜一六一一）のことである。清正は長浜城時代の秀吉に小姓として出仕していたため、下坂鍛冶の名声が高まるとともに、この十文字槍を注文したものと推定される。清正と下坂鍛冶の関係が良く伺える貴重な作刀である。

ただ惜しいことに実物は現在所在不明で、押形《おしがた》（紙を刀剣の上にあてて、その上を石花墨で擦《こす》って、形や刻銘を写したもの）でしか確認できない。この押形は、天正十一年（一五八三）四月二十日賤ヶ岳合戦の前哨戦「大岩山砦の戦」で砦を固守して戦死した秀吉方の武将「中川瀬兵衛清秀」の子孫で、江戸時代豊後岡城主となった中川家に伝来した実物資料を、幕末・天保年間に木原盾臣《たておみ》（藤園）が押形にしたものである。盾臣は肥後熊本藩臣で、古武器の研究をおこない、『刀剣図説』を著している。

なお兼先は、慶長五年（一六〇〇）以降下坂庄から京都に移住し、慶長十一年八月には越前（福井県）に居住していることが確認できる。本槍の製作時期は、加藤清正が「虎介」と名のっているため天正十三年（一五八五）以前の可能性が高い。

下坂鍛冶の伝播

慶長五年（一六〇〇）関ヶ原合戦以降、下坂鍛冶たちは、越前福井（福井県福井市）・伊予松山（愛媛県松山市）・筑後柳川（福岡県柳川市）など全国各地に分れる。これは文禄・慶長の役に下坂槍が注目されて、各地に分封された湖北ゆかりの大名に鍛冶として召し抱えられて移住したと考えられる。なおその足跡は、前述の福井・伊予・筑後以外に、越後国（新潟県）・讃岐国（香川県）・遠江国（静岡県）・山城国（京都府）・筑前国（福岡県）・信濃国（長野県）・紀伊国（和歌山県）・土佐国（高知県）など十数ヶ国に及んでいる。

越前国に移住した下坂鍛冶の代表工が、後年徳川家康に仕える「下坂市左衛門」で、また伊予松山の加藤嘉明に従った下坂鍛冶が「下坂甚兵衛」である。そして、筑後の田中吉政に仕えた鍛冶が「下坂八郎左衛門」である。

下坂八郎左衛門

下坂八郎左衛門の名が初めて記録に記されるのは、二代藩主である吉政の四男忠政時代の「田中家臣知行割帳」（『筑後将士軍談』等所収）である。この鍛冶の部分に、次の三名の名前がある。

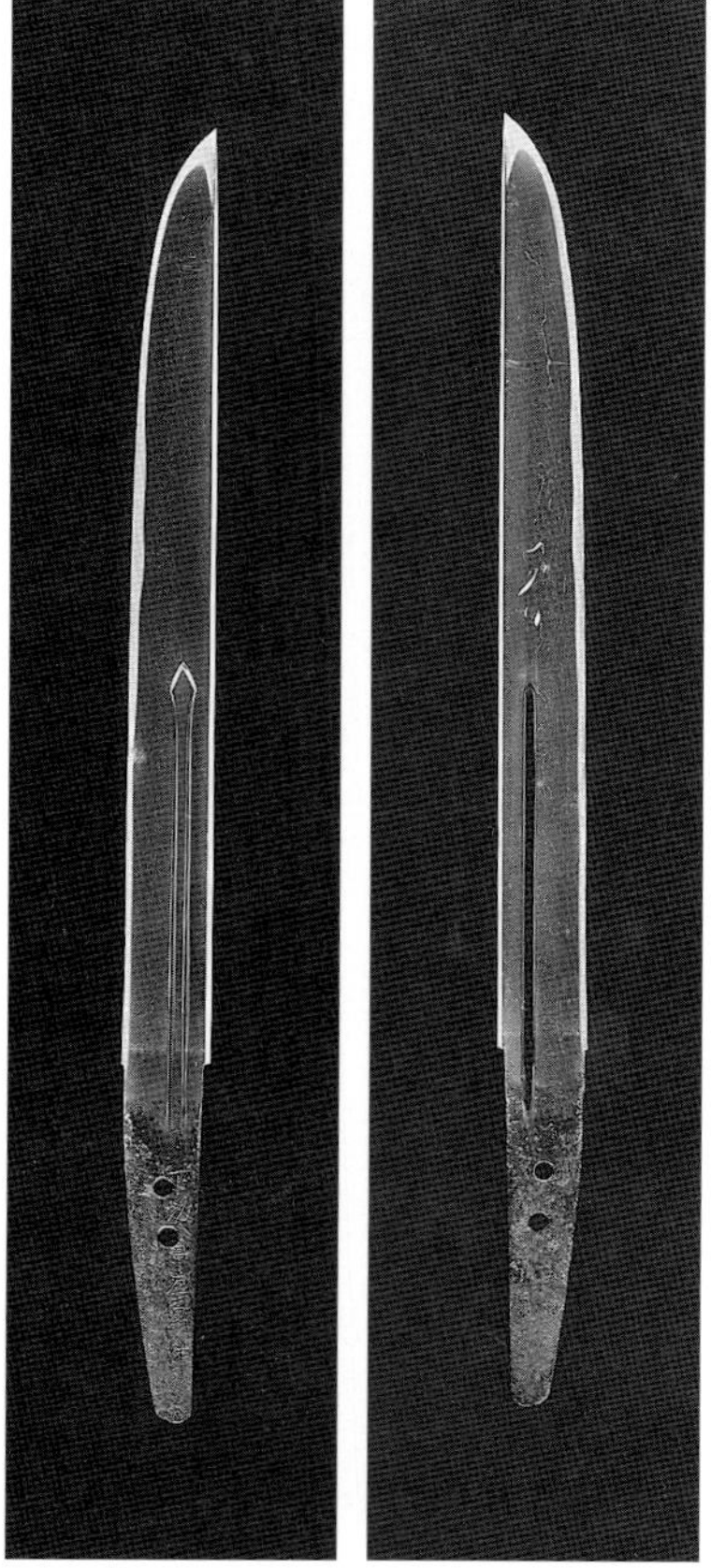

129　短刀　銘下坂八郎左衛門作　個人蔵

一、二百石　下坂八郎左衛門
一、百石　青池三右衛門
一、百石　伊吹甚右衛門

下坂八郎左衛門は冒頭に記載され、他の鍛冶より高い倍の石高を給せられている。これは八郎左衛門が、指導者（親方）的な地位にあったと推定される。

八郎左衛門は、坂田郡寺田村（長浜市寺田町）の出身であるという。また八郎左衛門は下坂市左衛門の先輩にあたり、兄ともいう説もあるが典拠は不明である。

会津下坂の祖「下坂甚兵衛為康」は、元亀元年（一五七〇）三歳の時に姉の夫にあたる八郎左衛門に託されて養育され、刀剣鍛錬の技を学んだという。しかし八郎左衛門の師匠については、記録が残っていない。ただ作刀からみて、赤坂鍛冶系統と考えられる。八郎左衛門は、安土桃山時代の下坂鍛冶のリーダー的存在であったと推定される。

表一　所持銘のある下坂八郎左衛門の作刀

番号	種別	刃長（糎）	銘文	所持者
①	直槍	二九・五	（表）五百本之内田中民部少輔 （裏）下坂作	田中民部少輔（吉次）
②	大身槍		（表）下坂八郎左衛門 （裏）慶長五年子　佐久間□□	佐久間□□
③	薙刀		（表）九州筑後ニテ下坂八郎左衛門 （裏）慶長八年八月吉日　樋口越前守所持	樋口越前守実長
④	薙刀	五四・七	（表）下坂八郎左衛門 （裏）片岡与兵衛尉政勝	片岡与兵衛尉政勝

直槍　銘下坂八郎左衛門作　市立長浜城歴史博物館蔵
筑後柳川時代の制作と推定できる。

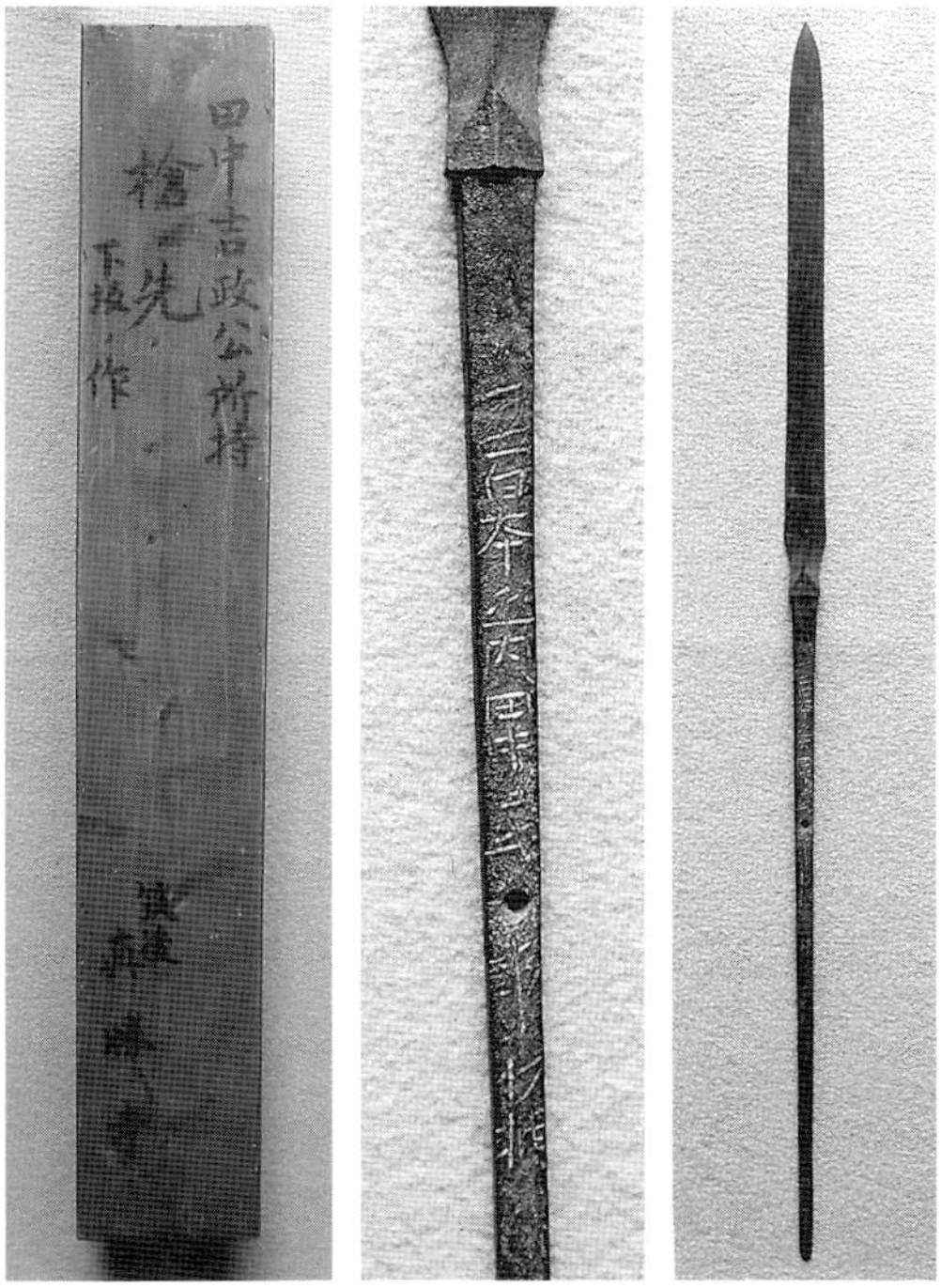

132　直槍　銘下坂作　真勝寺蔵
吉政の菩提寺真勝寺に伝わる下坂八郎左衛門の直槍。寺伝によると吉政所用の槍とされ、すでに文政年間（1818～1830）成立の『柳河明証図会』においても、真勝寺の什物として槍二本が見える。「五百本之内田中民部少輔」とあり、田中吉次の命で作られたことが分かる。

八郎左衛門の所持銘のある作刀

下坂八郎左衛門の作刀のうち、年紀や所持銘の見られるものを表一にまとめた。

①直槍は、銘が「下坂作」であるが、銘字の特徴が八郎左衛門の作品に相違ないのでここに掲げた。この槍は、「五百本之内」とあるため大量生産されたものの一本であることがわかる。また所持者銘の「田中民部少輔」は、田中吉政の長男で幼名を小十郎、長じて吉次（長顕ともある）と名のった。秀吉の馬廻で、天正十二年（一五八四）小牧・長久手の合戦のとき尾張進撃に従軍した。文禄四年（一五九五）八月八日、父の所領を継ぎ、三河岡崎城（愛知県岡崎市）六万石を領し、従五位下民部少輔に叙せられた。関ヶ原合戦には父と共に東軍に参加し、岐阜城攻撃から関ヶ原の主力決戦・佐和山城攻撃にも参陣し、近江国伊香郡古橋（現木之本町古橋）で逮捕された石田三成を大津の家康本陣まで護送した。しかし戦後父吉政と反目して、廃嫡され、吉次は出奔して京都南禅寺（南禅寺）に閑居し、元和三年（一六一七）七月三日に没したという。

たしかに慶長六年（一六〇一）田中吉政が筑後を領した時には、吉次は入国しておらず、慶長五年九月から翌六年三月の間に逐電したと考えられる。

するとこの直槍は、文禄四年（一五九五）八月から慶長六年三月の間に製造されたと推定され、朝鮮出兵の「慶長の役」か「関ヶ原合戦」用に下坂八郎左衛門が、田中吉次の命により作刀した可能性が高い。「下坂作」の三字銘も、坂田郡下坂庄在住を裏付けていると推定される。

②大身槍の所持者銘「佐久間□□」については、茎《なかご》に朽ち込みがあり名の二字が判読不明である。ただ佐久間諸士のうちで、賤ヶ岳合戦で中川清秀を討ち取った柴田方の勇将佐久間盛政の実弟「佐久間安政（一五五五～一六二七）」と「佐久間勝之（一五六八～一六三四）」兄弟のいずれかの可能性があるとも考えられる。兄弟は、賤ヶ岳合戦後に関東に下向し北条氏政に仕えた。北条氏滅亡後は、蒲生氏郷に仕え、のち秀吉に出仕したという。

慶長三年（一五九八）に安政は「近江国佐和山のほとり小河（神崎郡能登川町小川）にをいて七千石の地」を与えられている。また勝之も同年に「近江国佐和山のかたはら山路（神崎郡能登川町山路）にをいて三千石の地」を与えられている。所領の位置と下坂村との地理的な面からも、この佐久間兄弟のいずれかの可能性が高い。なおこの大身槍が、八郎左衛門の下坂庄在住時代の終わり頃の作刀と思われる。前述したように、慶長六年（一六〇一）彼は田中吉政に召し抱えられ、九州筑後に移住する。

慶長八年八月吉日の年紀のある③薙刀は、「九州筑後ニテ　下坂八郎左衛門作」とあり八郎左衛門が吉政に出仕して筑後柳川（福岡県柳川市）に下向し、この地で作刀していたまさにこの時期のものであることがわかる。

所持者の「樋口越前守」は、筑後の土豪で名を実長といい、天文十一年（一五四二）に生まれた。幼名は宮松丸でのち越前守を称する。室町時代後期には、星野氏の重臣であったが、星野氏滅亡後の天正十五年（一五八七）豊臣秀吉の九州征討の時に秀吉に降伏し、筑前・筑後を領した小早川隆景・秀秋に付属させられたという。慶長六年田中吉政の筑後移封にともなって吉政に出仕し、元和六年（一六二〇）田中家断絶後は隠居して、寛永四年（一六二七）正月十日八十六歳で卒した。

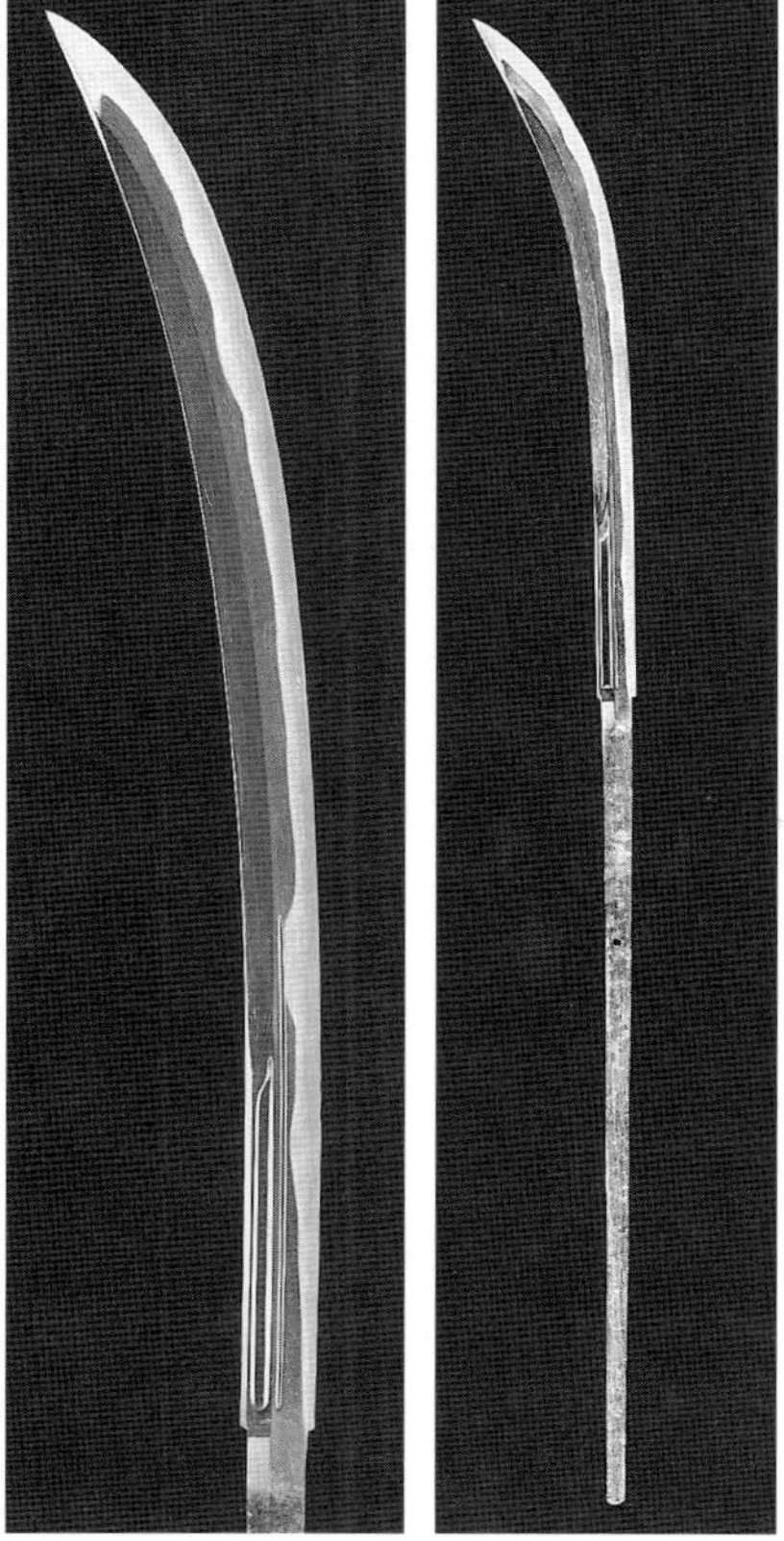

130　薙刀
銘下坂八郎左衛門作　市立長浜城歴史博物館蔵
慶長年間（1596～1615）の作と推定される。

実長は、本星野（八女郡星野村）に本拠を置き、星野村の南は次に述べる黒木城がある黒木町に隣接する。

④薙刀《なぎなた》は、年紀がないが下坂八郎左衛門の銘の特徴から、慶長八～九年の製作と考えられる。所有者の片岡与兵衛尉政勝は、「田中家臣知行割帳」に組頭「辻勘兵衛」の配下として「三百四十石　片岡与兵衛」と記されている人物であろう。辻勘兵衛は、名を重勝といい、吉政から三千六百五十石を与えられ上妻郡黒木城（福岡県八女市黒木町）の城代を命じられている重臣である。片岡政勝も、黒木城に在番していたと考えられる。

③と④は田中家の抱《かかえ》鍛冶八郎左衛門が、家中の武士の求めに応じて作刀した貴重な資料である。また八郎左衛門の九州駐槌を裏づける重要な資料ともなっている。八郎左衛門の筑後打の薙刀の注文主である樋口実長の居住地本星野（八女郡星野村）と片岡政勝が在番した黒木城（八女郡黒木町）は隣接している。八郎左衛門が、黒木城に滞在した可能性もあるだろう。

むすびにかえて

現在まで残された僅かではあるが、貴重な作刀によって下坂八郎左衛門の足跡が裏づけられた。同時に、後年の編纂物で疑わしいものの多い分限帳の類のなかで、「田中家臣知行割帳」の信憑性も高まったと思われる。

その後晩年に八郎左衛門は「光広」と名乗り、田中家滅亡後は子の与八郎とともに、越前下坂に合流するのである。江戸時代・延宝年間（一六七三～一六八一）越前下坂鍛冶に「伊勢大掾光広」という受領《ずりょう》名の鍛冶がいるがこれが与八郎であろう。

田中家抱鍛冶の系統は、越前下坂鍛冶集団のなかで受け継がれていくのである。

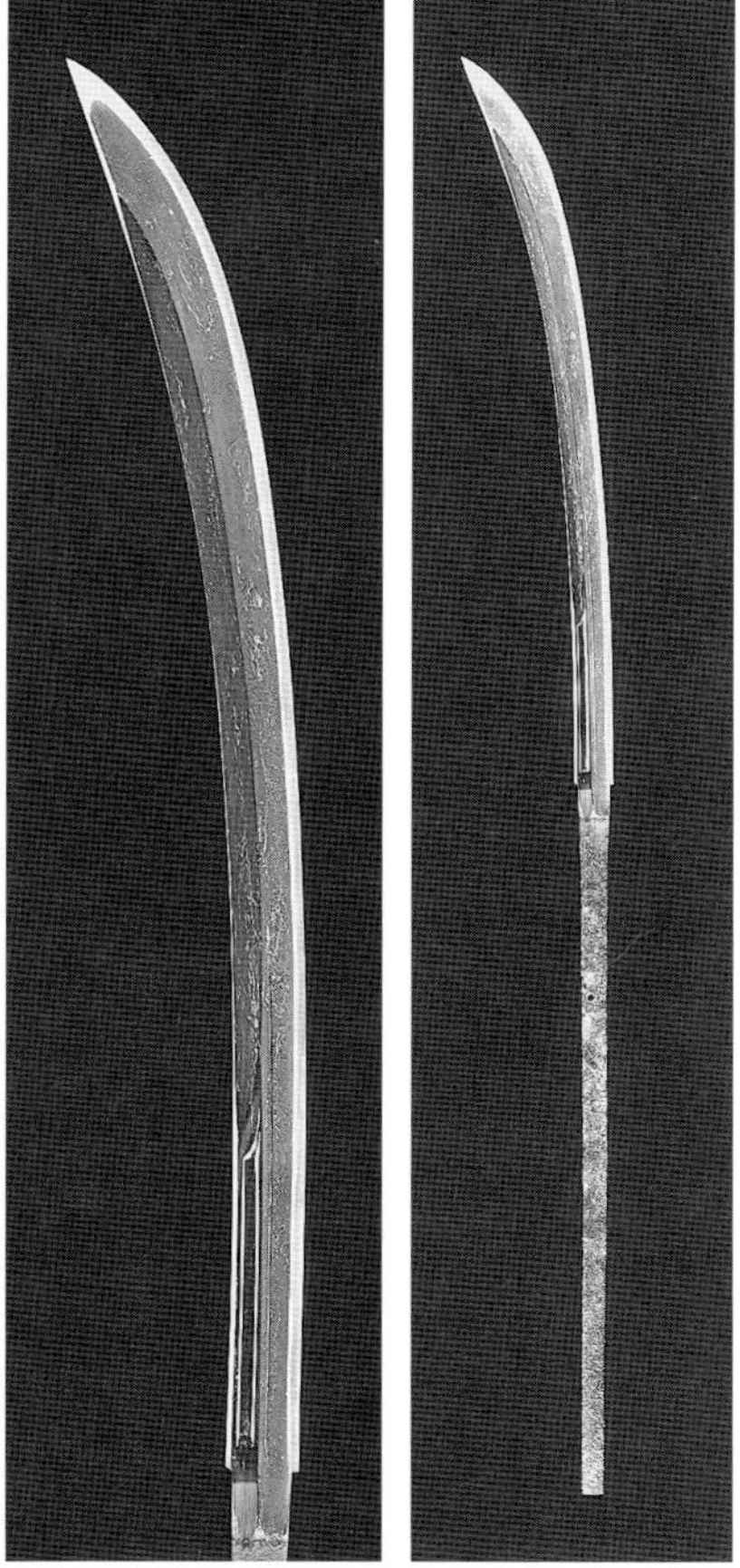

131　薙刀

銘下坂八郎左衛門作　市立長浜城歴史博物館蔵
田中吉政の家臣片岡与兵衛政勝の注文によって製作された薙刀で、所持銘がみられる貴重な作品。慶長8年（1603）ごろのものと推定できる。

その後の田中家

田渕義樹

吉政の子供たち

　慶長十四年（一六〇九）二月、吉政は江戸へのぼる途中、伏見で客死、その遺骸は京都黒谷に葬られる。のちに柳川の藤吉村に墓が設けられ、城内にあった真教寺（真勝寺）を移し、菩提寺とする。行年六十二、崇厳道越円光院と号する（『寛政重修諸家譜』）。同書によると吉政には、嫡男吉次（吉久）、二男吉信、三男吉興、四男忠政がいた。この四人とも母は同じであったようだ。吉政の嫡男であった吉次は関ヶ原の戦いの後に廃嫡、二男吉信は家臣となるとある。三男吉興の家系に伝わった「田中系図」（柳川古文書館蔵）には、二男吉信は病死と記す。また別の系図「家伝系図抜書」には、嫡男吉次の記述はなく、庸政という人物が二男として記され、また吉信は慶長十一年に横死したとある。庸政はこの系図によると吉政の妾腹の子で、子細あって母子とも京都に流浪し、後に鍼術を以て尾張徳川家に仕えた人物とある。

　つまり、慶長十四年の吉政の死去の段階では、吉興と忠政が跡継の候補者だった訳だ。三男の吉興は病弱で、言葉も不明瞭であり（『田中興廃記』）、例えば三潴郡東照寺に残る、田中久兵衛吉勝（吉興）が願主となって寄進された鰐口は、その病気平癒を願ってなされたものと云われているが、『寛政重修諸家譜』には関ヶ原の戦いでの戦功や大坂の陣への供奉なども記されており、家督を継承できなかった理由がここにあるとも思えない。一方四男の忠政は幼少より人質として江戸にあり、将軍徳川秀忠の上洛に供奉するなどの経歴がある。慶長十一年頃の、毛利家の密偵による報告「筑後之国柳川にて世間とりさた申す事」には、この二人の仲は殊《こと》の外に悪いとある。また、吉興は吉政の不興をかったため忠政が継嗣と決まったが、吉政はゆくゆくは吉興に上筑後五郡を、忠政に下筑後五郡を嗣がせるつもりであるとも記されている。

　しかし結局、兄吉興を差し置いて、忠政が筑後一国を相続することとなる。慶長十四年六月四日付けの徳川秀忠判物で筑後国一国の相続が認められ、従四位下に叙任、官途は筑後守、そして秀忠の一字を賜り忠政と名乗るのである。

大坂の陣不参と公事沙汰

　忠政の襲封から死去までの約十一年間の治世は、その短さと没後の田中家改易という事情からあまり具体的にわからない。『駿府記』によると、忠政

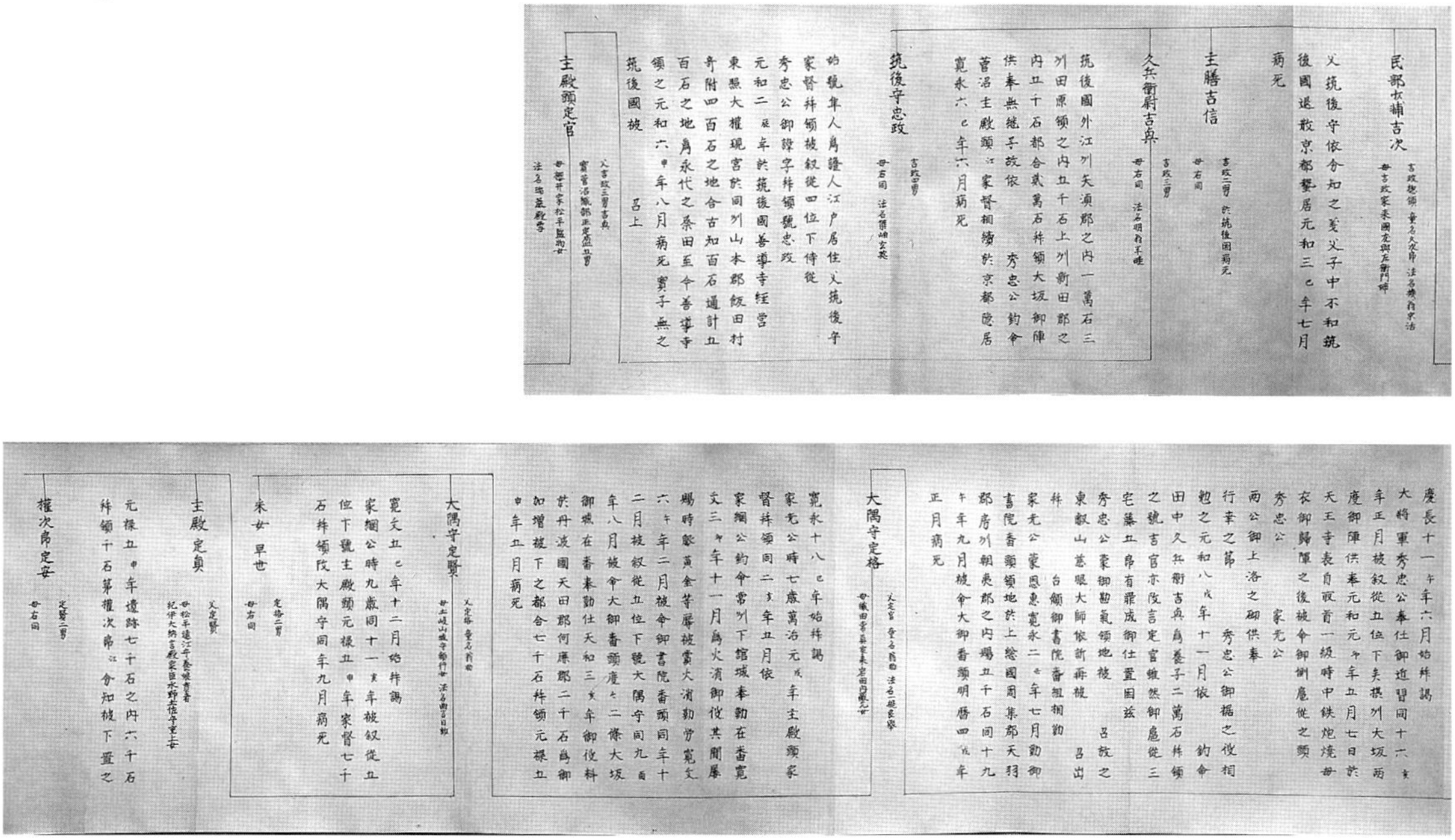

4　田中系図（吉政の子以降）　柳川古文書館蔵

14ページの系図に続き、吉政の子以降部分を掲載した。吉政三男吉興の系統に伝わったもので、吉政の孫以降は旗本家となった同家のみ記す。

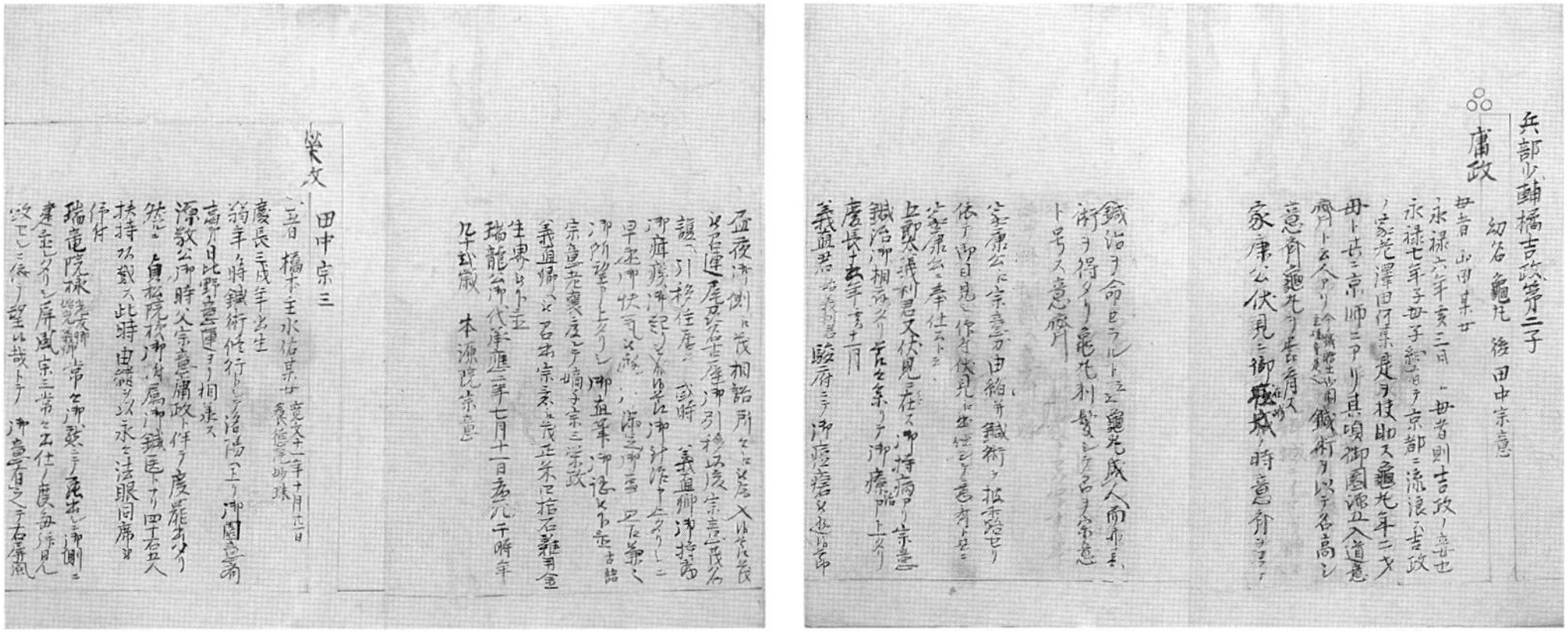

134　家伝系図抜書（田中庸政家系譜）　名古屋市博物館蔵

この系図によると田中庸政は吉政の妾腹の子で、子細あって母子とも京都に流浪し、後に鍼術を以て尾張徳川家に仕えた人物である。庸政は吉政の第二子と記されているが、妾腹ゆえか「田中系図」「寛政重修諸家譜」には見えない。

はたびたび徳川家康に拝謁していることが窺え、江戸城の普請を命じられるのもその時である。
『田中興廃記』では無嗣改易となった理由の一つに二度の大坂の陣での遅参をあげている。慶長十九年の冬の陣では、同年十月七日、江戸普請の隙明きで暇をもらい下国する忠政は、駿府で家康に謁し、急ぎ帰国し軍勢を整えて待つように指示されている（『駿府記』）。その後の忠政の動向は不明だが、大坂方との和議が成立した後、家康は

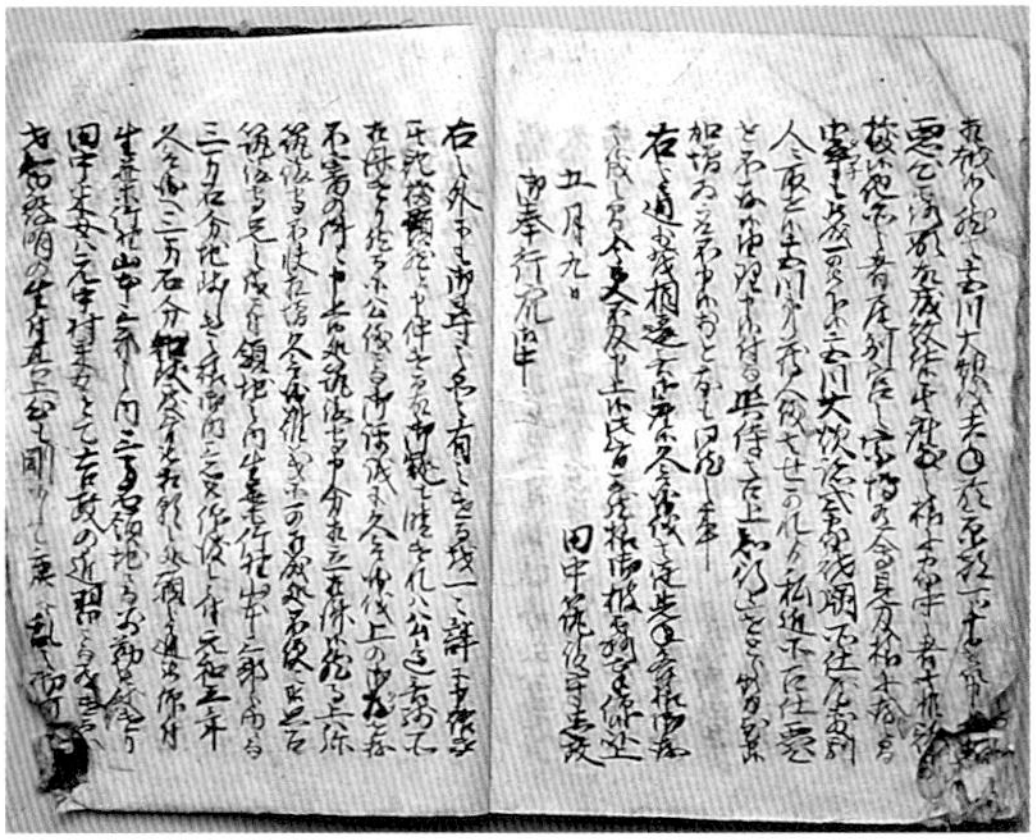
136　田中興廃記　久留米市蔵「屏山文庫」

室津にいた九州軍勢に帰国するように指示しているが（『大坂冬陣記』）、この九州の軍勢とは黒田・田中・細川家のようである（『薩藩旧記』『貴久記』）。とすると冬の陣での忠政の遅参はなかったと考えられる。ただし夏の陣には「田中筑後守国本より参る、遠国為《た》るに依り遅引す云々」（元和元年五月二十九日『駿府記』）とあり、間に合わなかったのは事実のようだ。小倉藩主細川忠興は、その子忠利への書状に「一、今度遅ク罷り上がられ候衆ニハ、御詞のかからざる衆も二・三人之《これ》在る事ニ候、され共身上別儀ありそう成ニても之《これ》無《な》く候、其内田中事ハ一段御前悪さうニ聞し、但し是もしかと知らず候事」（元和元年閏六月十一日付「細川家史料」）と、遅参のため家康のお言葉がかからなかった大名のうち田中忠政への心証が一段と悪いとの噂を記している。しかし、閏六月二十五日の書状には「一、田中筑後今日当地をとをり候、御前済みたる由候」とあり、この件は落着し忠政は筑後へ下国している。なお、『寛政重修諸家譜』が「大坂両度の御陣に島津家久が勢出張すといへども渡海順風を得ずして遅滞せしにより、仰をかうぶり、その押として封地にあり」との記事を載せているように、忠政は対島津氏で動いていた可能性もある。

しかし、それとは別の問題が発生する。田中家々中で争論が起き、それが幕府で取り上げられる事態が起こったのだ。いわゆる「公事沙汰」である。元和二年（一六一六）六月十五日の細川忠興書状（「細川家史料」）には「一、田中の事、内之者祈（訴）状を上げ申し候由に候、左様ニ之《これ》在《あ》るべき儀共多く候、有様ニさへ御耳ニ入り候はば、身上果て申すべく候、筑後の国も身上果て候とて、以外さハぎ申し候由に相聞《きこ》え候事」とあり、この訴訟で田中家の身上も果ててしまうとの騒ぎとなっている。なお、『田中興廃記』では兄吉興が忠政の大坂方内通を訴えたとしている。しかし翌七月、八月にはいっても「一、田中公事の事、今に勝負之無き由、不審なる儀ニ候、大略身上済み申す物ニて候」（元和二年七月十日付細川忠興書状）「一、田中出入今に一途之無き由、奇特成る儀に候、替儀候ハヽ、承るべく候事」（同年八月十日付細川忠興書状）「一、田中事未だ

知り申さざる由、不審なる儀共ニ候事」（同月二十九日付細川忠興書状）と、この公事沙汰はなかなか決着がつかなかったようだ。そればかりか翌年以降にも「一、田中筑後身上の儀、さのミ替事も有間敷候事」（元和三年十一月十八日付細川忠興書状）「一、田中事、定而別成《べつなる》事も候ましく候事」（元和四年六月二日付細川忠興書状）「一、肥後の事、田中事、さしたる儀も之《これ》在る間敷と存じ候事」（元和四年六月二十六日付細川忠興書状）と田中忠政の「身上」が話題となっている。ここに出てくる「肥後の事」とは、加藤忠広家で起こった家臣下津棒庵の上訴を指し、「田中の事」もやはり先述の公事沙汰をさすと思われる。元和四年になっても正式な決着はついていなかったのであろうか。

大坂城の石垣　高島伸氏提供
「田筑後守」とみえる

　この公事沙汰に関しては他にあまり史料がないが、『御家中畧系譜』（久留米市立中央図書館蔵本）に収められた中村家の系図によると、当主中村采女の事蹟に「筑後守殿　忠政、父兵部大輔殿遺跡相続、之に依り兄久兵衛殿快《よう》しからずと而《て》、公事三度に及ぶ、其の節儀江戸御評定所に於て申し啓キ、又重而右公事発し、国危有の節、再び評定所ニ罷り出で申し抜き候間、筑後守殿勝利ニ成る、其《そ》れに依り功労加増過分之《これ》有り」とあり、兄久兵衛吉興と忠政の間で公事沙汰が発生し、三度に及ぶ審問が行われ、その決着がついたあと再び公事沙汰が起こったとしている。元和五年十月十五日付の細川忠興書状に「一、田中筑後又東へ下らるるの由」とあるが、この「又」は二度目の公事沙汰のために忠政が江戸へ行ったことを意味するのかもしれない。また最初の公事沙汰が三度に及んだとすれば、元和二年から四年の長期にわたったことも理解できる。

　結局この公事沙汰にどのような決着がついたのかは、はっきりしない。先述した『御家中畧系譜』では忠政の勝利となったとあるが、この結果として行葉・竹野二郡と山本半郡（三万石）の分知をうけた（『久留米市史』）とも全三郡（『田中興廃記』）とも言われている。

　元和六年正月十五日付の細川忠利書状には「一、今度仰せ付けられ候大坂二之丸御門口三ツ御座候、加肥後守・鍋島・田中望にて仰せ付けられ候事」と、大坂城の普請を、同じく公事沙汰のあった加藤家などとともに、望んで請けている。この公事沙汰によって幕府との関係が緊張し、疑念を払拭するためなのだろうか。なお、実際に大坂城西外堀の石垣には「田筑後守」の刻印のある石が残っている。

忠政の死と田中家改易

　元和六年（一六二〇）八月七日忠政は、跡継ぎのないまま江戸で没する。遺骸は江戸神田の吉祥寺に葬られる

千光寺の忠政墓

が、久留米の千光寺にもお墓が残り、松野主馬ら八名の家臣の名前が刻まれている。忠政の母「妙寿院」は、吉政の孫が二人いるので、田中家の存続を将軍へとりなして欲しいとの手紙を金地院崇伝に送っていたが（『本光国師日記』）、幕府はすぐに田中家改易を決定したようで、筑後に派遣する上使などを選定している。

この吉政の孫二人うち一人は、廃嫡された吉次の子吉勝であると考えられる。その子政信が京師に居住していたところ、田中吉政の曾孫であることから秀忠に召されたとされている（『寛政重修諸家譜』）。もう一人は『家伝系図抜書』の庸政の子栄政であろうか。

一方兄の吉興は、改易後近江国へ知行替になったといわれているが（『久留米市史』）、『寛政重修諸家譜』には、大坂の陣以前に近江国野洲郡・三河国田原領・上野国新田領のうち二万石を賜ったと記しており一定していない。吉興にも男子なく、元和八年に菅沼定盈の子定官（吉官）を養子に迎えている。つまり吉次と吉興の家系が幕府に仕える形で存続していくことになるのである。

文書の行方

田中家に伝えられた古文書は、現在柳川古文書館に収蔵されている。この田中文書は昭和五十八年に当時神奈川県在住であった田中重政氏が柳川市に寄贈したものである。先述したように田中家改易後も吉政の長男吉次と三男吉興の系統が幕府に仕えていたが、柳川市に寄贈された田中文書の中には、菅沼家の系図も存在することから、田中重政氏は三男吉興の家系と考えられる。

では、改易後田中家の文書は三男吉興に伝えられたのだろうか。実は『譜《ふ》牒《ちょう》餘《よ》録《ろく》』に収載された、田中大隅守（吉官の子、定格）の書上には、

一、元和八年戌十一月上意に依り、田中筑後守吉政三男久兵衛吉興養子に罷り成り家督之を拝領す、田中主殿頭吉官と改め申し候、田中氏先祖頂戴仕り候　御朱印・御判物等戦功の儀は、筑後守嫡子民部少輔嫡孫田中宇右衛門と申す者、私手前に罷り有り、書付所持仕り候の故、別帋ニ認め差し上げ申し候

とあり、田中家の先祖が頂戴した判物の類は、筑後守（吉政）の嫡子民部少輔（吉次）の嫡孫である田中宇右衛門が所持していると記している。『譜牒餘録』の別の箇所には、その田中宇右衛門の書上として、次のように記される。

一、兵部大輔と民部少輔父子不和に罷り成り、民部儀京都へ立ち退き申し候、次男主膳吉信儀は其の比病死仕り候、三男久兵衛吉興儀は、別て御知行二万石拝領仕り罷り在り候、四男隼人儀は証人として江戸に相詰め罷り在り候の処、兵部大輔病死、家督隼人へ筑後国残らず仰せ付けられ、台徳院様より忠の御字拝領、筑後守忠政と改め申し候、則ち筑後守忠政へ下し置か

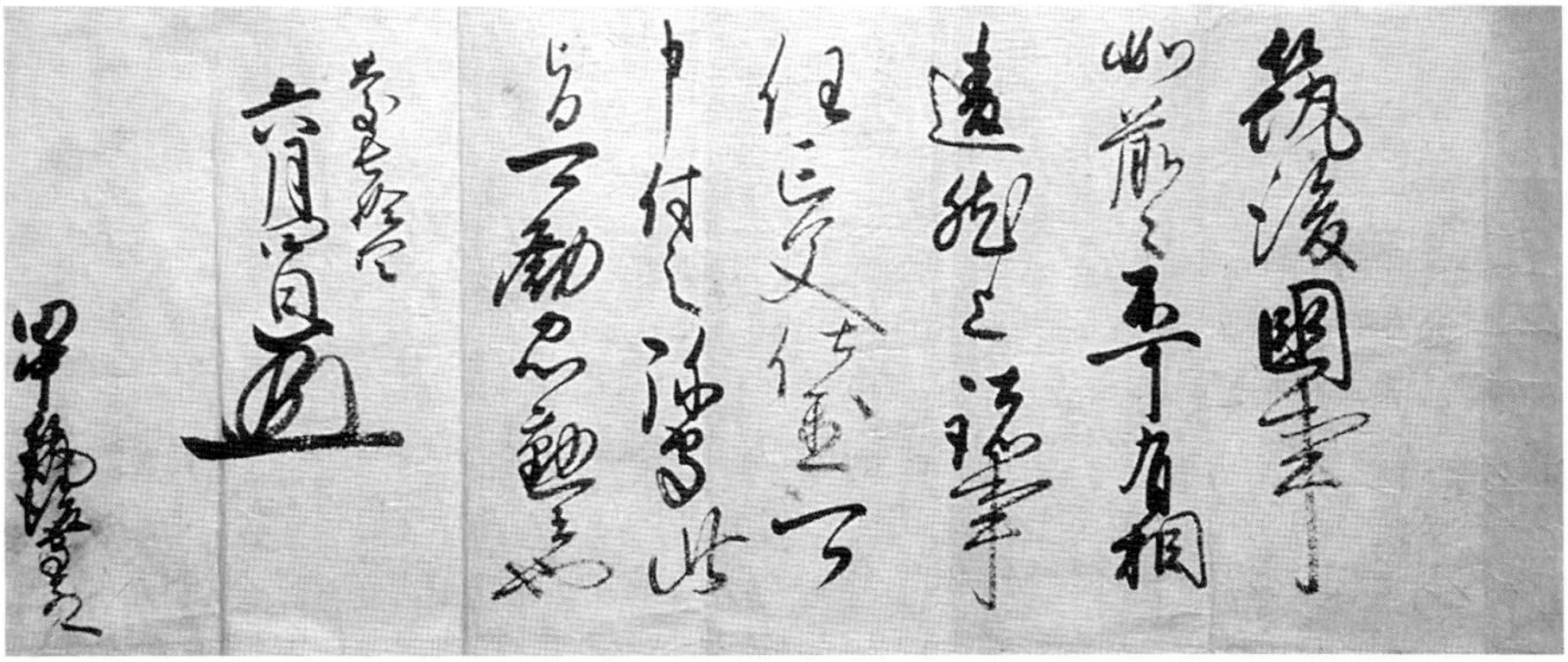

133　徳川秀忠判物　田中筑後守宛　柳川古文書館蔵
慶長14年2月吉政の死去をうけて、四男忠政が田中家を継いだ。本文書は同年6月4日付で将軍徳川秀忠がその遺跡の相続を認めたもの。本来は折紙であったと思われる。

れ候御判物の写、

筑後国の事前々の如く相違有るべからず、然る上は諸事亡父仕置に任せ之を申し付け、弥此旨を守り忠勤を励むべき者也、

慶長拾四

六月四日　御書判

田中筑後守とのへ

先述したように、この田中宇右衛門は田中政信のことであり、京師に居住していたところ、田中吉政の曾孫であることから秀忠に召されたのである。書き写された慶長十四年の秀忠の判物は、確かに柳川古文書館収蔵の田中文書中にあるものだ。この『譜牒餘録』のもととなった諸家からの書上は、幕府が天和三年から貞享初年にかけて提出させたものといわれており、この時点では田中家の文書は吉政の嫡男吉次の家系に伝わっていたことが確実である。『同書』には田中宇右衛門が当時大番頭であった田中大隅守の「手前罷り在り候」と記されており、あるいは田中大隅組に所属していたのかもしれない。理由ははっきりとしないが、貞享以後に吉次の系統から吉興の系統へと文書が移動したと考えられる。

家臣団の行方

田中家の改易後、田中遺臣の行方はどのようになるのだろうか。三奉行の一人、石崎若狭の子は生駒家へ、同族の石崎将監は紀州徳川家（後に彦根井伊家）に仕える。また、田中玄蕃由貞は紀州徳川家へ千三百石（『南紀徳川史』）、田中主馬は森美作家に二千六百石（後に彦根井伊家）で召し抱えられている。細川家には十五人ほどが仕えるが（永青文庫『先祖附』）、加藤家・福島家・本多家への仕官を経て細川家に召し抱えられたものも多く、かなり流動的だ。片岡与右衛門は、関ヶ原の戦いの戦功と複数の証人を立てて再仕官活動をするが、川越藩主酒井忠勝に召し抱えられたのは寛永五年（一六二八）、田中家の改易から八年後のことだった（市立長浜城歴史博物館蔵「片岡与右衛門仕官関係文書」）。千光寺（久留米市）の田中忠政の墓には、「造立石塔一基／前筑後守橘朝臣傑岫玄英大居士／于時元和六庚申年八月七日／尾州住人　榎津□□／江州住人　馬場清兵衛／摂州住人　坂本市ノ丞／城州住人

吉岡十左衛門／三州住人　今村七郎右衛門／城州住人　坂田杢／江州住人　草野熊助／尾州住人　鳴海六左衛門／濃州住人　松野主馬」と刻まれている。この近江・三河・摂津・尾張・美濃・山城といった国がもともとの本貫地を示すのか、造立した時の居住地かは判然としない。あるいは石崎家のように、結局もともと由緒のある本貫地へ帰る例も多かったと考えられる。

　一方で筑後に残った家臣もいる。田中家改易後、北筑後には有馬豊氏、南筑後には立花宗茂が入るが、有馬豊氏は丹波福知山八万石から久留米二十一万石、立花宗茂は奥州棚倉三万石から柳川十一万石へと領知高が増え、そのため旧田中家家臣を抱えることもあったようだ。立花宗茂の場合は関ヶ原の戦いの後に改易された際に家臣の多くを肥後の加藤氏に預けていた事情もあり、元和七年正月二日付の立花宗茂書状によると、田中家中の浪人を留め置く必要はなく、早く何処にでも奉公するようにと命じ、一人も抱えることは

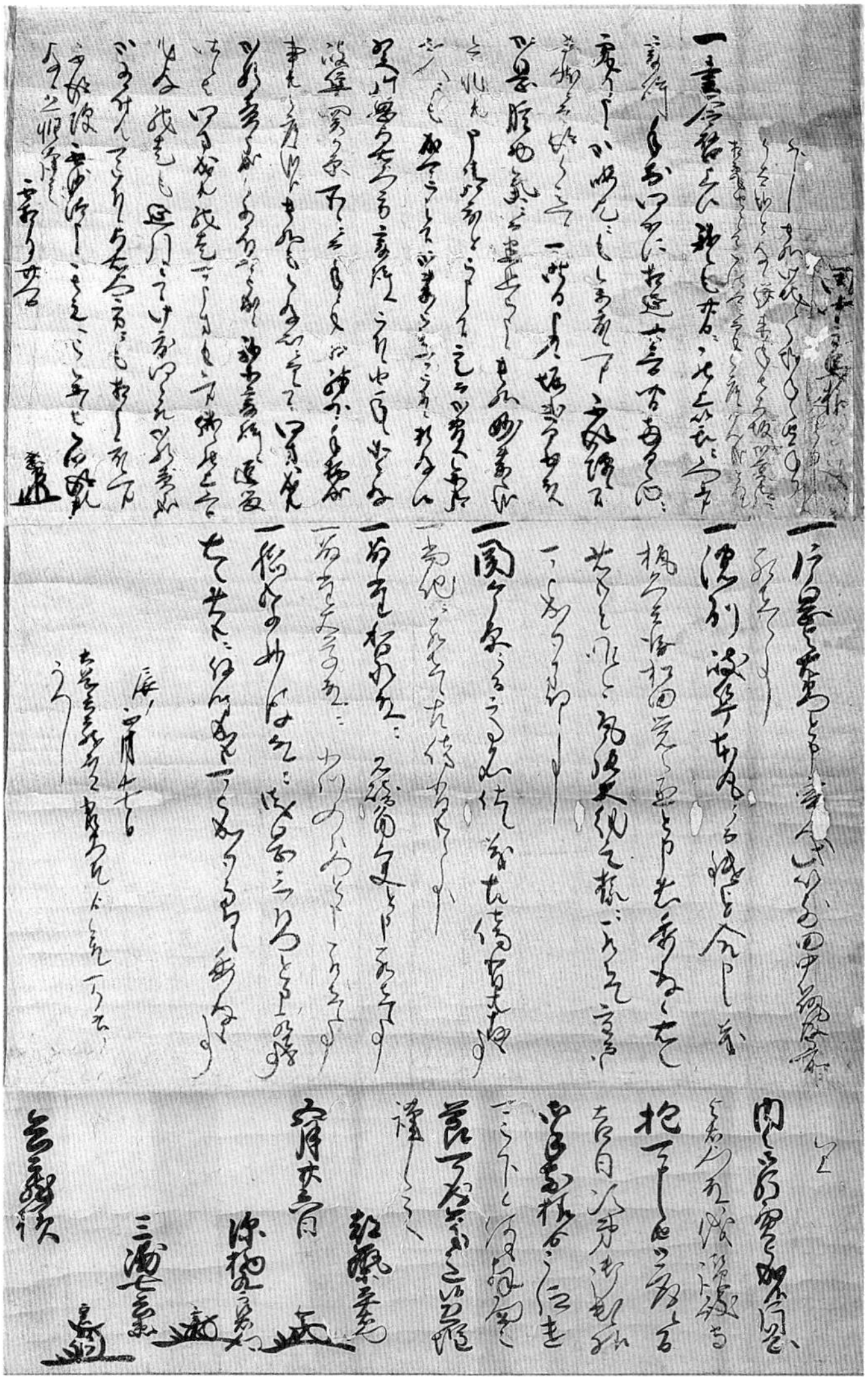

135　片岡与右衛門仕官関係文書　市立長浜城歴史博物館蔵

田中吉政の家臣であった片岡与右衛門が、出羽国鶴岡城主 酒井忠勝に再仕官した経緯を示す文書3通である。①仕官の仲介をした某が、田中旧臣・田中主馬へ与えた書状。②片岡与右衛門の経歴書。③酒井家之臣とみられる都築平右衛門ら3人が、片岡の仕官が決まったので出頭するよう伝えた書状である。いずれも片岡仕官を仲介した「大岡兵蔵」家に伝来したものと考えられ、3通つなげて縦に表装され、1幅として伝わる。

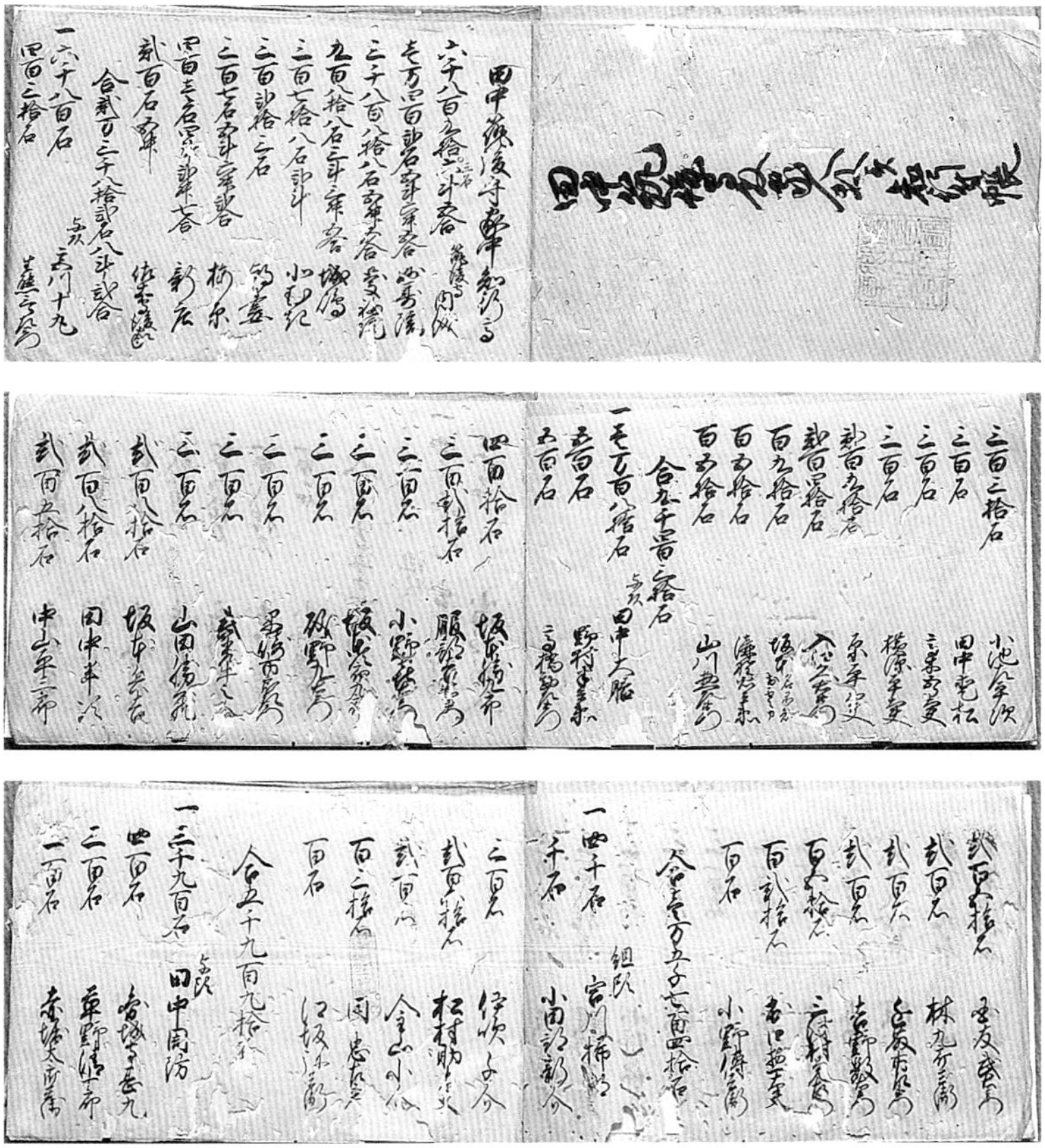

田中筑後守殿家人数并知行付帳（田中家分限帳）　伝習館文庫蔵
田中時代の分限帳は、久留米市立中央図書館の写本、矢野一貞著『筑後将士軍談』所収の「田中家臣知行割帳」などが知られる。冒頭の「筑後守内儀」「妙寿院」（＝田中忠政の母）の記載などから、忠政時代の分限帳と考えられる。これも写本の一種であろう。

できないと明言している。享保八年（一七二三）に柳川藩士に提出を求めた系図では、草野辰興・下坂八郎右衛門・中村鎮実・宮川重家の四名が旧田中家臣であったことがわかるが、このうち草野辰興は元和七年に大坂で召し抱えられた人物、また宮川重家は元和年中、下坂・中村は宗茂の時に召し抱えられたとするのみで、立花入国後すぐに筑後国で召し抱えられた田中遺臣はやはりほとんどいなかったのではないだろうか。

有馬豊氏は立花宗茂に比べて積極的に田中遺臣を召し抱えたようだ。『御家中畧系譜』によると、豊氏に召し抱えられた田中遺臣は、久留米入部を果たした元和七・八年を中心に、判明するだけで四十二家に及ぶ。また、田中家で鉄砲頭を務めた国友などの家が有馬家でも鉄砲頭を務めていることが目を引く（『久留米市史』）。

分限帳に記された知行取りが四百四十六人に対し、その行方が判っているのは僅かに過ぎない。改易されたため田中家に関する史料は多くないが、今後遺された家臣の足跡を追うことで、田中家の新たな史料の発掘ができるかもしれない。

コラム

田中吉政と平井鋳物師

田渕　義樹

筑後の鋳物師としては平井家の活動が知られる。現在三柱神社（柳川市三橋町）にある欄干橋の擬宝珠は、もとは慶長四年立花宗茂時代の柳川城の欄干橋のそれで、「平井物兵衛尉平成貞」の銘がある。

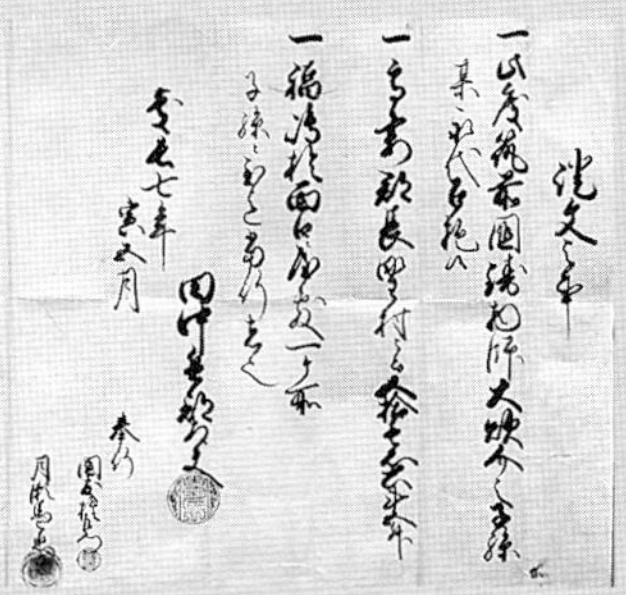

125　田中兵部太夫印判状
平井忠三郎宛　平井家文書
田中期の鋳物師平井家の活動は瀬高上庄の平井家が知られるが、当主の話では、この平井家は瀬高から分かれてきたという。一方でこの文書は大宰府の平井氏の子孫とある。

田中時代の作例としては、慶長十二年の三潴《みぬま》郡大善寺玉垂宮（現久留米市）の鰐口（『太宰管内志』）、慶長十三年の同郡東照寺（現柳川市）の鰐口が「平井惣兵衛平朝臣政朝」によって作られている。この「物兵衛」を名乗る平井家には、残念ながら田中時代の文書はないが、田中家改易後柳川に再封された立花宗茂以後、代々立花家から「鋳物師惣司」等に任じられており、山門郡瀬高上庄に居住していたことがわかる。ところが、この瀬高平井家に伝わる『鋳物師職分控』は、別の由緒を語っている。それによると、もともと上妻郡で筑後一帯の鋳物商を支配していた平井家の祖、平井宇太が豊臣秀吉から「鋳物師（惣）司」に任じられ、宇太の子三郎兵衛は吉政より運上銀を上納することで郡中の鋳物支配を認められ、また田中家改易後、その子藤三郎からは代々有馬家へ仕えるとするのである。恐らくこの『鋳物師職分控』は、先の瀬高平井家ではなく、上妻郡の平井家の由緒を語るもので、瀬高平井家が自家の由緒を探る過程で写されたのであろうか。

この上妻郡平井家に関する史料が、慶長七年（一六〇七）平井忠三郎宛の田中兵部大夫印判状（「平井家文書」）であり、「筑前国鋳物師大炊介の子孫」である平井忠三郎を、鋳物師として五十一石余で永代召抱え、福島城下に屋敷を与えるとする。吉政入部以前の上妻郡には筑紫広門が封ぜられていたが、慶長五年広門が大宰府天満宮へ奉納した鰐口には「九州総官大工平井大炊助藤原種重」の銘があり、「平井大炊助」＝「大炊介」とすると、上妻郡平井家は筑前平井家の一流と考えることができる。ただし、この文書の発給者「田中兵部太夫」の黒印は他には見えず、また宛所の忠三郎も先の『鋳物師職分控』では藤三郎の孫として出てきており、注意を必要とする。今後その作例とともに詳しく分析する必要がある。

東照寺鰐口
慶長13年に田中久兵衛尉吉勝（吉政の三男吉興）が願主となり、その吃音平癒を願って寄進した鰐口。同年３月の田中吉政寺領寄進状も同寺に残る。

田中家系図

- 女子
  - 庸政（妾腹）
    - 栄政
- 田中吉政（兵部大輔・筑後守）
- 女子（国友與左衛門某が女　妙寿院）
  - 吉次（民部少輔）
    - 吉勝（民部）
      - 政信
  - 吉信（主膳）
  - 吉興（久兵衛）
    - 吉官（菅沼定盈の子　主殿頭）
      - 定格（大隅守）
  - 忠政（隼人正・筑後守）

田中吉政の年譜

年・月・日	西暦	年齢	関係事項	典拠
天文一七年	一五四八	一	田中重政の子として近江国に生まれる。	寛政重修諸家譜 田中系図（柳川古文書蔵）
天正　九年　六月二九日	一五八一	三四	宮部継潤配下として鳥取城を攻める。	因幡民談記
天正一二年　四月　六日	一五八四	三七	小牧長久手の戦に、三好秀次に従い出陣する。	太閤記・田中興廃記
一〇月二四日	〃	〃	丹波国天田郡天寧寺への諸式免除の旨等を伝える。	天寧寺文書
天正一三年　三月二〇日	一五八五	三八	根来寺攻めに加わり和泉国千石堀城を落とす。	太閤記・田中興廃記
閏八月二三日	〃	〃	豊臣秀次の近江八幡入封に伴い、秀次宿老として八幡城に在住する。	武家事紀　など
九月三〇日	〃	〃	近江国蒲生郡長命寺の寺領安堵の旨を伝える。	長命寺文書
一一月一八日	〃	〃	近江国愛知郡百済寺に仏供燈明料一三石余の地を寄進する。	百済寺文書
一一月二〇日	〃	〃	近江国野洲郡野洲市場へ諸役免除の旨を伝える。	野洲区有文書
	〃	〃	この年、四男忠政、近江国に生まれる。	寛政重修諸家譜
天正一四年　八月　一日	一五八六	三九	近江国野洲郡邇保庄井水の争論を秀次の下知に従い裁く。	江頭共有文書
一〇月一〇日	〃	〃	秀吉生母大政所の岡崎行きについて、途中警護を命じられる。	田中文書（柳川古文書館蔵）
天正一五年　八月一五日	一五八七	四〇	山内一豊から、近江国坂田郡内の大清水・上平寺と大原庄の争いについて裁決を求められる。	宮川家文書
一一月一三日	〃	〃	近江国浅井郡谷田山社人に弥勒寺池を寄進する。	谷田神社文書
一一月二九日	〃	〃	近江国坂田郡成菩提院の寺領二一石を安堵する。	成菩提院文書
天正一六年　三月一七日	一五八八	四一	従五位下、兵部大輔に叙任。	寛政重修諸家譜
一一月一四日	〃	〃	近江国浅井郡谷田山社人に対し、新開地年貢の寺納を命じる。	谷田神社文書
天正一七年　三月二〇日	一五八九	四二	近江国愛知郡大萩村の用材林管理を同所の五郎二郎に命じる。	村山家文書
四月二一日	〃	〃	長浜甚介に対し、浅井郡伊部宿の権利を保証する。	平埜荘郷記
八月一七日	〃	〃	近江国浅井郡中野村に井水相論の判決を秀次宿老の一人として下す。	池野家文書
八月二二日	〃	〃	近江国伊香郡古橋村百姓中に対して、大谷山の権利を認める。	高橋家文書
天正一八年　三月二九日	一五九〇	四三	小田原北条氏の支城山中城を攻撃する。	太閤記・田中興廃記
八月二五日	〃	〃	小田原から凱旋する秀吉に付いて岡崎城に入り、城を受け取るが、城は家老の宮川吉久等に預け、吉政自身は尾張の支配のため岡崎を離れる。	専福寺文書
八月三〇日	〃	〃	尾張国の土豪坂井利貞に秀次御書を下付する旨を報ずる。この外、九月にかけて尾張の主な寺社に領地安堵を約する同様の文書が二〇通近く残っている。	酒井家文書
一〇月二〇日	〃	〃	この日、秀吉より三河国額田郡・加茂郡五万七四〇〇石の朱印状を与えられる。	田中文書（柳川古文書館蔵）
天正一九年　三月　八日	一五九一	四四	岡崎城下福嶋の地に移転した本宗寺に三ヶ条の掟を出し寺内保護を図る。	本宗寺文書

天正二〇年 一月二九日	一五九二	四五	伊勢国三重郡において三〇〇〇石の知行を秀吉より与えられる。	田中文書（柳川古文書館蔵）
三月一八日	〃	〃	岡崎新田寺内掟三ヶ条を本宗寺同宿中宛に出し、諸役免除、町人の他所移住を禁ずるなど保護と規制を行なう。	本宗寺文書
七月二〇日	〃	〃	三河三ヶ寺（上宮寺・勝鬘寺・本証寺）に対して岡崎新田への移転を催促する。	上宮寺文書
文禄 元年一一月二三日	〃	〃	近江国愛知郡平流郷の長命寺領が、岐阜城主織田秀信領に編入されてしまった件について、共に上洛して裁決を受ける旨伝える。	長命寺文書
文禄 二年 一月一一日	一五九三	四六	吉政生母、岡崎にて死す。	誓願寺文書
閏九月二一日	〃	〃	伏見城建築用材木の準備と大鋸引きの動員を、近江国愛知郡大萩村の五郎二郎に命じる。	村山家文書
文禄 三年 正月 八日	一五九四	四七	矢作川築堤について秀吉より人夫徴発を命じられる。	増補駒井日記
三月 六日	〃	〃	宮川助作知行分を脇坂右兵衛に宛行ったことにより、田畠の指出と去年の年貢を目録で差し出すように、三河国加塩村・名之内村庄屋百姓中に命じる。	出口家文書
九月二一日	〃	〃	伊勢国三重郡の三〇〇〇石について知行目録を授けられる。	田中文書（柳川古文書館蔵）
文禄 四年 八月 八日	一五九五	四八	三河国西尾・尾張国知多郡において三万石を秀吉より預け置かれる。	寛政重修諸家譜
九月	〃	〃	三河国吉良領の台所分（二〇一五石）の代官を石崎源五・坂本彦右衛門に命じる。	個人蔵文書
文禄 五年 七月二七日	一五九六	四九	三河国高橋郡において一万四二五二石を加増され、合わせて一〇万石の大名となる。	田中文書（柳川古文書館蔵）
閏七月二七日	〃	〃	幡豆郡六か村二四三三石余の代官に石崎源五、坂本彦右衛門を申しつける。	東大史料編さん所謄写本「中川文書」
慶長 四年一一月二九日	一五九九	五二	西瓦に移転した本宗寺に、諸役免除、家中の者を門徒に申しつけるなど、三ヶ条の掟書を出す。	本宗寺文書
慶長 五年 六月二一日	一六〇〇	五三	会津攻めに東向する徳川家康を三河国佐久嶋で田中吉政が饗応する。	関ヶ原始末記・慶長軍記
七月二六日	〃	〃	東軍の先鋒として西上するにあたり、家康より、佐和山へ入ったなら逃げ散った地下人を速やかに還住させるように命じられる。	田中文書（柳川古文書館蔵）
七月二九日	〃	〃	西上途中に家康より、黒田長政・池田輝政と共に再度相談するよう要請を受ける。	戸田家文書・黒田家文書
七月三〇日	〃	〃	この日家康は、藤堂高虎に福島・池田の他に田中吉政とも相談するよう書状を送る。	藤堂家文書
八月二三日	〃	〃	吉次（吉政長男・民部少輔）は、福島正則等と岐阜城を攻め落とす。また、吉政勢は、この日、長良川を渡り石田勢を破る。	兵部殿覚書・田中興廃記
九月一五日	〃	〃	東軍諸将と共に、関ヶ原において西軍と戦う。	寛政重修諸家譜・田中興廃記　など
九月一六日	〃	〃	東軍諸将と共に、佐和山城を攻撃し、翌日陥落させる。	寛政重修諸家譜　など
九月一七日	〃	〃	徳川家康から、西軍主将の捕縛を命じられ、東近江一円に布告を出す。	関ヶ原合戦史料集
九月一九日	〃	〃	徳川家康から、宇喜多秀家・石田三成・島津義弘の捕縛を命じられる。	早稲田大学図書館所蔵文書
九月二一日	〃	〃	近江国伊香郡古橋村において、石田三成を捕縛する。	寛政重修諸家譜・譜牒余録　など
九月二二日	〃	〃	徳川家康から、中島宗左衛門父子の捕縛を賞される。その後、石田三成捕縛の報を受けた家康から、その功を賞される。	田中文書（柳川古文書館蔵）・譜牒余録
（月日未詳）	〃	〃	この間、嫡男吉次と不和となり、勘当する。	田中興廃記

慶長 六年	三月	一六〇一	五四	この月、徳川家康より初入国の暇を賜い、翌四月中に筑後三二万五〇〇〇石の領主として柳川城に入部する。	寛政重修諸家譜・久納家文書
	四月一〇日	〃	〃	筑後国夜明村大庄屋孫兵衛に三ヶ条の入国法度を下す。	筑後歴世古文書
	七月 三日	〃	〃	筑後領内の有力社寺（高良大社・水田天満宮・風浪権現・大善寺・清水寺・板東寺・千光寺・安国寺など）および家臣（田中左馬丞・石崎源五など）に対する知行宛いを行う。	章斎文庫所蔵文書・大善寺玉垂宮文書 など
	七月二八日	〃	〃	柳川の真教寺の京都本願寺見舞に付き道中の便宜をはかるとともに、家臣をして本願寺坊官粟津勝兵衛に仲介を依頼させる。	真勝寺文書
	九月 一日	〃	〃	生葉郡隈上村市右衛門に対し、鳥獣退治のための鉄炮使用を認める。	高木家文書
	一二月 一日	〃	〃	三奉行・代官以下庄屋に対し、年貢勘定の仕方について指示する。	個人蔵文書
慶長六年		〃	〃	この年から翌年春にかけて筑後国内で検地を実施する。	個人蔵文書
慶長 七年	五月	一六〇二	五五	筑前国の鋳物師、平井忠三郎を五〇石余で召し抱える。	平井家文書
	七月二五日	〃	〃	三奉行及び横目奉行の六人に五五ヶ条からなる「台所入掟」を示し、領内支配の徹底をはかる。本城「柳川城」建造、また山門郡鷹尾から三潴郡酒見にいたる堤防（「慶長本土居」）の築造、柳川城と久留米城を結ぶ幹線道路（「田中道」）の整備なども指示する。	個人蔵文書
	一二月二九日	〃	〃	山門郡瀬高祇園殿に対し、五十石の社領を寄進する。	八坂神社文書
慶長 八年	三月 七日	一六〇三	五六	筑後国三潴郡の堤・用水の采配を大庄屋孫兵衛に任す。	筑後歴世古文書
	三月二五日	〃	〃	従四位下、筑後守に任ぜられる。	続武家補任
	七月 六日	〃	〃	筑後国三井郡古賀村の新左衛門に帯刀を許す。	筑後歴世古文書
	一〇月一七日	〃	〃	筑後国三潴郡の土甲呂及び津福町を新たに「町立て」し、諸公事を免除する。	田中興廃記
	一〇月二八日	〃	〃	家臣田中清政（左馬丞・久七郎）に、人馬・武具の役儀を六ヶ条にわたり改めて命ずる。	筑前田中家文書
慶長九年	一月二五日	一六〇四	五七	筑後国大善寺玉垂宮に「大施主田中筑後守橘朝臣四位吉政、生国江州浅井郡宮部縣子」の銘のある鐘を寄進する。	太宰管内志
	五月一二日	〃	〃	竹生島神事のため米一〇〇石を贈る。	竹生島文書
	一一月 七日	〃	〃	土器師・家長彦三郎を筑後の土器司に命じる。	家長文書
慶長一〇年	二月 一日	一六〇五	五八	台所入り村々の四ヶ年間の貸し米合計二万石を、改めて割符するよう三奉行・諸代官に命じる。	中川家文書
	九月一六日	〃	〃	江戸普請を控えて、三奉行・大横目に対し、二五ヶ条の仕置きを命じる。吉政、このころ三奉行衆の領内統治に不満を抱く。キリシタンに好意を示し、天主堂用の土地を寄進する。	個人蔵文書・イエズス会年報
慶長一一年	一月三〇日	一六〇六	五九	二男吉信（主膳正）死去する（二十日頃との説あり）。	柳川玉樹院過去帳・当代記
	五月一一日	〃	〃	この頃、江戸普請は過半ができる。	大鳥居文書
	六月二七日	〃	〃	江戸普請を終え、この頃、伏見に帰る。	大鳥居文書
慶長一二年	一月一二日	一六〇七	六〇	竹野郡塩足村庄屋市蔵を代官に任命する。	本庄家文書
	六月二七日	〃	〃	上妻郡藤田村と三潴郡上荒木村との井水争論を裁く。	梯文書

年・月・日	西暦	年齢	関係事項	典拠
〃	〃	〃	柳川を訪れた神父バエスを大いに歓待し、銀二〇枚を贈り、天主堂の聖像にあてるため、一万二〇〇〇デンエを喜捨する。家臣多く洗礼を受ける。	イエズス会年報
慶長一三年 三月二七日	一六〇八	六一	上妻郡に対し、麦年貢収納台帳の提出を命じる。	稲員文書
四月二〇日	〃	〃	三潴郡内夜明組三ヶ村に対し、農民全員を柳川欄干橋前荒川瀬兵衛屋敷前に集める。	筑後歴世古文書
九月 七日	〃	〃	村々に対し、「山口玄蕃地詰帳」と「高外れ・開方帳」の速やかな提出を命じる。	筑後歴世古文書
九月一二日	〃	〃	「山口玄蕃地詰帳」と「高外れ・開方帳」提出の遅れている夜明組に対し、急ぎの提出を催促するとともに、口分田勘左衛門が再検地した下地は改帳の提出を命ずる。	筑後歴世古文書
一二月一三日	〃	〃	三潴郡下田村・芦塚村の百姓が越境して他国の普請に従事することを禁止する。このころ川や有明海の堤防造営が行われる。	筑後歴世古文書
慶長一四年 二月一八日	一六〇九	六二	江戸に向かう途中、山城国伏見において死す。崇厳院道越円光院と号する。遺骸は、金戒光明寺（京都黒谷）に葬られるが、後に柳川城外藤崎村に墓が設けられ、この墓所の上に城内より真教寺（後の真勝寺）を移す。西翁院（京都黒谷）真勝寺を菩提寺とする。	寛政重修諸家譜・当代記　ほか

田中忠政の年譜

年・月・日	西暦	年齢	関係事項	典拠
慶長一四年 四月	一六〇九	二五	田中吉政の四男忠政が襲封し、二代目藩主となる。六月四日付で遺跡相続を認める徳川秀忠の判物が出される。	寛政重修諸家譜・田中文書（柳川古文書館蔵）
慶長一九年一二月	一六一四	三〇	忠政、大坂冬の陣に際して家康より急ぎ帰国し軍勢を整えて待つ様に指示される。室津（播磨国）まで出陣か。	大坂冬陣記　ほか
慶長一九年	〃	〃	幕府のキリシタン禁教令に従って柳川の教会や修道院を壊す。	イエズス会年報
元和 一年 五月	一六一五	三一	忠政、大坂夏の陣に遅参する。	駿府記　ほか
閏六月	〃	〃	忠政、豊前を過ぎて柳川へと帰国する。	細川家史料
	〃	〃	幕府の一国一城令に従って久留米城・赤司城・城島城・榎津城・猫尾城・松延城・鷹尾城・中島城・江浦城など国内の支城を壊す。	久留米市史　ほか
元和 二年 六月	一六一六	三二	家臣が幕府に訴状を提出する（公事沙汰）。兄吉興が忠政の大坂方内通を訴えたとの説もあり。この公事沙汰は元和四年ころまで継続する。	細川家史料・田中興廃記
一二月	〃	〃	徳川家康の菩提を弔うため、善導寺に四〇〇石を寄附し、廟塔を設ける。	善導寺文書
元和 三年	一六一七	三三	兄康政（吉興）、筑後三万石（生葉・竹野二郡と山本半郡）を分知されるとの説あり。	田中興廃記
元和 五年 一月	一六一九	三五	忠政、大坂城二の丸門口普請を望んで請ける。	細川家史料
元和 六年 八月 七日	一六二〇	三六	江戸滞在中、病死。跡目の嫡子がなく、筑後における田中家が断絶する。	寛政重修諸家譜

（注）宮川弘久氏・半田隆夫氏作成の年表（『田中吉政公と慶長本土居築堤四百年記念祭』所収）を増補・改訂した。

企画展

『田中吉政とその時代』展示資料目録

市立長浜城歴史博物館　平成一七年　九月一〇日～平成一七年一〇月一六日
岡崎市美術博物館　平成一七年一〇月二三日～平成一七年一二月　四日
柳　川　古　文　書　館　平成一七年一二月一〇日～平成一八年　一月一五日

＊この目録番号は、本文の写真番号と一致する。
＊掲載順は、列品番号・作品名・員数・時代・文化財指定・法量・所蔵者（保管者）の順である。
＊法量の単位は、センチメートルである。

《田中吉政の出生と立身》

1　田中吉政像　一幅
江戸時代（前期）
縦七一・六×横三四・〇
個人蔵

2　田中吉政像　一幅
江戸時代
縦八七・〇×横三八・〇
柳川市真勝寺蔵

3　柳河明証図会（田中吉政像）　一冊
文政年間
重要文化財
縦二六・〇×横一八・八
株式会社御花蔵

4　田中系図　一巻
江戸時代（中期）
縦二九・七×横五二一・五
柳川古文書館蔵「田中文書」

5　短冊散花文様打敷　一枚
慶長一九年二月一五日
虎姫町指定文化財
縦一二九・八×横一二一・〇
滋賀県虎姫町還来寺蔵

6　浅井郡三川村地籍図　一幅
明治一一年1月二〇日
縦七四・三×横七五・八
滋賀県虎姫町教育委員会蔵

7　新庄福永順光寺系図　一枚
江戸時代
縦一四・〇×横一六九・〇
滋賀県近江町徳善寺蔵

8　田中吉政書状　竹生島宛　一通
慶長九年五月一二日
縦三三・五×横五〇・九
滋賀県びわ町宝厳寺蔵

9　富田久左衛門書状　竹生島宛　一通
慶長九年五月一二日
縦二九・〇×横四六・一
滋賀県びわ町宝厳寺蔵

10　竹生島祭礼図　一幅
江戸時代（前期）
縦六一・二×横八二・〇
大和文華館蔵

11　豊臣秀吉木像　一躯
江戸時代
像高六六・五　幅六六・五
名古屋市秀吉清正記念館蔵

12　小牧長久手合戦図屏風　六曲一隻
江戸時代中期
縦一二一・〇×横三六三・〇
名古屋市博物館蔵

13　長久手戦記　五冊
江戸時代
縦二三・八×横一六・二
西尾市岩瀬文庫蔵

14　田中吉政判物　天寧寺宛　一通
天正一二年一〇月二四日
京都府指定文化財
縦一八・二×横四二・二
福知山市天寧寺蔵

15　絵本太閤記　五編の六　（千石堀落城の図）　一冊
享和元年（一八〇一）
縦二二・三×横一五・二
市立長浜城歴史博物館蔵

《近江八幡時代》

16 近江国細見図 一枚
文政七年（一八二四）
縦一三九・六×横八四・六
市立長浜城歴史博物館蔵

17 朱漆塗矢筈札紺糸素懸威具足 一領
（豊臣秀次所用）
安土桃山時代
高一四七・〇×鉢高二一・三
サントリー美術館蔵

18 江州八幡町惣絵図 一幅
江戸時代（中期）
縦九〇・〇×横一一〇・六
近江八幡市立図書館蔵

19 江州八幡町検地絵図 一幅
延宝三年（一六七五）
縦八二・一×横一一二・〇
近江八幡市立図書館蔵

20 江陽八幡山古城絵図 一枚
江戸時代（後期）
縦八三・〇×横一〇五・六
近江八幡市蔵

21 御林山ト八幡社領境界杭之図 一枚
江戸時代（後期）
縦六二・三×横一四一・〇
近江八幡市蔵

22 八幡城秀次館跡出土遺物 六点
天正年間
軒丸瓦（径）一九・〇／一九・〇
軒平瓦（幅）二〇・八／一九・〇
飾り瓦・八双金具文（縦）一九・六
飾り瓦・沢瀉文（縦）三〇・八
近江八幡市教育委員会蔵

23 八幡城出土 兎と沢瀉文鬼瓦 一点
（近江八幡城出土）
天正年間
縦四〇・二×横五〇・五
近江八幡市日牟禮八幡宮蔵

24 八幡山下町中掟書 一巻
天正一四年六月
重要文化財
縦三五・四×横二〇七・七
近江八幡市立資料館蔵

25 田中吉政書状 長命寺寺中宛 一通
天正一三年九月晦日
縦二七・八×横四四・一
近江八幡市長命寺蔵

26 田中吉政判物 野洲市場地下人中宛 一通
天正一三年一一月二〇日
縦二九・四×横四三・八
野洲市野洲区蔵

27 山内一豊書状 田中吉政宛 一通
（天正一五年）八月一五日
縦二八・八×横四三・〇
宮川家文書

28 田中吉政書状 柏原成菩提院御坊宛 一通
天正一五年一一月二九日
縦二九・八×横四五・〇
米原市成菩提院蔵

29 平埜荘郷記 中 一冊
寛政五年
縦二七・七×横一九・六
個人蔵

30 田中吉政書状 楞厳院名主百姓宛 一通
（天正一七年頃）六月一九日
縦二九・八×横四六・六
長浜市宮司東町自治会蔵

31 堀尾吉晴書状 岩女宛 一通
天正一七年八月一九日
縦三一・一×横四二・一
清水家文書

32 田中吉政書状 一幅
（天正・文禄年間）六月朔日
縦一五・八×横四五・八
滋賀県浅井町誓願寺蔵

33 堀尾吉晴像 一幅
江戸時代（前期）・
縦一〇九・二×横四九二
京都市妙心寺春光院蔵

34 山内一豊像（複製） 一幅
江戸時代
縦五三・八×横五〇・七
土佐山内家宝物資料館原蔵

35 豊臣秀吉朱印状 遍照心院宛 一幅
（天正一八年）卯月六日
縦四六・〇×横六六・四
大阪城天守閣蔵

36 山中城出土遺物 二六点
天正一八年
火縄銃火挟み 一点
火縄銃毛抜きバネ 一点
槍・腰刀 四点／前立（日輪） 一点
鎹 一点／甲冑小札 三点
刀装具 一点
大砲の玉 三点／鉄砲の玉 一式
三島市教育委員会蔵

37 絵本太閤記　五編の一一（山中城落敗）　一冊
亨和元年
縦二二・三×横一五・二
市立長浜城歴史博物館蔵

《尾張・三河時代》

38 豊臣秀吉朱印状　尾州清須町宛　一幅
天正一八年八月二七日
縦四二・九×横六三・七
名古屋市秀吉清正記念館蔵

39 田中吉政書状　坂井文助宛　一通
天正一八年八月晦日
縦三二・五×横五〇・三
個人蔵

40 田中吉政判物　熱田社人宛　一通
天正一八年九月一〇日
縦三一・五×横四九・五
熱田神宮蔵

41 田中吉政判物
上端神明禰宜御宿所宛　一通
天正一八年九月三日
縦二九・七×横四六・五
愛知県清洲市上畠神社蔵

42 豊臣秀次朱印状　一通
天正二〇年六月一〇日
縦四三・六×横一七四・四
竹中輝男氏蔵

43 豊臣秀次朱印状
酒井雅楽（忠世）宛　一通
天正二〇年正月日
縦四五・四×横一九五・四
岡崎市法蔵寺蔵

44 豊臣秀次朱印状
三輪宗右衛門尉ほか宛　一通
文禄三年六月
縦四六・四×横六五・八
個人蔵

45 駒井日記　二冊
江戸時代
縦二七・六×横二〇・二
東洋文庫蔵

46 田中吉政定書　一幅
天正一八年八月二五日
縦三〇・九×横四八・二
岡崎市専福寺蔵

47 豊臣秀吉朱印状　田中吉政宛　一通
天正一八年一〇月二〇日
縦四六・四×横六七・〇
柳川古文書館蔵「田中文書」

48 豊臣秀吉朱印状　田中吉政宛　一通
天正二〇年一月一一日
縦四六・〇×横六六・〇
柳川古文書館蔵「田中文書」

49 豊臣秀吉知行方目録　一通
文禄三年九月二一日
縦四六・五×横六五・〇
柳川古文書館蔵「田中文書」

50 石崎秀清・野村宗政連署状
湯次誓願寺宛　一幅
文禄二年一月二九日
縦二九・九×横四三・三
滋賀県浅井町誓願寺蔵

51 石川正西聞見集　四冊
江戸時代

52 三州岡崎図　一枚
江戸時代
縦一五八・五×横一三七・二
西尾市岩瀬文庫蔵

53 清須村古城絵図　一幅
時代
縦一八七・六×横一三五・〇
名古屋市蓬左文庫蔵

54 岡崎城出土遺物　一六点
一六世紀後半〜一七世紀初頭
岡崎市教育委員会蔵

55 田中吉政判物　松応寺宛　一通
文禄四年一〇月一一日
縦三二・六×横四七・三
岡崎市松応寺蔵

56 石崎秀清・宮川吉久連署状案　一通
天正二〇年七月二〇日
縦二二・九×横三二・七
岡崎市上宮寺蔵

57 妙西尼像　一幅
桃山時代
岡崎市指定文化財
縦七九・五×横三七・〇
岡崎市本宗寺蔵

58 浄珠院縁起　一枚
江戸時代
縦三一・五
岡崎市浄珠院蔵

59 聖徳太子木像　一躯
室町時代〜江戸時代
像高一〇二・〇
岡崎市浄珠院蔵

60 顕如像　一幅
慶長二年八月三日教如下付
縦一〇五・七×横四六・八
岡崎市勝鬘寺蔵

61 鶴城紀　一冊
江戸時代
縦二四・九×横一七・六
西尾市岩瀬文庫蔵

62 西尾城図　一枚
江戸時代
縦七九・五×横一三四・五
西尾市岩瀬文庫蔵

63 参河国絵図　一枚
江戸時代
縦一八三・六×横一七八・〇
岡崎市美術博物館蔵

64 田中吉政判物　一通
石崎源五・坂本彦右衛門宛
文禄四年九月
縦三二・三×横四六・一
個人蔵

65 田中吉政書状　一巻
東かしやう村・なのうち村
両村庄屋百姓中宛
文禄三年三月六日
縦一六・二×横四六・二
個人蔵

66 豊臣秀吉朱印状　一通
木全又左衛門尉・滝川彦次郎宛
天正一八年一〇月二〇日
縦四六・三×横六七・〇
丸山家蔵

67 額田郡片寄村田方・畠方検地帳　二冊
天正一八年九月一八日
縦二八・八×横一九・〇
愛知県額田町天恩寺蔵

68 水野忠重像　一幅
桃山時代
刈谷市指定文化財
縦八五・一×横四五・三
刈谷市楞厳寺蔵

69 池田輝政像　一幅
江戸時代
縦一二七・〇×横八一・八
林原美術館蔵

《秀吉と田中吉政》

70 豊臣秀吉像　南化玄興賛（複製）　一幅
慶長三年
縦一一一・〇×横六二・〇
京都市高台寺原蔵

71 大政所像（模写）　一幅
江戸時代
縦一一九・四×横五四・二
大阪城天守閣蔵

72 豊臣秀吉朱印状　田中吉政宛　一通
（天正一四年）一〇月一〇日
縦三二・〇×横五〇・〇
柳川古文書館蔵「田中文書」

73 聚楽城全図　一枚
江戸時代
縦七六・〇×横一二三・〇
個人蔵

74 聚楽第行幸図屏風　二曲一双
江戸時代
縦一四四・一×横一一五・六
堺市博物館蔵

75 聚楽第出土金箔瓦　四点
軒丸瓦（径）一七・八
軒平瓦（幅）二〇・五
飾り瓦　六角（幅）一二・七
飾り瓦　四角（縦）一二・〇
天正・文禄年間
重要文化財
京都府教育委員会蔵

76 聚楽第城下大名屋敷出土金箔瓦　四点
軒丸瓦（径）一五・〇
軒丸瓦（径）一五・三
軒平瓦（幅）二六・五
熨斗瓦（幅）一七・七
天正・文禄年間
重要文化財
京都府教育委員会蔵

77 田中吉政書状　長命寺惣中　一通
文禄元年一一月二三日
縦三二・七×横四九・二
近江八幡市長命寺蔵

78 手取釜　附　鎖・釣手　一口
安土桃山時代
高二二・七　径九・七
京都市良恩寺蔵

79 豊臣秀吉朱印状　田中吉政宛　一幅
（天正二十年）十月十一日
縦二一・二×横五二・五
京都市良恩寺蔵

80 伏見城出土金箔瓦　一二点
文禄・慶長年間
軒丸瓦無文（径）二〇・〇
軒丸瓦巴文様（径）一九・五
軒平瓦（幅）二六・〇
京都市考古資料館蔵

81 伏見城図　一枚
江戸時代
縦一五五・〇×横一三四・〇
西尾市岩瀬文庫蔵

82 豊臣秀吉朱印状　一通
慶長二年六月一五日
縦四五・五×横一二一・五
山梨県甲斐善光寺蔵

83 豊臣秀次及び五十像（複製）　一幅
江戸時代
縦一〇二・三×横五六・五
京都市瑞泉寺蔵

84 秀次公絵巻　一巻
江戸時代
縦三五・二×横七一六・一
京都市瑞泉寺蔵

85 関白殿御草紙　一巻
安土桃山時代
音羽町指定文化財
縦三五・一×横一〇六七・四
愛知県音羽町正法寺蔵

86 関白豊臣秀次手懸衆車注文　一通
文禄四年八月二日
縦三二・四×横四六・三
岡崎市上宮寺蔵

87 おみや辞世和歌懐紙（瑞泉寺裂表具）一幅
江戸時代
京都府指定文化財
本紙　縦三五・〇×横四九・〇
表具　縦一一五・〇×横五九・〇
京都市瑞泉寺蔵

88 一の台辞世和歌懐紙（瑞泉寺裂表具）一幅
江戸時代
京都府指定文化財
本紙　縦三五・〇×横四九・〇
表具　縦一一五・〇×横五九・〇
京都市瑞泉寺蔵

89 桐唐草文蒔絵矢筒　一口
桃山時代
長九五・五
雀部家蔵

90 聚楽物語　三冊
江戸時代
縦二五・四×横一七・九
西尾市岩瀬文庫蔵

91 田中吉政書状　大夫村内法寿院宛　一通
文禄四年一〇月一五日
大府市指定文化財
縦三二・八×横四八・八
大府市延命寺蔵

92 豊臣秀吉知行方目録　一通
文禄五年七月二七日
縦四五・六×横一二九・〇
柳川古文書館蔵「田中文書」

《関ヶ原合戦》

93 豊臣家三奉行連署状　一通
慶長五年六月二五日
縦三一・四×横四九・六
名古屋市秀吉清正記念館蔵

94 徳川家康像　一幅
江戸時代
縦九八・〇×横四二・〇
三河武士のやかた家康館蔵

95 徳川家康朱印状　田中吉政宛　一通
慶長五年七月二六日
縦二三・〇×横五七・〇
柳川古文書館蔵「田中文書」

96 徳川家康書状　田中吉政宛　一通
（慶長五年）八月一日
縦一七・〇×横五〇・四
徳川記念財団蔵

97 徳川秀忠書状写　田中吉次宛　一通
慶長五年八月二八日
縦三五・〇×横四八・四
柳川古文書館蔵「田中文書」

98 徳川家康書状　田中吉政宛　一通
慶長五年九月二二日
縦一七・四×横四九・六
柳川古文書館蔵「田中文書」

99 関ヶ原合戦図屏風　六曲一隻
嘉永七年
縦一五六・七×横三六一・二
関ヶ原町歴史民俗資料館蔵

100 関ヶ原合戦絵巻　上巻　一巻
江戸時代（後期）

縦四七・〇×横五五八・五
岐阜市歴史博物館蔵

101 関ヶ原合戦絵巻　上巻　一巻
江戸時代
縦三三・四×横一四七八・九
三河武士のやかた家康館蔵

102 関ヶ原御陣場図　一枚
江戸時代（後期）
縦一一三・五×横二〇九・三
岐阜県垂井町教育委員会蔵

103 佐和山城跡絵図　一枚
江戸時代
重要文化財
縦五五・〇×横四五・〇
彦根城博物館蔵

104 沢山古城之絵図　一枚
江戸時代
重要文化財
縦八五・四×横一一八・五
彦根城博物館蔵

105 佐和山古図　一枚
文政一一年
重要文化財
縦八一・九×横七九・〇
彦根城博物館蔵

106 徳川家康書状　田中吉政宛　一通
慶長五年九月一九日
早稲田大学図書館蔵
縦一七・三×横四八・九

107 村越直吉添状　田中吉政宛　一通
慶長五年九月一九日
縦一七・二×横四八・八

早稲田大学図書館蔵

108 短刀　無銘貞宗（名物石田貞宗）　一口
南北朝時代
重要文化財
刃長三一・二　反〇・五
東京国立博物館蔵

109 石田三成像（複製）　一幅
江戸時代（前期）
縦六六・八×横三四・三
杉山丕氏原蔵

110 関ヶ原記大全　一〇冊
江戸時代
縦二六・七×横一八・八
市立長浜城歴史博物館蔵

111 おあむ物語　一冊
天保八年刊
縦二五・七×横一七・九
市立長浜城歴史博物館蔵

112 石田三成生捕覚書　一通
嘉永七年四月一三日
縦二七・五×横三八・二
高橋家文書

113 宮部長熈陳状　田中吉政宛　一通
慶長五年一〇月二〇日
縦三一・五×横四八・六
早稲田大学図書館蔵

114 宮部長熈身上書　一通
寛永一〇年
縦三一・八×横一四三・三
早稲田大学図書館蔵

《筑後柳川時代》

115 筑後国絵図（元禄図）　一鋪
元禄一四年三月
縦三一一・〇×横三〇六・〇
久留米市篠山神社蔵

116 柳川城絵図　一鋪
江戸時代
縦一〇八・八×横八八・七
福岡県立図書館蔵

117 田中吉政判物　石崎源五宛　一巻
慶長六年七月三日
縦三三・五×横四八・五
章斎文庫蔵

118 田中吉政判物　大善寺宛　一通
慶長六年七月三日
縦三三・〇×横四三・〇
久留米市寄託「玉垂宮文書」

119 田中吉政家臣連署状　大善寺宛　一通
慶長六年九月二三日
縦三三・〇×横四三・二
久留米市寄託「玉垂宮文書」

120 田中吉政印判状　一通
生葉郡内くまの上村市右衛門宛
慶長六年九月一日
縦一五・八×横四八・五
うきは市寄託「高木家文書」

121 田中吉政印判状　塩足村庄屋市蔵宛　一通
慶長一二年正月一二日
縦三四・二×横五二・二
久留米市寄託「本庄家文書」

122 しほきのおほえ（仕置之覚）　一幅
慶長六年一二月一日
縦三二・八×横五〇・三
個人蔵

123 慶長七年台所入之掟　一冊
慶長七年七月二五日
縦二八・〇×横二一・六
個人蔵

124 弐拾五ヶ条々万仕置之一書　一冊
慶長一〇年九月一六日
縦二九・八×横二三・一
個人蔵

125 田中兵部太夫印判状　平井忠三郎宛一通
慶長七年五月
縦三三・三×横四六・二
平井家文書

126 山門郡瀬高上庄村図　一巻
慶長七年一二月二九日
縦四二・九×横六九・八
福岡県瀬高町八坂神社蔵

127 田中忠政家臣連署状
土器師家長彦三郎宛　一通
（無年）一一月六日
縦三四・〇×横五二・四
柳川古文書館蔵「家長文書」

128 田中吉政判物
土器師家長彦三郎宛　一通
慶長九年一一月一七日
縦三三・四×横五〇・五
柳川古文書館蔵「家長文書」

《下坂鍛冶と田中家》

129 短刀　銘下坂八郎左衛門作　一口
文禄・慶長年間
刃長二九・四　反〇・三
個人蔵

130 薙刀　銘下坂八郎左衛門作　一口
慶長年間
刃長五〇・九　反三・九
市立長浜城歴史博物館蔵

131 薙刀　銘下坂八郎左衛門作
片岡与兵衛尉政勝　一口
慶長八年頃
刃長五四・六　反三・〇
市立長浜城歴史博物館蔵

132 直槍　銘下坂作　一口
文禄・慶長年間
刃長二九・五
柳川市真勝寺蔵

《その後の田中家》

133 徳川秀忠判物　田中筑後守宛　一通
慶長一四年六月四日
縦三三・五×横五三・五
柳川古文書館蔵「田中文書」

134 家伝系図抜書　一枚
江戸時代
縦二八・五×横一九・〇
名古屋市博物館蔵

135 片岡与右衛門仕官関係文書
①某書状　田中主馬宛　一幅
寛永四年一一月二一日
縦三三・三×横五二・五

②小左衛門覚書　大岡兵蔵宛
寛永五年正月一七日
縦三五・二×横五一・九

③都筑平右衛門等連署状　大岡兵蔵宛
寛永五年五月二六日
縦一六・三×横四九・八
市立長浜城歴史博物館蔵

136 田中興廃記　一冊
文政五年一月（文政一三年二月写）
縦二四・〇×横一七・五
久留米市蔵「屏山文庫」

参考文献

『愛知県中世城館跡調査報告書』二　西三河（一九九四年）
『岡崎市史』第弐巻（一九二六年）
『岡崎市史』第七巻（一九二九年）
『小郡市史』第二巻　通史編　中世・近世・近代（二〇〇三年）
『刈谷市史』第一巻　原始・古代・中世（一九八九年）
『木曽川町史』（一九八一年）
『久留米市史』第二巻（通史編）（一九八二年）
『久留米市史』第六巻（年表編）（一九九〇年）
『久留米市史』第八巻　資料編　近世一（一九九三年）
『久留米市文化財調査報告書』第五十五集「大善寺玉垂宮関係文書」（一九八八年）
『滋賀県八幡町史』上・中・下（一九四〇年）
『静岡県史』通史編三　近世一（一九九六年）
『静岡県史』資料編九　近世一（一九九二年）
『静岡県史』資料編一〇　近世二（一九九三年）
『新修名古屋市史』第二巻（一九九八年）
『新編一宮市史』資料編六（一九七〇年）
『新編岡崎市史』三　近世（一九九二年）
『新編岡崎市史』六　史料編古代・中世（一九八三年）
『豊田市史』七上（一九七九年）
『西尾市史』二　古代・中世・近世　上（一八七四年）
『西尾町史』上（一九三三年）
『東浅井郡志』四（一九二七年）
柳川市史別編『地図のなかの柳川―柳川市史地図編―』（一九九九年）
柳川市史別編『新・柳川明証図会』（二〇〇二年）
柳川文化資料集成『柳川の美術Ⅰ』（二〇〇五年）

横浜市歴史博物館『秀吉襲来　―近世関東の幕開け―』（一九九九年）
和歌山県立博物館『戦国合戦図屏風の世界』（一九九七年）
早稲田大学図書館『早稲田大学所蔵荻野研究室収集文書』上（吉川弘文館　一九七八年）

朝尾直弘「幕藩制と天皇」（『大系日本国家史』第三巻近世　一九七五年）
小和田哲男『豊臣秀次―「殺生関白」の悲劇』（ＰＨＰ研究所　二〇〇二年）
上村和直「金箔瓦の謎」（『帝塚山大学考古学研究所市民大学講座レジュメ』一九九五年）
加藤理文「豊臣政権下の城郭瓦―中部地方を中心に」（『織豊城郭』創刊号　一九九四年）
加藤理文「金箔瓦使用城郭から見た信長・秀吉の城郭政策」（『織豊城郭』第二号　一九九五年）
亀井伸雄『日本の美術』４０２　城と城下町（至文堂　一九九九年）
北村弘子「西三河における太閤検地の研究」（『日本歴史』四六八）
小林吉光「柳川市所蔵田中文書について」（『岡崎市史研究』第九号　一九八七年）
田中仁彦ほか『彦根藩士田中三郎左衛門の系譜を遡る』（オリオン出版　二〇〇一年）
谷口央「天正期三河国太閤検地の実態　―豊臣政権下における三河国の実態―」（『安城市史研究』第二号　二〇〇一年）
中野等『人物叢書　立花宗茂』（吉川弘文館　二〇〇一年）
中野等『豊臣政権の対外侵略と太閤検地』（校倉出版　一九九六年）
中村博司「金箔瓦論考」（『織豊城郭研究』第二号　一九九五年）
藤井治左衛門『関ヶ原合戦史料集』（新人物往来社　一九七九年）
藤井寿一「岡崎領における下級警察機構」（『岡崎市史研究』六　一九八四年）
藤岡通夫「三州岡崎城天守に就て」（『建築学会論文集』二七号　一九四二年）
藤田恒春『豊臣秀次の研究』㈱文献出版　二〇〇三年）

『愛知県の歴史』（山川出版社　二〇〇一年）
『石川正西聞見集』（埼玉県史料集第一集　一九六八年）
『石都岡崎　石と共に生きる』（岡崎石製品協同組合連合会　一九七九年）
『篠島史蹟』（篠島史蹟復刻実行委員会　一九八六年）
『新編武家事紀』（新人物往来社　一九六九年）
『増補駒井日記』（藤田恒春校訂　文献出版　一九九二年）
『田中吉政資料集成』（安曇川町特産品等開発実行委員会・安曇川町商工会　二〇〇二年）
『田中吉政公と慶長本土居築堤四百年記念祭』（田中吉政公と慶長本土居築堤四百年記念祭実行委員会　二〇〇一年）
『豊臣秀吉と京都　聚楽第・御土居と伏見城』（文理閣　二〇〇一年）
『吉田城いまむかし』（豊橋市教育委員会　一九九四年）

お世話になった方々（敬称略）

熱田神宮
上畠神明社（愛知県清洲町）
うきは市教育委員会
延命寺（大阪市）
うきは市立浮羽歴史民俗資料館
近江八幡市教育委員会
近江八幡市文化政策部
近江八幡市立資料館
近江八幡市立図書館
大阪城天守閣
岡崎市教育委員会生涯学習課
甲斐善光寺
株式会社御花
観音寺（米原市）
岐阜市歴史博物館
京都市考古資料館
京都府教育委員会
京都府埋蔵文化調査研究センター
久留米市教育委員会
久留米文化財収蔵館
還来寺（滋賀県虎姫町）
高台寺（京都市）
高隆寺（岡崎市）
国土交通省中部地方整備局豊橋河川事務所
財団法人東洋文庫
堺市博物館
篠山神社（久留米市）
サントリー美術館
滋賀県教育委員会
滋賀大学経済学部附属史料館
春岳院（大和郡山市）
春光院（京都市）
順光寺（柳川市）
上宮寺（岡崎市）
章斎文庫
浄珠院（岡崎市）
正法寺（愛知県音羽町）
称名寺（碧南市）
成菩提院（米原市）
勝鬘寺（岡崎市）
真勝寺（柳川市）
瑞泉寺（京都市）
誓願寺（滋賀県浅井町）
関ヶ原町歴史民俗資料館
千光寺（久留米市）
専福寺（岡崎市）

大通院（京都市）
玉垂宮（久留米市）
タルイピアセンター
竹生島宝厳寺（滋賀県びわ町）
長命寺（近江八幡市）
天恩寺（愛知県額田町）
天寧寺（福知山市）
東照寺（柳川市）
東洋文庫
徳川記念財団
徳善寺（滋賀県近江町）
独立行政法人　京都国立博物館
独立行政法人　国立公文書館
独立行政法人　東京国立博物館
鳥取市歴史博物館
虎姫町教育委員会
虎姫町中野区
虎姫町三川区
虎姫町宮部区
長浜市西上坂町自治会
長浜市宮司東町自治会
名古屋市博物館
名古屋市秀吉清正記念館
名古屋市蓬左文庫
西尾市岩瀬文庫
念力寺（長浜市）
八幡神社（久留米市）
林原美術館
彦根城博物館
日牟禮八幡宮
氷室神社
福岡県立伝習館高等学校
福岡県立図書館
福知山市教育委員会
法蔵寺（岡崎市）
本宗寺（岡崎市）
松応寺（岡崎市）
三河武士のやかた家康館
三島市教育委員会
八坂神社（福岡県瀬高町）
野洲市教育委員会
野洲市野洲区
野洲市立銅鐸博物館
大和文華館
良恩寺（京都市）
楞厳寺（刈谷市）

龍潭寺（彦根市）
早稲田大学図書館

跡部　信
伊藤仁一
石崎俊直
入澤朝一
植野かおり
江島伸彦
音羽　闌
岡本次男
国友義一
隈正　實
桑田和明
後藤　克
古賀正美
近藤　司
酒井利彦
雀部晴宣
清水　淳
杉山丕
宗建郎
高橋　寛
高木丞一
高木　弘
高島　伸
竹中輝男
武松　豊
田中聖文
田中信彦
田中恭子
出口祥子
寺島克史
南波壮八
橋本文夫
林　徳行
平井常雄
本庄慶行
丸林禎彦
丸山保幸
宮川弘久
三宅順仁

執筆者（敬称略・執筆順）
太田　浩司（市立長浜城歴史博物館　学芸担当主幹）
内藤　高玲（岡崎市美術博物館　学芸員）
播磨　良紀（四日市大学　教授）
新行　紀一（愛知教育大学　名誉教授）
堀江登志実（岡崎市美術博物館　学芸員）
小和田哲男（静岡大学　教授）
中野　等（九州大学大学院　助教授）
森岡　榮一（財団法人長浜曳山文化協会　学芸担当副参事）
田渕　義樹（柳川古文書館　学芸員）

編集担当
太田　浩司（市立長浜城歴史博物館）
堀江登志実（岡崎市美術博物館）
田渕　義樹（柳川古文書館）
岩根　順子（サンライズ出版）

秀吉を支えた武将　田中吉政
―近畿・東海と九州をつなぐ戦国史―

初版第一刷　平成十七年九月十日
第　二　刷　平成十七年十二月十日
企画・編集・発行　市立長浜城歴史博物館
滋賀県長浜市公園町一〇―一〇
岡崎市美術博物館
愛知県岡崎市高隆寺町峠一
柳川古文書館
福岡県柳川市隅町七一―二
制　　作　サンライズ出版株式会社
発　　売　サンライズ出版株式会社
〒五二二―〇〇〇四
滋賀県彦根市鳥居本町六五五―一
電話　〇七四九（二二）〇六二七

ISBN4-88325-284-1 C0021